EL NIÑO Y SU MUNDO

Cómo ayudar a tu hijo a relacionarse con el mundo

Marti Olsen Laney

ONIRO

Título original: *The Hidden Gifts of the Introverted Child*
Publicado en inglés por Workman Publishing Company, Inc., Nueva York

Traducción de Daniel Menezo

Diseño de cubierta: Valerio Viano

Fotografía de cubierta: © Mike Watson Images/Corbis/Cover

Distribución exclusiva:
Ediciones Paidós Ibérica, S.A.
Avda. Diagonal 662-664 - 08034 Barcelona - España
Editorial Paidós, S.A.I.C.F.
Defensa 599 - 1065 Buenos Aires - Argentina
Editorial Paidós Mexicana, S.A.
Rubén Darío 118, col. Moderna - 03510 México D.F.- México

© 2005 by Marti Olsen Laney
Published by arrangement with Workman Publishing Company, New York

© 2007 exclusivo de todas las ediciones en lengua española:
 Ediciones Oniro, S.A.
 Avda. Diagonal 662-664 - 08034 Barcelona - España
 (oniro@edicionesoniro.com – www.edicionesoniro.com)

ISBN: 978-84-9754-289-0
Depósito legal: B-31.848/2007

Impreso en Hurope, S.L.
Lima, 3 – 08030 Barcelona

Impreso en España - Printed in Spain

Es mejor seguir la voz interior
que seguir las sendas del mundo
y estar en guerra con nosotros mismos.

MICHAEL PASTORE

Este libro está dedicado a los niños introvertidos de todo el mundo, y a los adultos que se detienen a escucharlos.

Sumario

TERCERA PARTE
VARIACIONES FAMILIARES

CUARTA PARTE
SACAR LO QUE HAY DENTRO

Agradecimientos

> Lo único que haces es sentarte contemplando una hoja de papel en blanco, hasta que gotas de sangre perlan tu frente.
>
> GENE FOWLER

Cualquier empresa creativa supone un reto. Preparar un plato especial, hacer una película, escribir un libro o criar a un niño introvertido o extravertido son procesos que requieren tiempo y dedicación. Sin colaboración no hay creatividad. Contrariamente a lo que se pueda pensar, que esperar durante mucho tiempo un resultado se hace interminable, escribir un libro exige que algunos cocineros nos presten su cariñosa atención durante meses o incluso años. Por tanto, quiero dar las gracias a todos los cocineros de la familia Workman Publishing, así como a mi propia familia, amigos y clientes, que han añadido sus ingredientes a este plato.

Quiero dar las gracias especialmente a todos los investigadores (muchos de ellos introvertidos) que vigilan montones de guisos científicos. Respeto y valoro su capacidad de elaborar nuevas cuestiones dignas de estudio. Sus investigaciones sobre el cerebro nos han proporcionado unos atisbos muy valiosos sobre las conexiones internas que forman el continuo introvertido/extravertido. Espero que esas informaciones nos ayuden a cambiar los lúgubres estereotipos a los que a menudo se enfrentan los niños introvertidos.

Por último, quiero dar las gracias a todos los padres, maestros, asesores, ministros de culto y otros que están dispuestos a ver a los niños introvertidos bajo una nueva luz.

INTRODUCCIÓN

¡Al ataque!

*El niño introvertido, o cómo seguir
el ritmo de un tambor vacilante*

> Soy un *bagel* en un plato de rollitos de cebolla.
> BARBRA STREISAND en el papel de Fanny Brice,
> en *Funny Girl*

Déjeme que le presente a una niña que comparte muchos de los rasgos que tienen los niños introvertidos a los que he conocido y con quienes he trabajado.

Ya de muy pequeña, le agotaban algunas actividades que habitualmente estimulan a muchos niños. Cuando iban a visitar a alguien, al cabo de poco ya estaba dando tironcitos de la falda de su madre, insistiéndole para que se fueran a casa. En la guardería le gustaba ver cómo jugaban otros niños, pero necesitaba pensárselo bastante antes de decidirse a participar. En las fotos tiene una expresión un poco de sorpresa, o como si estuviera a punto de echarse a llorar o de esconderse tras la puerta o el arbusto más cercano.

Al empezar la escuela tuvo que abandonar su cómodo hogar y aventurarse en lo que le pareció un espacio vasto y ensordecedor, teñido de aprensión y confusión: su clase era un auténtico circo de tres pistas. Apenas lograba oír a la profesora... o siquiera pensar. En su casa sabía los horarios, pero cuando le pedían que los recitase delante de sus compañeros, los números se le iban de la cabeza. Aborrecía los grupos grandes de todo tipo; no soportaba que la llamasen en público. Durante el segundo curso, se le ocurrió una técnica para reducir la ansiedad que la invadía en clase. Cuando la profesora paseaba la vista por la clase buscando a alguien que respondiera a su pregunta, la niña recurría a la técnica del «objeto perdido». Consistía en que se le cayera «accidentalmente» un lápiz, lo cual, claro está, la obligaba a meterse debajo del pupitre en busca del escurridizo utensilio. En cuanto uno de sus compañeros, capaces de pensar con rapidez, respondía a la pregunta, ella encontraba milagrosamente el lápiz y volvía a sentarse bien.

Aunque en el colegio era una niña callada, en casa hablaba hasta decir basta. Se preguntaba por qué a veces podía parlotear como un loro y en otras ocasiones no se le ocurría absolutamente nada que decir. Se sentía como Ariel en la película de dibujos animados de Disney *La sirenita*, después de que Úrsula, la bruja del mar, le robase la voz.

¿Que cómo sé tanto de la vida de esa niña pequeña? Porque estoy describiendo mi propia infancia.

Al igual que la mayoría de niños introvertidos, yo sintonizaba muy bien con mis propios ritmos internos, pero a menudo me fatigaba y agobiaba interaccionar con ese mundo social que me rodeaba. Mi manera de experimentar el mundo me llevó a sacar ciertas conclusiones sobre mi persona. Como no me apuntaba entusiasmada a participar en los juegos, pensaba que era «rarita». Como no podía fiarme de ser capaz de recordar las respuestas de inmediato, aunque me hubiera estudiado el material, llegué a la conclusión de que tenía algún problema de memoria, o bien que no era muy lista. Cuando estaba con más gente solía guardar silencio, y por eso creía que no tenía mucho que ofrecer.

Muchos niños que tienden a la introversión sacan conclusiones parecidas sobre sí mismos. Ahí es donde quiero ayudarlos. Sé, partiendo de mi propia experiencia y de mis veintitantos años de práctica clínica, que un niño introvertido no tiene ningún problema de inteligencia ni de memoria. No tiene por qué relegarse a la periferia de las relaciones sociales y académicas. En realidad, tiene muchas cosas que ofrecer. Lo que *sí* es cierto es que los niños introvertidos necesitan el apoyo de sus padres y de otros para poder desarrollarse como personas. Asumámoslo: vivimos en un mundo acelerado, competitivo, expansivo, que tiene en alta estima la extraversión. A pesar de ello, mediante la comprensión de la naturaleza de la introversión, los padres, profesores y miembros de la familia pueden ayudar a los niños introvertidos a aprovechar al máximo su notable capacidad mental y otros puntos fuertes de su personalidad.

Volvamos un momento a mi infancia. A pesar de no ser una estudiante carismática, me sucedió algo curioso pero estupendo: caía bien a muchos de mis profesores. Conversábamos sobre los acontecimientos recientes, la dinámica de las clases y temas que estábamos estudiando en ese momento. Yo les formulaba preguntas sobre sus experiencias, y escuchaba lo que tenían que decirme. Una profesora me llevó a ver *West Side Story*. Otra me dio a conocer la ópera; me sentí muy emocionada cuando me regaló mi primer disco de ópera, *Aida*. Al echar la vista atrás, sospecho que aquellos profesores eran introvertidos que habían reconocido en mí a alguien de su especie. Pero lo más importante fue la conclusión que extraje de aquellas relaciones que me confirmaban que, cuando me relacionaba con la gente uno a uno, el mundo ofrecía muchas posibilidades emocionantes.

Esta capacidad de relacionarse profundamente, de ser consciente de uno mismo y de tener intimidad con otras personas es la otra cara de la forma de actuar de los introvertidos. Un introvertido sabe concentrarse, tiene propensión a escuchar, la inclinación a conocer mejor a la gente. En aquellos momentos de mi infancia en los que me vi obligada a actuar según las reglas de los extravertidos, sentía que no daba la talla. Pero cuando estaba en unas circunstancias que me permitían aceptar bajo mis propios términos aquellos aspectos de mí misma, me iba muy bien. Para los padres, el hecho de ajustar el entorno de su hijo o hija a uno u otro extremos no supone un gran esfuerzo. Pero para el niño puede significar la diferencia entre luchar por encontrar su propia voz y aceptar quién es (e incluso disfrutar de ello).

Cómo apoyar a tu hijo

Muchos de los lectores de mi primer libro, *The Introvert Advantage*, me confiesan que les ha impactado mucho. A menudo me han comentado: «Ojalá hubiera dispuesto de esta información cuando era pequeño. Me habría ahorrado muchos años de pensar que era peor que los demás». Me frustra y me duele oír tantas historias sobre lo incomprendidas e ignoradas que se sienten muchísimas personas introvertidas mientras crecen. A los adultos introvertidos con los que he conversado les hubiera gustado que sus familias, maestros, consejeros y pastores de iglesia hubieran comprendido su naturaleza introvertida, y que hubiesen podido ayudarlos. La alienación y la soledad que sintieron son trágicas, porque eran innecesarias.

Los padres de niños introvertidos me preguntan siempre qué pueden hacer para apoyar el crecimiento de sus hijos. La intención está ahí, pero quienes se hallan en posición de ayudar desconocen qué necesitan esos niños, o cómo pueden proporcionárselo. También me encuentro con padres introvertidos a quienes les cuesta educar a sus hijos extravertidos. Mi objetivo es cerrar el abismo entre extravertidos e introvertidos, y enseñar el idioma de los segundos a los padres y a otras personas implicadas en la crianza del niño. Observo las reacciones de las personas frente a mis nietos introvertidos, y gracias a mi práctica de la psicoterapia entro en contacto con niños introvertidos y con sus padres. Además, qué duda cabe, recuerdo mis propias luchas cuando era una niña introvertida que intentaba encontrar su camino en la vida.

La preocupación número 1 que me transmiten los padres y otros adultos que trabajan con niños introvertidos es: «Si siguen siendo como son ahora, ¿lograrán tener éxito en el mundo extravertido? ¿No habría que incitarlos a ser más extravertidos?». Mi respuesta es un NO potente y resonante, muy potente (al menos para un introvertido). Si intentamos imponer una nueva personalidad a un introvertido, sólo conseguiremos mermar su autoestima, aumentar su culpabilidad y su vergüenza respecto a su forma de ser, y quizás añadir a su temperamento introvertido una timidez abrumadora. En realidad, los niños introvertidos son pequeñas maravillas. Aceptémoslos como son. Si respaldamos sus recursos naturales, permitiremos que aumenten sus dones. La introversión y la asertividad no se excluyen mutuamente. Los niños introvertidos pero asertivos forjarán unas vidas adultas con sentido, valor y creatividad.

Sin embargo, a menudo los introvertidos tardan en alcanzar su potencial. Esto se debe a que las funciones cerebrales que gobiernan su orientación mental son las que más tardan en madurar (véase el capítulo 2). Esos «cerebros introvertidos» están preparados para realizar carreras relacionadas con las artes y para profesiones que requieren años de formación. Los introvertidos predominan en campos como la ciencia, la arquitectura, la enseñanza, la informática, los deportes individuales, las artes visuales, literarias y dramáticas y, creámoslo o no, el ejército. Esto se debe a su excelente capacidad para concentrarse, y su voluntad para analizar a fondo lo que estudian. Contrariamente a lo que piensa mucha gente, los introvertidos también pueden ser directores, actores, presentadores de televisión, gente famosa, atletas de élite y políticos. Los introvertidos son personas con un enorme potencial. Pero si los adultos pudieran ayudarlos a identificar sus puntos fuertes y los animasen a apreciar sus valores, no tendrían que pasar por tantas experiencias dolorosas o confusas durante la infancia. Cuando los introvertidos reciben la ayuda que necesitan para desarrollar su potencial, todo el mundo se beneficia. El mundo se enriquece.

Cómo reuní los datos para este libro

> Gracias a tu verdadero yo,
> tú eres tú y nadie más.
>
> Dario Nardi

Después de la publicación de mi primer libro, conocí y entrevisté a introvertidos procedentes de todo Estados Unidos y Canadá. También recibí miles de correos electrónicos de otros introvertidos de todo el mundo, donde me contaban sus experiencias. También he entrevistado a padres, maestros y, lo que es más importante, a niños introvertidos, todos los cuales me han relatado sus experiencias únicas.

Entre tanto, repasé los últimos estudios académicos sobre el tema. Los investigadores han descubierto que, de todos los rasgos de personalidad estudiados, el más predecible con el paso del tiempo es el punto en que se encuentra una persona del continuo introversión-extraversión. La fiabilidad de esta dimensión de la personalidad suscita la pregunta: ¿cuáles son los fundamentos fisiológicos de la introversión y la extraversión? Esta pregunta originó literalmente miles de experimentos destinados a determinar cuáles eran los procesos subyacentes que convierten a alguien en introvertido o en extravertido. Hubo un tiempo en que, para identificar un temperamento, sólo disponíamos de teorías y de test de personalidad como el Indicador de Tipos Psicológicos de Myers-Briggs (MBTI). Ahora disponemos de instrumentos científicos precisos, como la resonancia magnética nuclear (RMN), la tomografía por emisión de positrones (TEP), datos procedentes de pacientes con lesiones cerebrales, y estudios conjuntos a largo plazo que contribuyen a entender, sondear y mapear el funcionamiento interno del cerebro y del cuerpo.

Los estudios que han arrojado luz sobre la naturaleza y los orígenes de la introversión me resultan fascinantes. Demuestran que existen razones físicas por las que los introvertidos son así, y confirman mi hipótesis de que intentar cambiar a un introvertido para que se vuelva extravertido no sólo es peligroso, sino además inútil. Muchos introvertidos se sienten avergonzados al ver que algunos tipos de interacción que a otros no les cuestan, a ellos les suponen todo un desafío. El fundamento científico de la introversión puede asegurar a los niños introvertidos (y a sus padres) que no les pasa nada malo, y que sus dificultades no se deben a que carezcan de alguna habilidad o a falta de interés.

Doce personas de las que te sorprenderá saber que son (o eran) introvertidas

> Hay mucha gente famosa que tiene las orejas grandes.
> De la película *Dumbo*

Podríamos pensar que los actores, celebridades, presidentes y otras personas que están siempre de cara al público son extravertidas. Sin embargo, muchos de los personajes que están en el candelero o en la primera página tienen un temperamento introvertido. Éstos son sólo doce de los muchos que hay:

- JOHNNY CARSON: según *The Oregonian*, «Carson era un introvertido, un tipo del Medio Oeste que sabía cuándo soltar un chiste».
- DIANE SAWYER, que dijo: «La gente asume que no se puede ser introvertido y salir en la tele. Se equivocan».
- WARREN BUFFET, inversor y director ejecutivo de Berkshire Hathaway, Inc. «Warren Buffet es un introvertido del tipo inspector» (*Warren Buffett: estrategias del inversor que convirtió 100 dólares en 14 billones de dólares*, de Robert Hagstrom).
- JULIA ROBERTS, que suele hacer la siesta durante el tiempo que le dan para almorzar. «Me hace ser mucho mejor persona», afirma.
- JOHNNY DEPP: cuando le preguntaron por qué se mudó a Francia, respondió: «La verdad es que para vivir tranquilo. Allí no estoy siempre bajo los focos».
- MICHAEL DELL, ex director de Dell Computer Corporation, quien, según *Business Week*, se describe como «un tipo infrecuente de introvertido».
- JACQUELINE KENNEDY. «Sabía ponerse en la misma frecuencia de onda que tú y escucharte, haciéndote sentir que lo que tenías que decirle era lo más importante del mundo» (*What Jackie Taught Us*, de Tina Flaherty).
- BILL GATES: cuando estaba en sexto, su madre pensó que Gates necesitaba ayuda. No entendía por qué el chico se pasaba las horas muertas en su cuarto del sótano. Cuando le preguntaba qué hacía, Gates respondía con cierta irritación: «Pienso» (*In Search of the Real Bill Gates*, de Walter Isaacson).
- STEVE MARTIN: «Ahora Martin es un experto en arte, y sabemos que se pasa varias horas en una habitación llena de cuadros para refrescar su

mente y su espíritu. Es un hombre muy reservado e introvertido»
(*Steve Martin: The Magic Years*, de Morris Walter, amigo suyo desde hace
muchos años).

- KEANU REEVES. «Es el introvertido de Hollywood por antonomasia», dice
Entertainment Magazine.
- AUDREY HEPBURN: «Soy una introvertida», le dijo al entrevistador Rex
Reed.
- JOAN ALLEN, que dice: «Mi carrera no ha subido como la espuma. Tenien-
do en cuenta mi temperamento, eso ha sido positivo». Su compañía se
llama «Little by Little» (Poquito a poco).

La mayor parte de las decenas de miles de estudios fisiológicos y psicológicos no llega al público general (a menos, claro está, que sean lo bastante llamativos como para captar la atención de los medios de comunicación). He hecho todo lo posible para incluir los descubrimientos realizados en diversos campos y que son importantes para los introvertidos, incluyendo la fisiología, la anatomía, la neurociencia, la educación, la reducción del estrés, la personalidad, la creatividad, el desarrollo de la primera infancia, el psicoanálisis, la genética, la ciencia cognitiva, la psicología evolutiva, la adicción y la sociología. También he entrevistado a padres, profesores y niños introvertidos para que me contasen sus experiencias.

Aunque cada niño introvertido es único, los introvertidos comparten muchos rasgos. Los niños introvertidos tienen vidas interiores más ricas, y entenderlos equivale a embarcarse en un viaje increíble. No es muy difícil aprender a hablar su idioma, y la recompensa es enorme. Tu experiencia como padre o madre se enriquecerá cuando tu hijo o hija vaya desarrollando sus puntos fuertes, llegue a la conclusión por sí solo de que ser introvertido es *algo más que aceptable*, y aprenda a desarrollarse en el mundo de los extravertidos.

Las trampas más frecuentes para los niños introvertidos son que se pierdan en su mundo interior y que el mundo exterior no les haga caso. Cuando los padres se proponen hablar y escuchar de verdad a sus hijos introvertidos, éstos aprenden a moverse sin problemas entre las dos esferas de sus pensamientos interiores y el mundo social. Si los niños introvertidos crecen sintiéndose aceptados y cómodos en sus interacciones familiares, creerán en sí mismos y gozarán de una sólida autoestima. Serán capaces de pasar sin problemas de su exuberante reino interior al mundo exterior, y viceversa. Sabrán cómo mantener llenos sus «depósitos de carburante», y cómo asimilar la estimulación de su entorno. Sigue leyendo para descubrir *por qué* los niños introvertidos se comportan como lo hacen, y *cómo* puedes ayudarlos a alcanzar su máximo potencial.

PRIMERA PARTE

La apreciación de los diversos patrones

Nunca logramos comprender
de verdad a una persona
hasta que vemos las cosas
desde su punto de vista.

HARPER LEE

CAPÍTULO 1

¿La cigüeña te ha traído a un niño introvertido?

Qué es y qué no es la introversión

> Uno nunca acaba de entender su propia personalidad. Para comprenderla, necesita a otros.
>
> CARL JUNG

Matthew, de 10 años, parece que tenga una doble personalidad. Le encanta su casa, sus perros y le interesa hacer montones de cosas, sobre todo las que tienen que ver con la naturaleza y con los animales. Cuando está rodeado de su familia, Matthew puede ser bastante movido y hablar mucho; disfruta contándole a cualquiera que venga de visita cómo atraen las aves a sus parejas, o sobre el cervatillo de tres días que tuvo el privilegio de cuidar. Sin embargo, en otras circunstancias suele guardar silencio. Se queda quieto y sin expresión, y antes de participar en una actividad la observa con atención. Aunque a Matthew le gusta jugar con su amigo Sam al salir del colegio, se queja si tiene que quedarse hasta muy tarde porque los niños hacen sus deberes juntos en el gimnasio, un lugar ruidoso y lleno de gente. «Es que no puedo concentrarme», se lamenta.

Matthew encaja en el extremo introvertido del continuo de temperamentos. Su energía natural, su percepción y sus decisiones fluyen hacia dentro, hacia su mundo privado de pensamientos, sentimientos e ideas. Disfruta rumiando las cosas, porque le resulta estimulante y vigorizante. Le gusta compartir lo que piensa y experimenta. Pero un exceso de actividades externas lo agota.

En el caso de Austin, también de 10 años, lo que ves es lo que hay. En cuanto su madre lo recoge después del colegio, se pone a parlotear sobre sus experiencias a lo largo del día. Durante el camino a casa, grita a sus amigos por la ventana del coche. Es muy parlanchín y expresivo y le encanta probar experiencias nuevas. Cuando llegan a casa, Austin quiere saber qué puede hacer. ¿Puede venir a casa su amigo Aaron? ¡Estar sentado en casa no es divertido! Le gusta hacer los deberes instalado en la mesa de la cocina, para no perderse nada.

Austin está en el extremo extravertido del continuo de temperamentos. Su energía fluye hacia el mundo externo de actividades, cosas y personas. Analiza su entorno en busca de estímulos. Le atrae el ajetreo, el trajín, que le hacen sentir bien. Estar solo mucho rato agota su energía.

Muchas personas piensan de la siguiente manera en los introvertidos y los extravertidos: estás en una fiesta y el introvertido se mueve entre las sombras, pegado a la pared; casi le salen raíces y pétalos. El extravertido se ha puesto de sombrero una pantalla de lámpara chillona y se mueve por el grupo hablando con todo el mundo. Pero los introvertidos y los extravertidos no se definen necesariamente por su conducta. Esos términos reflejan la *fuente de energía* y la *orientación* de esa persona respecto al mundo. Matthew y Austin son dos niños inteligentes y encantadores. Cualquiera de los dos puede hablar o guardar silencio, estar alegre o rabioso, dependiendo de la situación o el entorno.

En realidad, la introversión es un temperamento innato que se fundamenta en la composición genética de la persona. El temperamento, *per se*, no es la personalidad; es una constelación de rasgos que controla el patrón de respuesta y la conducta de la persona frente a una serie de circunstancias. Por lo general, los introvertidos prefieren dosis reducidas y asimilables de estimulación, mientras que los extravertidos buscan caudales de actividad y emociones. Un introvertido puede analizar un asunto con detenimiento, mientras que un extravertido puede estar orientado hacia una amplitud de temas:

quiere probar de todo. Con frecuencia un introvertido necesita tiempo para «procesar» sus emociones antes de reaccionar; un extravertido probablemente reaccione en caliente. El temperamento de una persona no se puede cambiar a voluntad. Sin embargo, comprender el temperamento de tu hijo o hija puede ayudarte a fomentar sus puntos fuertes y a reducir al mínimo su angustia.

En nuestra sociedad, los extravertidos superan a los introvertidos en un promedio de tres a uno, más o menos. Sin embargo, no siempre se trata de ser una cosa u otra; la mayoría de personas poseen tendencias introvertidas y extravertidas. Lo más útil es pensar en un continuo; en uno de los extremos están los introvertidos «puros» y en el otro los extravertidos «puros». Por ejemplo, suelo pensar que el binomio extraversión/introversión se parece a ser diestro o zurdo. Una persona diestra puede usar la mano izquierda, pero la que domina es la derecha. Es cierto que esta analogía no nos lleva muy lejos. Como dije antes, los introvertidos y los extravertidos entran dentro de un continuo. Algunos introvertidos lo son mucho, y lo mismo sucede con los extravertidos. Como la energía fluye y refluye, algunos introvertidos pueden parecerlo más un día que otro. A pesar de eso, me gusta la analogía de las manos porque todos podemos imaginarnos lo que supone usar la mano «equivocada» durante mucho tiempo. Esto se parece a lo que sienten los introvertidos cuando intentan satisfacer las expectativas de un mundo extravertido.

Cuestión de energía

La diferencia principal entre el niño introvertido y su contrapartida extravertida es el modo en que adquiere, gasta y conserva su energía. A cada uno de nosotros hay ciertas situaciones que nos vigorizan y otras que nos enervan. El niño introvertido saca energía de su interior. Para gozar de vitalidad y equilibrio, necesita tener acceso a sus pensamientos, sentimientos y percepciones. La estimulación externa excesiva —actividad, ruido, gente que habla— lo agota, le hace sentir exhausto. Por el contrario, al niño extravertido el mundo exterior le da nuevas fuerzas. Le encanta estar rodeado de montones de personas y de mucha acción. Al extravertido le cansa el exceso de sosiego o la soledad.

Desde mi punto de vista, los introvertidos son *conservadores* de energía, como baterías recargables que necesitan un tiempo para volver a su pleno rendimiento. Los extravertidos son *difusores* de energía. Su lema es «¡Venga, vamos, vamos!». Tanto los niños introvertidos como los extravertidos necesitan equilibrar sus tendencias naturales. Un introvertido necesita relacionarse con el mundo exterior para no perder la confianza o para no extraviarse dentro de su propia mente. Si el extravertido no dispone de algunos momentos de relajación y de contemplación, puede acabar demasiado acelerado.

Todo el mundo dispone de los sistemas neurológicos necesarios para funcionar de forma introvertida y extravertida. Si tu hija no tuviera esa capacidad, no podría saber qué pasa en su interior ni mantener el contacto con el mundo externo. Los sistemas orgánicos son como un balancín: cuando una parte está abajo, la otra está arriba. Todos los sistemas del cuerpo disponen de un interruptor de «encendido» para activarnos, y también tienen otro de «apagado», para echar el freno. Una cara prepara a la niña para que actúe; la otra, la calma para que recupere fuerzas. Un padre reflexivo puede ayudar a los niños 1) a aprender cómo renovar sus energías, y 2) a alcanzar cierto equilibrio entre la estimulación interna y la externa.

¿De dónde surgió el concepto de «introversión»?

> Plantar una semilla es un acto de esperanza.
>
> Anónimo

A lo largo del tiempo, las personas han intentado explicar el rompecabezas del temperamento. Los griegos, en época de Hipócrates, se dieron cuenta de que la conducta tendía a encuadrarse en conjuntos o patrones. Llegaron a la conclusión de que esto se debía a la presencia o ausencia de determinados fluidos en el cuerpo y en el cerebro. Definieron cuatro sustancias repulsivas pero viscerales, los llamados *humores*: sangre, flema, bilis amarilla y bilis negra. Asociaban esos cuatro humores con los cuatro elementos (el fuego, el agua, el aire y la tierra, respectivamente), y pensaban que el temperamento y la enfermedad estaban relacionados con el grado de equilibrio que mantuvieran en el cuerpo esos cuatro humores/elementos. Los primeros observadores de la naturaleza humana se apercibieron de que hay personas que son activas, impulsivas y rápidas cuando se relacionan con el mundo exterior, mientras que otras son centradas, persistentes y más lentas, más vueltas hacia dentro. Esta diferencia entre los temperamentos ya la ilustró el fabulista griego Esopo en su fábula clásica *La liebre y la tortuga*. Seguramente recordarás que en la fábula la liebre y la tortuga deciden hacer una carrera. Como la liebre es muy rápida, tiene una confianza excesiva en sus capacidades. Sabe que puede ganar fácilmente, así que se detiene a hacer un buen descanso. La tortuga, por el contrario, sigue avanzando lentamente y, para sorpresa de todos, gana la carrera. Este cuento universal refleja la diferencia entre los temperamentos que la gente ya percibía en la antigüedad.

El desarrollo de las pruebas psicológicas a mediados del siglo XX confirmó que los rasgos y las tendencias de personalidad son coherentes y constantes; en resumen, que forman parte de quienes somos. Otros de los aspectos del temperamento que se estudian son, entre otros: tener la mente abierta o cerrada; sentir o pensar; la neurosis o la salud mental; la irascibilidad o la serenidad; y la agresividad o la cooperación. Hay algunos test, como el Inventario Multifásico de Personalidad de Minnesota (MMPI), el Inventario de Personalidad de California (CPI) y el Indicador de Tipos Psicológicos de Myers-Briggs (MBTI), que se emplean por millones en escuelas, empresas y hospitales. Sin embargo, admitir que existen distintos temperamentos es una cosa, pero entender su origen es otra muy diferente.

Hoy día sabemos que los griegos iban por buen camino al conectar el cerebro y el cuerpo cuando reflexionaban sobre el temperamento. Los genes influyen en el modo en que están organizados nuestros cerebros. A su vez, el modo en que éstos se encuentren organizados —los elementos químicos, los circuitos y las partes que controla cada uno— influye en la manera en que reaccionan nuestros cuerpos. Los resultados son los diversos temperamentos que se manifiestan en la conducta infantil.

Las distintas maneras en que están compuestos los cerebros de los niños introvertidos y extravertidos provocan diferencias cruciales en:

- *La forma en que procesan la información*: los introvertidos usan una ruta cerebral más larga, que integra la información inconsciente y compleja. Como resultado, tardan más tiempo que los extravertidos en procesar la información. Pero los introvertidos también son capaces de aportar más contenidos emocionales e intelectuales importantes para los nuevos datos.
- *La forma en que funcionan sus cuerpos*: a los introvertidos les cuesta más mover el cuerpo, dado que se inclinan más por la parte del sistema nervioso que exige un pensamiento consciente. En otras palabras, tienen que tomar una decisión consciente: «Cuerpo, ¡muévete!».
- *El sistema de memoria que emplean*: los introvertidos usan su memoria a largo plazo más que la memoria a corto plazo. Esto les permite disponer de muchísimos materiales, pero a costa de invertir más tiempo para recuperar y reconstruir las piezas de la memoria, dispersas por los bancos de almacenamiento repartidos por todo el cerebro.
- *Su forma de actuar*: los introvertidos tienden a mostrarse dubitativos en las circunstancias que no conocen. En situaciones de emergencia pueden quedarse paralizados o desconectarse.
- *Su forma de comunicarse*: los introvertidos hablan después de reunir, procesar y sacar conclusiones sobre sus pensamientos y sentimientos.
- *El punto en el que centran su atención*: los introvertidos son muy observadores, y tienden a profundizar mucho en las cosas que les interesan.

- *El modo en que recuperan las fuerzas*: para recargarse, los introvertidos necesitan un entorno que los estimule poco.

Qué no es la introversión

A los introvertidos los han malentendido desde el momento en que se acuñó ese término. En cierto sentido, el concepto de «introversión» se torció ya desde su nacimiento. A principios del siglo XX, Carl Jung, Alfred Adler y Sigmund Freud trabajaban juntos. Los tres eran importantes psicoanalistas y pensadores originales. Jung creó su teoría sobre los tipos de personalidad y acuñó los términos *introvertido* y *extravertido* basándose en su observación de los puntos de vista opuestos de Adler y Freud sobre los síntomas de sus pacientes. Para Jung, Adler se centraba en el mundo interior del paciente, mientras que Freud subrayaba el mundo externo y sus efectos. Jung llamaba a la tendencia de Adler *introversión*, y a la orientación hacia fuera de Freud *extraversión*. Jung pensaba que ambos puntos de vista eran correctos, y que cada orientación reflejaba un temperamento saludable y congénito.

Entonces los tres hombres discutieron. Freud, el más prestigioso, se enfadó con Jung y Adler porque éstos disputaban sus ideas. Sabiendo que ambos eran introvertidos, empezó a escribir sobre la introversión desde un punto de vista negativo, alterando su definición para que significase «demasiado preocupado por el yo», «que evita el mundo» y «narcisista». Dado que las obras de Freud se leían y estudiaban mucho, todo el mundo aceptó esta connotación negativa, esta definición parcial del término *introvertido*. Lamentablemente, hoy día sigue existiendo este malentendido. (Por cierto, Adler más tarde concibió la importantísima teoría del «complejo de inferioridad», que Freud tampoco aceptó.)

En una época como ésta, en la que cada día hay más investigaciones sobre el cerebro, existe una gran confusión y desacuerdo en torno a expresiones y términos como *timidez, ansiedad social, hi-*

persensibilidad, autismo y *síndrome de Asperger, disfunción de la integración sensorial, dislexia* y los trastornos como el TDA (trastorno por déficit de atención) y TDAH (trastorno por déficit de atención con hiperactividad), junto con otros problemas que afectan a la vida de los niños. Podemos mencionar la introversión en relación con algunos de estos problemas, muchos de los cuales no se entienden bien. Lo que sí sabemos es que no se encuentran limitados a los introvertidos. Algunos investigadores se preguntan si deberían considerarse estos trastornos como síndromes o tipos de disfunción, como algo opuesto al extremo más alejado del continuo cerebral. Quizás esta forma de centrarse en las funciones cerebrales infantiles sea resultado de las expectativas que hoy día tenemos de los niños. Es posible que reflejen, simplemente, las distintas maneras en que los cerebros adquieren y liberan información. Lo que sí parece que comparten estos trastornos es una falta de integración y un funcionamiento excesivo o insuficiente del cerebro o de un sistema orgánico.

Los trastornos que he mencionado afectan a los principales sistemas de procesamiento del cuerpo. Éstos incluyen el sistema de la atención, el de la estimulación, las vías de percepción sensoriales, el sistema nervioso autónomo, los sistemas de la motivación y las emociones. La disposición genética hacia la introversión o la extraversión afecta a muchos de estos sistemas, y éste pudiera ser el motivo de que la introversión a menudo se combine o se confunda con estos trastornos particulares en los niños. Sin embargo, es importante reconocer la introversión por lo que es (y *sólo* por lo que es), para no pensar que el niño introvertido padece una patología.

Con objeto de clarificar qué es la introversión (y qué no es) vamos a corregir algunos mitos sobre los introvertidos.

Mito 1: Los introvertidos son tímidos

Realidad: A menudo la introversión se confunde con la timidez. En este caso el malentendido nace de circunscribir la introversión sólo a la capacidad de socialización. Ser introvertido afecta al temperamento general del niño, y por tanto a todas las áreas de su vida. Estos rasgos pueden determinar cómo *prefiere* socializar un introvertido. Sin embargo, aunque la conducta social de un introvertido parezca timidez, no es lo mismo.

A diferencia de la introversión, la timidez no está relacionada con las necesidades energéticas o con disfrutar diversas maneras de socialización. Una persona tímida puede sentirse tan incómoda estando sólo con otra persona como con todo un grupo. Una diferencia clave entre la timidez y la introversión es el modo en que se procesa la información en las reuniones sociales. Los niños tímidos sienten una angustia de anticipación. Analizan a los otros niños y anticipan sus reacciones negativas. Un introvertido puede anticipar una *experiencia* negativa (porque no quiere socializar), pero no necesariamente una respuesta negativa. Las personas tímidas *quieren* socializar más, pero cuando están con más gente se sienten angustiadas, y pueden pensar que no caen bien a los demás. La timidez puede afectar tanto a introvertidos como a extravertidos.

La timidez es prácticamente una experiencia universal; en un momento u otro casi todos nosotros nos hemos sentido tímidos. A pesar de ello, es evidente que algunas personas son más tímidas que otras. Puede que exista un componente genético, pero la timidez suele estar influida en gran medida por el entorno y por la experiencia personal. Los niños tímidos sienten miedo a la humillación, la vergüenza y la crítica, y ese temor los debilita. También pueden ser inhibidos, desconfiados con personas que no conocen y tímidos en aquellas situaciones en las que corren el riesgo de fracasar. Los maestros, los familiares y los compañeros de niños tímidos pueden reaccionar mal ante ellos. A menudo los demás rechazan, se burlan, ponen en evidencia o pasan por alto a los tímidos. Lamentablemente, estas experiencias negativas pueden reforzar sus temores y su creencia de que no caen bien a los demás.

Un experto en el tema de la timidez, Bernardo Carducci, distingue entre la introversión y la timidez en su libro *The Shyness Break-*

through: A No-Stress Plan to Help Your Chile Warm Up, Open Up, and Join the Fun, donde dice: «Los introvertidos no son necesariamente tímidos. Disponen de habilidades sociales y de la autoestima necesaria como para interaccionar con éxito con otras personas; lo único que necesitan es cierta privacidad para recargar las pilas, y les gusta la soledad. Las personas tímidas quieren que otras las vean, caer bien y ser aceptadas, pero carecen de las capacidades y pensamientos, sentimientos y actitudes que podrían ayudarlas a relacionarse correctamente con otros».

Hay quien confunde introversión con otros trastornos infantiles

Con el paso de los años, he descubierto que la gente puede confundir la introversión con otros trastornos de la infancia. Sin embargo, en la mayoría de los casos los introvertidos no son más vulnerables a estos problemas que los extravertidos. Entre esos problemas se cuentan:

- El trastorno de la integración sensorial.
- La hipersensibilidad.
- El TDA y la gama de trastornos TDAH.
- El autismo y el síndrome de Asperger.
- La ansiedad social y otros trastornos de ansiedad.

Para saber más sobre estas disfunciones y descubrir cómo se diferencian de la introversión, véase el Apéndice «Síndromes y trastornos que a veces se confunden con la introversión» (pág. 325).

Una niña introvertida no puede cambiar su estructura mental básica. Sin embargo, las tendencias hacia la timidez pueden reducirse considerablemente por medio del aumento de la autoestima, aprendiendo habilidades sociales y reduciendo el miedo y la ansiedad. Si tu hija introvertida tiende a la timidez, puedes ayudarla a controlar y reducir ésta. Explícale las diferencias entre la timidez y la introversión. Dile que intentarás ayudarla a aprender cómo sentirse más cómoda en las situaciones sociales. Haz todo lo posible para darle ejemplo de cómo comportarse de una forma relajada y amistosa con las personas a quienes acabas de conocer. Después de que tu hija te observe, puede sentir una mayor confianza en sí misma cuando interactúe con los de su edad.

Mito: Los niños introvertidos son ariscos

Realidad: Los introvertidos pueden ser muy cariñosos. El único inconveniente es que habrá circunstancias en las que no lograrán manifestarlo correctamente. Por ejemplo, Matthew, nuestro niño de 10 años prototípico con quien abríamos este capítulo, es enormemente cariñoso. Le encanta hablar con la gente, cuando ya los conoce. En el gimnasio del colegio, donde le sobrecoge el ruido y la afluencia de gente, es probable que no sea muy expresivo. Pero si lo vemos en su casa o le decimos que nos interesan los animales, se mostrará sumamente abierto.

Los padres pueden contribuir a abrir caminos para su hijo o hija introvertidos si ayudan a otras personas a percibir de qué maneras son amistosos sus hijos, y creando situaciones que permitan a los niños manifestar esa actitud amistosa.

Mito: A los niños introvertidos no les interesan otras personas

Realidad: A los niños introvertidos les interesan *mucho* otras personas, sencillamente no pueden asimilar mucha interacción al mismo tiempo. Aprecian mucho estar con otras personas cuando pueden aprender mucho de ellas, pero de una en una. Eso fue lo que me ayudó cuando era pequeña. Yo tenía problemas para socializar estando en un grupo, pero cuando la gente, en especial mis atentos profesores, me hablaban individualmente, reaccionaba muy bien. Me encantaba escuchar sus historias y sus experiencias, y eso se traslucía. Los introvertidos saben escuchar muy bien, en gran parte porque les interesa de verdad lo que tienen que decir otras personas, y por tanto las escuchan sinceramente.

Mito: Los niños introvertidos son egocéntricos

Realidad: Si bien es cierto que los introvertidos se centran en sus propios pensamientos y sentimientos, también les interesa mucho saber cuáles son los de *otras personas*. Además, saben tolerar a quienes son distintos. Resulta irónico que a los introvertidos se los considere egocéntricos. Los estudios demuestran que los intravertidos cooperan más en un grupo de lo que lo hacen los extravertidos. A menudo pensamos en los extravertidos como «gente social» porque les gusta estar con otros. Pero, con frecuencia, esto se debe a que necesitan estar con gente para sentirse bien, no necesariamente a que esas personas les gusten o les interesen.

Cómo detectar la introversión en sus primeras fases

> Todo adulto necesita un niño al que enseñar; así es como aprende.
>
> Frank A. Clark

El temperamento del niño suele manifestarse pronto. Los estudios demuestran que la mayoría de niños sigue siendo fiel al patrón de temperamento que empezó a manifestar en torno a los cuatro meses de edad.

Piensa en cómo era tu hija cuando era un bebé y comprueba en qué punto de la escala del «Bosque de los Cien Acres» la situarías. Los personajes de *Winnie the Pooh* son iconos perdurables en parte porque representan patrones conductuales humanos constantes. Tu hija, ¿era asustadiza como Tigger? ¿Nerviosa como Puerquito? ¿Se concentraba en la comida, como Winnie? ¿Era tranquila como Christopher Robin? ¿O era una observadora silenciosa, como Búho?

¿Quién lo hubiera dicho?

Los investigadores (que, por lo que parece, disponen de mucho tiempo libre) han descubierto que, cuando se les pone en la lengua una gota de limón, los niños introvertidos salivan más que los extravertidos.

Cómo detectar a un introvertido o a un extravertido

¿Tu hijo...
- habla bajito, y de vez en cuando se detiene buscando la palabra correcta?
- se mantiene en silencio en según qué situaciones, pero cuando está en un entorno conocido habla con fluidez?
- se siente cansado después de una actividad social y necesita un tiempo para recuperar fuerzas en silencio?
- parece dudar a veces?
- se mantiene a cierta distancia de la acción y observa?
- participa gradualmente en las actividades nuevas?
- tiene uno o dos buenos amigos y considera que los demás son conocidos?
- se muestra falto de interés, petrificado o agobiado a veces?
- deja de hablar si lo interrumpen?
- se mantiene inmóvil en público y su expresión no revela emociones?
- aparta la vista cuando habla, pero mantiene el contacto visual cuando escucha?
- deja de hablar si está cansado, agobiado o incómodo?

Si es así, tu hijo/a tiende a la introversión.

¿Tu hijo...
- habla rápido y en voz alta, sobre todo si está nervioso?
- le gusta cambiar mucho de tema?
- da la impresión de saber sobre un tema más de lo que sabe en realidad?
- se mantiene cerca de la persona con la que habla?
- interrumpe conversaciones?
- aparta la vista cuando escucha?
- usa muchas expresiones faciales y gestos?
- desconecta cuando usas frases largas o cuando le hablas a fondo sobre un tema?
- se marcha si una conversación dura demasiado?
- considera que la mayoría de personas son amigos?
- se implica fácilmente en situaciones nuevas?
- se siente animado después de una actividad estimulante?
- se queja o se siente agotado si pasa demasiado tiempo a solas?

Si es así, tu hijo tiende a la extraversión.

Echemos un vistazo al pequeño Oliver, un bebé. Observa a su familia y todo lo que lo rodea con unos ojos oscuros brillantes, como si lo estudiase todo. Parece que no se le escapa ni una; casi podemos ver cómo giran los engranajes de su cabecita. No mueve los brazos y las piernas tanto como otros bebés, sobre todo cuando está inmerso en un entorno desconocido. A veces cuesta saber qué necesita. Suele estar tranquilo, pero de repente se puede echar a llorar, y cuesta consolarlo. Le gusta la rutina, y si se producen muchos cambios puede llegar a enfadarse. Cuando se le dan demasiados juguetes o se lo expone a muchas caras desconocidas, nuevas para él, a veces parece desconectado, se duerme, llora o quiere estar en brazos.

Si a su alrededor hay ruido o la gente va de un lado para otro, puede asustarse cuando oye un sonido repentino. Es prudente: cuando le enseñan un juguete nuevo, no se lanza a por él.

En los niños de otra edad, el temperamento introvertido puede manifestarse de distintas maneras. Por ejemplo, a una niña entre 1 y 3 años le puede costar implicarse en una situación nueva. En la guardería puede resistirse a hablar con personas con las que no se siente relajada. En primaria, es posible que no hable en clase a menos que conozca a fondo la materia. En una fase más avanzada de la enseñanza primaria, es posible que le guste trabajar o jugar sola más que a otros. En secundaria, es posible que los introvertidos empiecen a buscar una cita más tarde que los demás, y que también tarden más en hacer cosas, como sacarse el carné de conducir.

Si entiendes cómo se ha ido enfrentando tu hijo introvertido a las expectativas de un mundo extravertido desde que era pequeño, comprenderás mejor por dónde ha tenido que pasar. Es posible que hayas estado ajustando tu conducta para adaptarla a tu niño ya desde que era un bebé. Pero también puede que lo hayas estado empujando de determinadas maneras, porque creías que era lo que necesitaba. Si identificas el temperamento de tu hijo lo entenderás mejor, y reducirás las luchas de poder y la frustración tanto de vosotros como padres como la suya. El temperamento determina muchas cosas, desde lo que nos emociona hasta nuestra manera de comunicarnos, pasando por la forma de gestionar los conflictos. ¡Y empieza tan pronto!

Tu hijo, ¿es introvertido? El test

¿En qué punto del espectro introversión-extraversión encaja tu hijo? (¿Y tú?) Responde «Verdadero» o «Falso» a las siguientes afirmaciones («Verdadero» si suele ser verdad en general y «Falso» si no suele serlo), y luego suma las veces que has respondido «Verdadero».

1. A mi hijo le va bien estar solo en su cuarto o en su lugar favorito.
2. Si le interesa un libro o un proyecto, se interesa profundamente.
3. No le gusta que lo interrumpan cuando habla o cuando trabaja en algo; pocas veces interrumpe a otros.
4. Prefiere observar un rato antes de unirse a un juego.

5. Se vuelve irritable en los lugares repletos de gente o si comparte un espacio con otros durante mucho rato, sobre todo si está cansado.

6. Escucha atentamente manteniendo el contacto visual normal, pero cuando habla tiende a mirar a todas partes.

7. Mantiene un semblante y una postura inexpresivas, sobre todo si está cansado o delante de un grupo grande de niños.

8. A veces no reacciona a tiempo, duda o actúa de forma discreta.

9. Necesita tiempo antes de responder a una pregunta, y puede que tenga que ensayarla antes de contestar.

10. Escucha más de lo que habla, a menos que el tema le interese. En ese caso es capaz de hablar hasta debajo del agua, siempre que esté en un entorno adecuado.

11. No se jacta de sus conocimientos ni de sus progresos; puede entender más de lo que parece.

12. Cuando tiene una agenda repleta de actividades, en lugar de servirle de estímulo, se paraliza.

13. A veces no encuentra la palabra adecuada, y suele hablar en voz baja, con bastantes pausas.

14. Está muy conectado con sus puntos de vista, ideas, pensamientos, sentimientos y reacciones.

15. No le gusta ser el centro de atención.

16. Puede ser impredecible: parlanchín en casa o en otros entornos cómodos y callado en otros; un día con muchas energías y, al siguiente, agotado.

17. Sus compañeros de clase lo pueden definir como tranquilo, relajado, retraído, reservado o distante.

18. Es muy observador y a veces capta detalles que otros (incluyendo los adultos) no ven.

19. Le gusta la coherencia y rinde más cuando le dan tiempo suficiente para pasar de una actividad a otra.

20. Se angustia cuando le ponen fechas tope.

21. Si a su alrededor hay demasiada actividad, o si está viendo la tele o un vídeo, puede «desconectar».

22. Tiene uno o dos amigos íntimos, pero puede conocer a muchos más.

23. Le atrae la expresión creativa y el juego tranquilo e imaginativo.

24. Después de una fiesta o una actividad de grupo se siente agotado, aunque haya disfrutado de éstas.

Suma todas las respuestas «Verdadero». Si están entre:

17-24: Tu hijo es introvertido. Es sumamente importante que comprendas cómo mantener su energía. Tendrá que conservarla e invertirla sabiamente en el mundo exterior, y es probable que necesite que lo ayudes para aprender a hacerlo. También es importante que le demuestres que entiendes y aceptas su temperamento.

9-16: Tu hijo está entre los dos temperamentos. Como el hecho de ser ambidiestro, es tan introvertido como extravertido. Puede que se sienta dividido entre el deseo de estar solo y el de salir con más gente. Intenta descubrir cuándo lo vigorizan las actividades al exterior y cuándo necesita estar a solas y en tranquilidad para recargar las baterías, de modo que lo ayudes a elaborar la agenda que más le convenga.

1-8: Tu hijo es extravertido. La gente, la actividad y las cosas le vigorizan. Intenta mantenerlo ocupado, pero también enséñale a valorar los momentos de tranquilidad y reflexión.

Si todavía no sabes muy bien si el niño (o adulto) en el que piensas es introvertido o extravertido, pregúntate lo siguiente: la mayoría de las veces, ¿necesita reducir la estimulación buscando un tiempo a solas (o con una persona especial), o reflexionar en silencio para sentirse renovado? Si es así, tiende más a la introversión. No es que a los introvertidos no les guste estar con gente, es que necesitan pasar un tiempo a solas. De igual manera, si una persona tiende a encerrarse en sí misma cuando está estresada, es probable que sea introvertida. Si por lo general tu hija suele ser movida y le gusta hacer actividades al aire libre con o sin gente, es probable que sea más extravertida.

Resumen

- La introversión y la extraversión son temperamentos normales.
- Los introvertidos y los extravertidos a menudo responden de forma distinta a la misma situación.
- La tarea de los padres es más fácil cuando entienden su propio temperamento y el de sus hijos.

CAPÍTULO 2

Las conexiones internas de los introvertidos y los extravertidos

La psicología cerebral crea temperamentos introvertidos y extravertidos

> Para la mente inquisitiva, el mundo entero es un laboratorio.
>
> MARTIN FISHER

Dos gemelos de 4 años, Joshua y Rachel, vuelven a casa con su mamá después de que ésta los haya recogido en la guardería. «¡Hooola!», exclama Joshua en cuanto su madre abre la puerta. «¡Papi, papi, ya estamos aquí!», vocifera Rachel. Los niños están emocionados porque papá ha venido a comer a casa. Entran en el salón, y se quedan clavados cuando ven a un señor alto al que no conocen de nada. Sonriendo, su padre les explica que tienen a un invitado inesperado, uno de sus antiguos compañeros de colegio que vive en la ciudad. Joshua está inmóvil, con la vista fija en sus zapatos. Mientras Rachel se acerca al desconocido y le pregunta «¿Cómo se llama?», Joshua da un paso atrás. Joshua empieza a pasearse por las esquinas de la habitación, echando alguna que otra mirada al desconocido. Observa cómo papá, mamá y Rachel hablan con aquel señor tan simpático. Al cabo de un poco, Joshua se atreve a sentarse en la rodilla de su padre. Pronto están todos riéndose juntos.

¿Por qué esas reacciones diferentes? Cuando investigaba para escribir mi primer libro, *The Introvert Advantage*, leí numerosos estudios sobre psicología, fisiología y neurociencia, y entrevisté a cientos de introvertidos. La conclusión a la que llegué sobre por qué dos personas responden de forma tan distinta a la misma situación es que sus cerebros y sus cuerpos tienen un «cableado» distinto. Concretamente, las conexiones de los introvertidos y los extravertidos difieren de dos maneras muy importantes: 1) la primera «bifurcación» cerebral hace que introvertidos y extravertidos opten por dos *vías de neurotransmisión* diferentes; y 2) los introvertidos y los extravertidos usan *dos partes distintas del sistema nervioso*. Desde entonces, las nuevas y fascinantes investigaciones sobre neurociencia no sólo respaldan mi hipótesis originaria, sino que también están ampliando nuestra comprensión de la fisiología de los introvertidos y los extravertidos.

Los elementos que componen el temperamento

> Las edades se enroscan dentro
> de la menuda circunferencia de un solo cerebro...
>
> EMILY DICKINSON

Los niños manifiestan tendencias del temperamento desde que nacen, pero hace mucho tiempo que se debate si esas tendencias son realmente innatas o son principalmente fruto de la educación que recibe cada uno. Ahora, la neurociencia nos ha dado una respuesta a esa pregunta antigua de «naturaleza *versus* educación», y la respuesta es que sí...y sí. Sí, los niños nacen con un temperamento innato. Y sí, los padres tienen una influencia vital sobre la manera en que evoluciona ese temperamento.

Numerosos estudios científicos han demostrado que algunos rasgos, como el grado en el que una persona es introvertida o extravertida, están muy influidos por la historia genética. Además, la introversión y la extraversión se encuentran entre los rasgos de personalidad más estables de todos los estudiados. En otras palabras, hace ya muchos siglos Esopo tenía razón: algunos niños son rápidos e impulsivos como la liebre, y otros son más lentos y seguros como la tortuga.

Pero ¿cómo crean los genes un niño introvertido? Vamos a descubrirlo.

Los disparadores

Jerome Kagan, investigador de Harvard y coautor de *The Long Sha-dow of Temperament*, dice que la bioquímica cerebral ejerce un papel importante en el temperamento. Todo el mundo tiene agentes químicos en el cerebro, y más de sesenta neurotransmisores —al menos ése es el número que se ha identificado hasta el momento—, pero los genes de cada niño determinarán su propia combinación especial de neurotransmisores.

Los genes de un niño codifican todas las fórmulas que componen los agentes químicos de su cerebro y sus neurotransmisores. Estas fórmulas son biológicamente idénticas al 99 % en todos los humanos, y por eso los humanos disponemos de grupos comunes de rasgos que forman determinados patrones conductuales. Pero precisamente esa diferencia del 1 % en nuestras recetas genéticas heredadas explica nuestras diferencias individuales, desde la altura hasta el color del cabello, pasando por quién se convertirá en concertista de piano.

Por tanto, la primera pieza de este rompecabezas es que tus genes, que son portadores de millones de años de ADN (como escribió Emily Dickinson en su poema), determinan cuáles serán los neurotransmisores que gobernarán el cerebro de tu hijo.

Las células cerebrales, o neuronas, deben comunicarse entre sí para que el cuerpo y la mente funcionen. Imagina el techo de la Capilla Sixtina, donde se ve la mano de Dios que se extiende hacia Adán. Sus dedos c-a-s-i se tocan. Las células cerebrales son así: casi se tocan. Donde tiene lugar toda la acción es en ese ligero espacio entre las células, llamado *sinapsis*. Desde ahí se pueden transmitir mensajes entre células, para que se comuniquen entre sí.

Estas sinapsis, o «huecos de posibilidad», son la segunda pieza del rompecabezas. Permiten que los neurotransmisores viajen por literalmente billones de rutas para conectar las células entre sí. Pero las neuronas tienen cerraduras que sólo admiten una llave-neurotransmisor. La llave encaja en la cerradura e indica a la célula si debe «disparar» o «alto el fuego». Si la célula dispara, esa área del cerebro se pone a trabajar, y el niño muestra determinada conducta. Si no dispara, permanece en hibernación y no se activa la conducta.

Las rutas cerebrales

La tercera pieza del rompecabezas es que el cerebro de cada niño crea vías distintas mientras sus neurotransmisores principales activan o desactivan coherentemente determinadas células. Las neuronas que disparan juntas están conectadas en cadenas celulares que se convierten en vías muy transitadas y forman redes en el cerebro. Los científicos han podido hacer un mapa de las vías de los neurotransmisores y de sus redes, y han descubierto a qué funciones afectan. Lo que crea el temperamento del niño radica en la frecuencia con que los impulsos viajan por determinadas vías y no por otras, conectando células según su propio diseño único.

Los neurotransmisores favoritos de los introvertidos y de los extravertidos

La definición médica por antonomasia de la vida es la actividad cerebral. [...] Es el primer paso para conseguir una vida más abundante.

Eric Braverman

J. Allan Hobson, profesor de psiquiatría en Harvard, ha escrito mucho sobre la siguiente pieza del rompecabezas: la influencia de dos neurotransmisores concretos, la *acetilcolina* y la *dopamina*. Según Hobson, esos dos «disparadores» químicos principales influyen mucho en las funciones cerebrales vitales, y por tanto tienen un gran impacto sobre la conducta. Son dos circuitos principales que conectan todos los niveles cerebrales. La acetilcolina gobierna las funciones vitales en el cerebro, incluyendo la concentración, la conciencia, los estados de alerta, los cambios entre el sueño y la vigilia, el movimiento voluntario y el almacenamiento de la memoria. Las vías de dopamina representan los sistemas de recompensa más poderosos del cerebro. Desactivan determinados tipos de funciones cerebrales complejas y activan los movimientos involuntarios, de modo que impulsan a los niños a actuar ahora y pensar luego.

Salvando el abismo entre la mente y el cuerpo

La siguiente pieza del rompecabezas la explican dos de los principales investigadores del cerebro, Stephen Kosslyn y Oliver Koenig, en su libro *Wet Mind*. Ellos están de acuerdo en que la acetilcolina y la dopamina activan el sistema nervioso; en realidad, dicen que ésos son los vínculos principales entre el cerebro y el cuerpo. Sin embargo, informan que funcionan en caras opuestas del sistema nervioso autónomo: la dopamina activa el sistema nervioso *simpático*, y la acetilcolina funciona en el sistema nervioso *parasimpático*. El primero es el sistema de «luchar, asustarse o huir»; el segundo es el de «descansar y digerir». Lo cierto es que los estudios demuestran que los introvertidos dominan en la cara parasimpática del sistema nervioso, que usa la acetilcolina como neurotransmisor principal. Yo he bautizado este sistema como «Echa el freno». Los extravertidos predominan en la cara simpática del sistema nervioso, que usa la dopamina como su neurotransmisor principal. A éste lo llamo el sistema «Pisa a fondo». Dentro de poco volveré a hablar de estos dos sistemas.

El equilibrio

La última pieza del rompecabezas del temperamento son los «puntos fijos» innatos de tu hijo. Nuestros genes, para mantenernos con

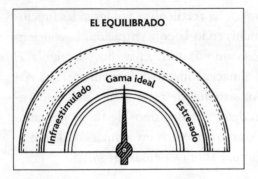

Introvertidos y extravertidos mantienen el equilibrio cuando funcionan cerca de su punto fijo. Pueden funcionar fuera de su franja natural durante un tiempo breve. Pero se sentirán sometidos a presión si han de permanecer fuera de esa franja demasiado tiempo.

vida, crean puntos fijos en nuestros cuerpos. Los puntos fijos equivalen a un sistema de aire acondicionado o de calefacción en un hogar, con un termostato incorporado. Lo situamos en el punto que más nos agrada, pongamos en 20 grados. Cuando la temperatura cae demasiado por debajo de ésta, la caldera se pone en marcha y calienta la casa. Si hace demasiado calor, el aire acondicionado hace descender la temperatura hasta el punto fijo. El cuerpo de tu hijo es igual; mantiene la homeostasis por el hecho de quedarse dentro de una gama determinada. Hay puntos fijos relativos a las funciones corporales vitales, como por ejemplo la temperatura, la presión sanguínea, la glucosa, el ritmo cardíaco, y muchos otros. Los puntos fijos indican cuándo se descontrola, de modo que el cuerpo pueda actuar para conservar el equilibrio. Por ejemplo, cuando la temperatura de tu hija sube mucho, su cuerpo intenta refrescarla mediante la sudoración, reduciendo la actividad e incitándola a apartarse las mantas, y enviando sangre a la piel para refrescar los órganos internos.

El investigador Allan Schore cree que el punto fijo en el que se encuentre una persona dentro del continuo introversión/extraversión es lo que moldea su temperamento. En ese punto fijo, determinado genéticamente, el cuerpo y la mente de las personas funcionan mejor y con el menor esfuerzo. El continuo es como un tentetieso. Un niño puede realizar pequeños ajustes en torno a su punto fijo sin perder demasiada energía ni estresarse mucho. Trabajar fuera de las propias posibilidades durante determinado periodo, sea cual fuere, estresa y requiere una energía extra.

El hecho de que una niña sea introvertida o extravertida depende del lugar en que se sitúa su punto fijo dentro de los sistemas que controlan la energía. La energía puede resultar confusa, porque siempre está en movimiento. Una niña introvertida puede estar descansada y alegre un día y al siguiente, si no ha dispuesto del tiempo necesario para recargar las baterías, estar muy cansada. Esta falta de coherencia puede resultar muy extraña para los extravertidos, que casi siempre son enérgicos. Los introvertidos son conservadores, y recargan su energía al estar tranquilos o reduciendo los estímulos externos. Los extravertidos gastan mucha energía; la restauran cuando salen y hacen cosas, cuando están activos y rodeados de otras personas.

Esta disparidad energética tiene un impacto tremendo sobre los introvertidos. Todo lo que hace un introvertido en el mundo exterior requiere un gasto de energía. Todo lo que hace un extravertido en ese mismo mundo *le da* energía. Este pequeño detalle supone una enorme diferencia en el modo en que los introvertidos experimentan el mundo. También influye muchísimo en la manera en que otros los ven.

La introversión y la extraversión no son el blanco y el negro. Nadie es totalmente el uno o totalmente el otro; siempre hay momentos en que todos hemos de funcionar en uno u otro lado del continuo. Pero sí que tenemos unos puntos fijos que determinan cuál de los dos lados domina nuestro temperamento; de modo que, igual que los niños son diestros o zurdos, usan más un hemisferio cerebral que el otro o usan más uno de los dos ojos, todos somos introvertidos o extravertidos.

Para clarificar esta idea, prueba a hacer el siguiente ejercicio. Escribe un párrafo con tu mano no dominante. Date cuenta de la energía que debes invertir para hacerlo, comparada con la que utilizas cuando escribes con tu mano dominante. Usar la mano dominante no te cuesta; ni siquiera tienes que pensar conscientemente en hacerlo. Es la mano con la que funcionas mejor, con la que te sientes cómodo. Pero si escribes con la mano no dominante, tu caligrafía empeora. Incluso puede que te cueste más pensar. De igual manera, si un futbolista usa el pie no dominante, su chute será menos preciso.

Las rutas de recompensa de los introvertidos y de los extravertidos

> Descubrir el verdadero carácter de una persona, diferenciarla de otras, significa conocerla.
>
> HERMANN HESSE

Examinemos de más cerca la acetilcolina, el neurotransmisor dominante entre los introvertidos. La acetilcolina activa la capacidad cerebral de concentrarse mucho y durante largos periodos de tiempo. Ralentiza el cuerpo cuando estamos despiertos, para que el cerebro pueda concentrarse. También puede ordenar a los músculos voluntarios que se activen para que nos movamos. Paradójicamente, la acetilcolina asimismo paraliza el cuerpo cuando dormimos, y activa el cerebro durante la fase del sueño del movimiento rápido de los

Elementos activadores y no activadores

Por todo el cerebro circulan ríos de neurotransmisores y otras sustancias químicas. Cada variedad de neurotransmisor tiene una misión concreta, que origina una conducta, unos pensamientos y unas emociones diferentes.

Los neurotransmisores excitan o inhiben una célula cerebral. Cuando excitan una cadena de neuronas, viene a ser como una hilera de fichas de dominó cuando cae la primera y arrastra el resto. Cuando la inhiben, le dicen a las fichas de dominó que sigan quietas.

Éstos son los principales neurotransmisores y sus funciones:

La acetilcolina dice «Pensemos en ello». Ésta es la superestrella del pensamiento, la concentración y el movimiento voluntario. Controla actividades vitales que gobiernan la excitación, la atención, la conciencia, el aprendizaje sensorial, el sueño y la vigilia. Es el neurotransmisor que más usa el sistema nervioso «Echa el freno» propio de los introvertidos. La deficiencia de acetilcolina perturba la función de aprendizaje y la cognitiva, y causa pérdida de memoria. Las neuronas de acetilcolina son las primeras que se degeneran durante la enfermedad de Alzheimer.

La dopamina dice «Si te sientes bien, hazlo». Éste es uno de los neurotransmisores más gratificantes. La dopamina regula el movimiento, el placer y la acción. Es esencial para la conciencia de alerta, sobre todo la sensación de emoción que tenemos frente a algo *nuevo*. Es el principal neurotransmisor para los extravertidos, construido por los ladrillos liberados por el sistema nervioso «Pisa a fondo». Es el más adictivo de todos los neurotransmisores.

Las encefalinas y las endorfinas dicen «No me duele». Como los analgésicos, alivian el dolor, reducen el estrés y fomentan una sensación de tranquilidad absoluta. Se activan para contrarrestar el estrés. También pueden ser adictivas. Se liberan durante el dolor, las técnicas de relajación, el ejercicio vigoroso y... cuando comes guindillas.

La serotonina dice «Ni demasiado ni demasiado poco». Esta sustancia nos ayuda a conciliar el sueño y afecta al estado de ánimo y la tranquilidad. Sin embargo, es un neurotransmisor sorprendente. Sin él no podemos estar despiertos ni concentrarnos, pero si se libera demasiada serotonina nos sentimos cansados y dispersos, y puede que nos quedemos dormidos. Es el gran modulador de los impulsos. Inhibe la agresividad, la depresión, la ansiedad y la impulsividad, y al mismo tiempo induce la calma. Es uno de los neurotransmisores que se usan en los antidepresivos.

El GABA dice «¡Tranquilo!». Éste es el neurotransmisor inhibidor más extendido por el cerebro. Los niveles bajos de GABA (ácido gamma-aminobutírico) y de serotonina se relacionan con la agresividad extrema y con la violencia. Cuando vemos un acto violento, los niveles de GABA descienden. Reprime las emociones y se suele usar para tratar la ansiedad.

El glutamato dice «¡Fiesta!». El glutamato es el activador más importante del cerebro. Sin él no es posible pensar rápido y con claridad. Si se libera constantemente demasiado glutamato, hace que el cerebro acabe quemado, como vemos en los consumidores de metaanfetaminas o de cocaína. Es esencial para crear vínculos entre neuronas, para el aprendizaje y la memoria a largo plazo.

La norepinefrina dice «Más vale prevenir que curar». Es el timbre de alarma. Reconoce el peligro y organiza el cerebro para que reaccione ante él liberando adrenalina. La adrenalina está vinculada con la tensión, la excitación y la energía. La libera el sistema nervioso «Pisa a fondo». Incrementa la excitación física y mental, aumenta la vigilancia y activa el cuerpo, preparándolo para actuar.

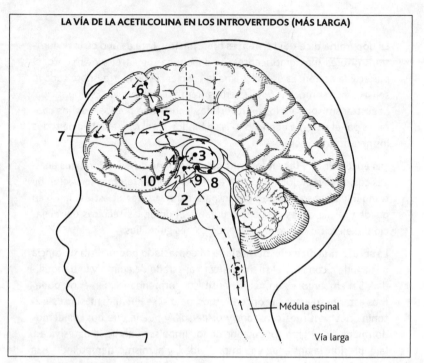

LA VÍA DE LA ACETILCOLINA EN LOS INTROVERTIDOS (MÁS LARGA)

1. **Sistema de activación reticular.** *Activador:* La acetilcolina activa el sistema frontal de atención; indica que «Eso es interesante».
2. **Hipotálamo.** *Regulador principal:* Regula las funciones básicas del cuerpo y activa los frenos del sistema nervioso.
3. **Tálamo frontal.** *Repetidor:* Recibe los estímulos externos, los reduce y los envía a la parte delantera del cerebro.
4. **Insular frontal derecho.** *Integrador:* Combina las habilidades emocionales como la empatía y la reflexión; asigna significado emocional, detecta los errores y toma decisiones. Integra las vías visuales y auditivas del «qué» o el «por qué».
5. **Cíngulo Izquierdo-central.** *Secretaria:* Da prioridad, permite el acceso a la zona de directivos; gestiona el mundo interior. Las emociones activan el sistema nervioso autónomo.
6. **Área de Broca.** *Lóbulo izquierdo:* Planifica el discurso y activa la autocharla.
7. **Lóbulos frontales izquierdo y derecho.** *Procesadores jefe:* La acetilcolina crea ondas beta y estímulos placenteros durante la actividad cerebral intensa. Selecciona, planifica y elige ideas o acciones. Crea expectativas. Evalúa los resultados.
8. **Hipocampo izquierdo.** *Consolidador:* La acetilcolina recoge, marca como personales y almacena los recuerdos de la memoria larga.
9. **Amígdala.** *Sistema de alarma:* Reacciona ante las amenazas con miedo, ansiedad e ira. Activa el pánico social y el almacenamiento de las experiencias negativas.
10. **Lóbulo temporal delantero derecho.** *Procesador:* Integra la memoria corta, las emociones, el input *sensorial* y el aprendizaje. Activa los músculos voluntarios.

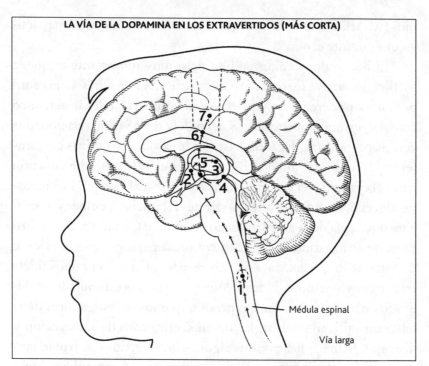

LA VÍA DE LA DOPAMINA EN LOS EXTRAVERTIDOS (MÁS CORTA)

Médula espinal

Vía larga

1. **Sistema de activación reticular.** *Activador: La dopamina activa las ondas cerebrales alfa de alerta, «ramalazos de felicidad», y activa el sistema de atención posterior, que detecta cualquier movimiento.*

2. **Hipotálamo.** *Regulador principal: Regula las funciones básicas del cuerpo y activa el sistema «Pisa a fondo».*

3. **Tálamo frontal izquierdo y derecho.** *Repetidor: Aumenta y deriva el* input *sensorial externo a áreas de asociación superiores.*

4. **Insular posterior derecho.** *Integrador: Integra diversas regiones cerebrales incluyendo la vía visual del «dónde» y «cuándo» y la vía auditiva, más rápida.*

5. **Amígdala izquierda.** *Sistema de alarma: Provoca el miedo, la ansiedad y la ira si existe una amenaza real o potencial. La dopamina nos induce a actuar sin pensar.*

6. **Circunvolución del cíngulo frontal izquierdo y derecho.** *Secretaria: Administrador de fiestas, nos hace hablar o callarnos; activa el interés por otros; hace que nuestra atención fluctúe de una persona a otra, una gran habilidad para las reuniones informales. Se centra en el mundo exterior, en el placer, en la novedad y en lo emocionante de la vida.*

7. **Lóbulos temporales izquierdo y derecho.** *Procesadores jefe: Procesan e integran las emociones, el* input *sensorial externo y el aprendizaje. La memoria operativa funciona aquí. Envía mensajes al área motora, para mover los músculos.*

ojos (REM). Durante la fase REM, el cerebro está incluso más activo que durante el día.

Un hecho poco comprendido pero muy importante es que la acetilcolina activa otro sistema de gratificación. Es un sistema sutil pero muy poderoso. La vía de la acetilcolina viaja desde el tronco cerebral, estimulando aspectos del oído y de la visión relacionados con el aprendizaje, llegando hasta las funciones ejecutivas cerebrales en los lóbulos frontales. Recorre un bucle de retroalimentación entre el cerebro y el sistema «Echa el freno» del cuerpo. Los investigadores descubrieron que los ratones renuncian a comer y al sexo para que la vía de la acetilcolina los estimule. Cuando a un cerebro humano se lo estimula con acetilcolina, la persona se siente alerta, disfruta de lo que hace y está más relajada. Cuando usamos nuestras circunvoluciones, la acetilcolina libera unos estimuladores delicados pero intensos (una expresión que los investigadores de la felicidad utilizan para hablar de un sentimiento de satisfacción y disfrute). Esto explica por qué algunos introvertidos disfrutan tanto cuando se dedican toda la vida a estudiar, por ejemplo, un tipo de escarabajo. Los extravertidos apenas perciben esta recompensa tan ligera.

La dopamina suele conocerse como la mayor vía gratificadora cerebral, que influye en numerosas rutas gratificadoras y poderosas de la dopamina. Principalmente, los extravertidos recorren una de las vías de la dopamina que libera estimulantes enormemente gratificadores. Estas recompensas fomentan la conducta de buscar novedades y acciones rápidas, así como la necesidad de moverse rápidamente para hacer cuanto más, mejor. Las vías de la dopamina pueden crear adicción, porque liberan ramalazos rápidos e intensos de euforia. Sin embargo, a los introvertidos un «subidón» de dopamina puede provocarles ansiedad e hiperestimulación.

Las vías de los introvertidos y de los extravertidos

Debra L. Johnson y sus colegas realizaron un estudio de imagen cerebral usando la tomografía por emisión de positrones (PET) sobre la actividad cerebral de personas con temperamentos introvertidos y extravertidos bien arraigados. Sus descubrimientos, publicados en el *American Journal of Psychiatry*, demostraron que los introvertidos y los extravertidos tenían un volumen de sangre distinto que fluía a diferentes regiones del cerebro. Los extravertidos tenían un flujo sanguíneo menor en el sistema inhibidor de la conducta situado en los lóbulos frontales, pero más actividad en la parte *posterior* del cerebro, en áreas que respaldan el anhelo intenso de estímulos sensoriales y emocionales. Los introvertidos presentaban un flujo sanguíneo superior en los *lóbulos frontales*, donde está situado el sistema que inhibe la conducta y fomenta la planificación y la disposición a pensar antes de actuar.

La doctora Johnson y otros investigadores nos ofrecen un mapa detallado de las vías de acetilcolina y de dopamina implicadas. (*Nota*: Las ilustraciones y descripciones donde aparecen éstas, en las páginas 52 y 53, están muy simplificadas.)

Echa el freno o pisa a fondo

> Cada cuerpo tiene una historia.
>
> De la serie *Dr. G: Medical Examiner*

El cerebro es una central eléctrica. A medida que los niños crecen, sus cerebros controlan y organizan toda la actividad eléctrica creando vías y redes que detienen e inician pensamientos, sentimientos y conductas. ¿Recuerdas cómo tu hijo de pequeño agitaba la mano en torno a una taza de plástico hasta que conseguía aferrarla? A medida que se desarrollan las vías, aumenta la capacidad infantil de concentrar la energía, de modo que pueda obtener el control físico, intelectual y psicológico.

Conforme los niños crecen, van reuniendo un *input* sensorial procedente de sus cuerpos y del entorno, lo evalúan y generan unas respuestas más sofisticadas y adecuadas. La respuesta pertinente podría ser realizar un acto externo como correr, caminar o hablar; una acción interna adecuada podría ser tener una idea, un pensamiento o un sentimiento. El cuerpo y la mente siempre están intentando equilibrar la necesidad de que las respuestas sean rápidas o precisas. Las respuestas se llevan a cabo con ayuda de las tres ramas del sistema nervioso. El sistema nervioso central está formado por el cerebro y la médula espinal. El sistema nervioso periférico es un grupo de nervios que transmite los mensajes del cuerpo al cerebro y viceversa. La última rama es el sistema nervioso autónomo, que controla las funciones inconscientes del cuerpo. El cerebro procesa cantidades ingentes de información y, basándose en su evaluación de la necesidad de actuar velozmente o con precisión, envía instrucciones al cuerpo sobre cómo debe responder; esas instrucciones viajan por la médula espinal y llegan hasta las dos ramas del sistema nervioso autónomo.

El *sistema nervioso autónomo* (que significa «que se gobierna solo») coordina las funciones autorreguladas del cuerpo, como el latido del corazón, la digestión y la respiración. Esto libera al cerebro para controlar la vista, el habla, el oído, el pensamiento, la emoción y el movimiento voluntario.

El sistema nervioso autónomo tiene dos ramas: la *parasimpática* y la *simpática*. El sistema nervioso parasimpático es nuestra faceta restauradora; es el sistema «Echa el freno» de tu hijo. El sistema nervioso simpático de «luchar, asustarse o huir» es nuestra faceta de acción, el sistema «Pisa a fondo» de tu hijo. Estas dos ramas funcionan en oposición mutua, y cuando una está activa normalmente la otra se desconecta.

Los extravertidos se encuentran más cómodos en el lado «Pisa a fondo», y los introvertidos están más a gusto en el lado «Echa el freno» del sistema nervioso. Cuando corrijas a tus hijos al decirles que no, podrás ver la diferencia. Cuando una niña es introvertida y

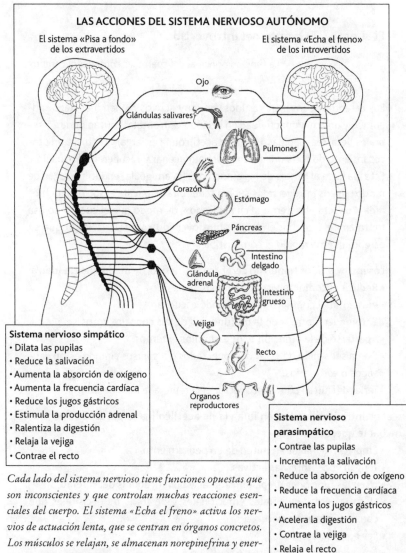

LAS ACCIONES DEL SISTEMA NERVIOSO AUTÓNOMO

El sistema «Pisa a fondo»
de los extravertidos

El sistema «Echa el freno»
de los introvertidos

Ojo

Glándulas salivares

Pulmones

Corazón

Estómago

Páncreas

Intestino
delgado

Glándula
adrenal

Intestino
grueso

Vejiga

Recto

Órganos
reproductores

Sistema nervioso simpático
- Dilata las pupilas
- Reduce la salivación
- Aumenta la absorción de oxígeno
- Aumenta la frecuencia cardíaca
- Reduce los jugos gástricos
- Estimula la producción adrenal
- Ralentiza la digestión
- Relaja la vejiga
- Contrae el recto

**Sistema nervioso
parasimpático**
- Contrae las pupilas
- Incrementa la salivación
- Reduce la absorción de oxígeno
- Reduce la frecuencia cardíaca
- Aumenta los jugos gástricos
- Acelera la digestión
- Contrae la vejiga
- Relaja el recto
- Activa las funciones sexualess

Cada lado del sistema nervioso tiene funciones opuestas que son inconscientes y que controlan muchas reacciones esenciales del cuerpo. El sistema «Echa el freno» activa los nervios de actuación lenta, que se centran en órganos concretos. Los músculos se relajan, se almacenan norepinefrina y energía, se metabolizan los alimentos, se excretan los productos de desecho y se posibilita la reproducción. La acetilcolina aumenta el riego sanguíneo y la actividad y la vigilancia en la parte frontal del cerebro.

Los nervios de actuación rápida activan el sistema «Pisa a fondo». El torso y los miembros se ponen en marcha para luchar, huir o asustarse. Aumenta el volumen de oxígeno, la glucosa vigoriza los músculos, y el cuerpo libera norepinefrina y adrenalina, que actúan como combustible. Las áreas del pensamiento se desactivan, pero la dopamina aumenta la vigilancia en la parte posterior del cerebro.

El cuerpo y la mente del introvertido

La función principal del cuerpo es contener el cerebro.

THOMAS EDISON

Los cerebros de los introvertidos son muy activos. Tienen más riego sanguíneo y una mayor actividad en los lóbulos frontales, y usan ondas cerebrales beta, más rápidas. La vía de acetilcolina es larga, y requiere un procesamiento de toda una noche para almacenar y recuperar información. Esta vía llega al centro de las emociones (la amígdala) en último lugar, de modo que los introvertidos suelen tener una respuesta emocional demorada. Conecta el sistema «Echa el freno», de modo que el cuerpo no usa tanta energía, permitiendo así al introvertido conservarla, dado que su cerebro quema rápido el combustible.

Los introvertidos tienen un cerebro muy activo, de modo que tienden a:
• Reducir el contacto visual cuando hablan.
• Aumentar el contacto visual cuando escuchan.
• Sorprender a otros con la profundidad de sus conocimientos.
• Apartarse de la atención o los estímulos externos.
• Dar la sensación de estar desconectados o dispersos cuando están cansados o estresados.
• Tener dificultad para desconectar el cerebro a la hora de dormir.

Los introvertidos tienen una vía de acetilcolina larga, así que es probable que:
• Empiecen a hablar en mitad de un pensamiento.
• Tengan voces internas activas.
• Usen las funciones preplanificadoras y planificadoras del cerebro.
• Usen las áreas cerebrales emocionales y de toma de decisiones que consumen más tiempo.
• Les guste lo conocido.
• Aprendan mejor en contexto.
• Tengan un buen sentido del humor, aunque sólo lo detecten quienes les son cercanos.
• Busquen recompensas internas.
• Tengan sueños vívidos y hablen de ellos.
• Se desconecten del mundo cuando están concentrados.

- Tengan que buscar la palabra exacta, sobre todo si están cansados.
- Tengan buena memoria, si aprenden cómo recuperar la información.
- Parezcan olvidar lo que saben.
- Conversen mentalmente con otras personas, pensando quizá que han dicho algo en voz alta cuando en realidad no lo han hecho.
- Vean con mayor claridad sus puntos de vista, pensamientos y sentimientos después de una noche de descanso.
- Se tomen algunas cosas como personales.
- Cuando se concentran en algo que les interesa, tengan estimulación placentera.
- Escriban o hablen con una persona con quien tengan confianza, para ser conscientes de todos sus pensamientos y sentimientos.

La activación del sistema «Echa el freno» significa que los introvertidos:
- Quizá tengan dificultad en activarse por la mañana.
- Se petrifiquen cuando están sometidos a presión.
- Caminen, hablen y coman despacio.
- Hablen en voz baja.
- Necesiten tiempo para asimilar nuevas situaciones.
- Duden y puedan negarse cosas.
- Quizá tengan que regular la temperatura corporal y la ingesta de proteínas, dado que se pasan casi todo el día metabolizando el alimento, y que la sangre fluye hacia los órganos internos, alejándose de sus extremidades.
- Deban buscar huecos en un entorno menos estimulante para restaurar su energía.
- Tengan las manos y los pies más fríos (quizá deban ponerse calcetines para dormir).
- Por lo general, suelan quedarse quietos para conservar la energía que dedican a concentrarse a fondo.
- Sean más propensos a detectar el dolor, porque son más conscientes de las sensaciones internas de sus cuerpos.
- Den la impresión de estar relajados, tranquilos pero alerta.
- Puedan ser territoriales: las personas que se les acercan mucho físicamente les roban la energía.
- Les gusten las reuniones sociales pero les agoten.
- Estén atentos y sean observadores.

La mente y el cuerpo del extravertido

El cerebro del extravertido tiene menos estímulos internos que el del introvertido. Por tanto, los extravertidos siempre están analizando el mundo exterior en busca de nuevos estímulos. Necesitan mucho *input* que sirva de carburante a su sistema de recompensa rápida; se cansan fácilmente de todo lo conocido. Su química activa el sistema «Pisa a fondo».

Los extravertidos siempre buscan nuevos estímulos, y por tanto tienden a:
- Rechazar el descanso excesivo; necesitan acción.
- Aumentar el contacto visual cuando hablan y reducirlo cuando escuchan.
- Sentirse atraídos por el movimiento, que les llama la atención.
- Disfrutar de la atención, la charla y la actividad.

Una vía de dopamina corta significa que los extravertidos:
- A veces hablan antes de pensar.
- Se sienten impulsados a conseguir lo que quieren *ahora*.
- Tienen una buena memoria corta, que les permite pensar con celeridad.
- Lo que aprenden rápido también pueden olvidarlo rápido.
- Les va bien en los exámenes cronometrados, y puede gustarles la presión.
- Las actividades, los debates, las novedades y las fiestas los vigorizan.
- Son más vulnerables a las adicciones.
- Necesitan mucho *feedback* positivo.
- Necesitan recompensas.
- Aprenden al hacer y al hablar.
- Pueden recordar nombres y rostros mejor que los introvertidos.
- Revelan datos personales.
- Son fáciles de conocer.

La activación del sistema «Pisa a fondo» significa que los extravertidos:
- Por la mañana salen de la cama de un salto.
- Sienten ansiedad e inquietud bajo presión.
- Puede que caminen, hablen y coman rápido.

- Puede que hablen en voz bastante alta.
- Para obtener energía, necesitan actividad e interacción con otros niños.
- Puede que hablen más del dolor.
- Para dormir, necesitan bloquear los estímulos.
- Se sienten a disgusto cuando no tienen nada que hacer.
- Si no se relajan pueden experimentar problemas físicos.
- Dan la impresión de ser activos y comunicativos.
- Les gusta el movimiento y el ejercicio.
- Tienen un nivel de energía alto; no tienen que comer muy a menudo.
- Pueden tener problemas de atención.

actúa como extravertida, está excitada. Pongamos que tu hija le quita la pelota a su hermana y tú reaccionas con firmeza: «No, devuélvesela». Su maquinaria emocional pisa el freno; reduce la velocidad y devuelve la pelota. La sensación de reducir velocidad le resulta familiar. Sin embargo, si le dices que no con dureza o con demasiada frecuencia, puedes hacer que la niña se cierre demasiado. Después de una reprimenda así, una niña introvertida no estará motivada ni dispuesta a desperdiciar sus energías para cambiar al lado del sistema nervioso más estimulante (e incómodo), el «Pisa a fondo».

Si un extravertido está excitado y le dices que no cuando coge una pelota, puede que se resista más a devolverla. No le gusta la sensación del sistema «Echa el freno». Sin embargo, si no le marcas unos límites, no desarrollará una maquinaria emocional con un funcionamiento correcto. No conseguirá calmarse cuando se pase de la raya, o cuando tenga que adaptarse a otros o necesite descansar. Si hay que limitarlo con demasiada frecuencia, es importante redirigir su energía, para que ésta no se convierta en ira y rebelión. Las actividades físicas, como tirar aros para ensartarlos en un palo, saltar en un trampolín o lanzar una pelota son buenas actividades para que se desahogue.

El maletero y el capó

> El cerebro es una fábrica de donde salen muchos productos.
>
> RITA CARTER

Los estímulos nunca cesan de fluir por el cerebro. Entran y salen sin cesar. El cerebro asimila los estímulos externos y los imbrica con recuerdos y asociaciones, creando percepciones. Éstas viajan por el cerebro, volviéndose cada vez más complejas hasta que se convierten en un pensamiento o en una acción.

La mayoría de nosotros es consciente de que existe una división entre los hemisferios cerebrales izquierdo y derecho. Sin embargo, el cerebro *también* está separado por una fisura longitudinal. A menudo ésta se describe como la línea fronteriza cerebral entre el *hacer* y el *ser*. También es la línea que divide el funcionamiento extravertido del introvertido. Los cerebros de los introvertidos son más activos en la parte anterior, o *capó*, del cerebro, que gobierna el hacer. Los extravertidos son más activos en la parte posterior, o *maletero* del cerebro, que gobierna el ser. Parece que tuviera que ser al revés, ¿no? Podríamos pensar que los introvertidos deberían ser «los existentes», no «los actores». Pero el hecho de percibir el mundo exterior y hacer actos *involuntarios* pertenece al área cerebral del existir o ser. La contemplación y la decisión de hacer un acto *voluntario* están en el área del hacer. En términos cerebrales, la palabra «acción» tiene un significado amplio. Los movimientos conllevan pensar, sentir o soñar, así como el movimiento muscular voluntario o involuntario.

Las diferencias

El cerebro-maletero extravertido recoge los datos sensoriales que fluyen desde el mundo exterior. Su función principal es transformar estos datos en percepciones o impresiones, mediante un proceso de selección, codificación y comparación entre los datos nuevos y los sentimientos y recuerdos antiguos. La persona actúa basándose en esas percepciones. Esos actos son reacciones automáticas e inconscientes, basadas en percepciones procedentes de la parte posterior del cerebro, y que se han desarrollado rápidamente.

Esa zona-maletero del cerebro manda la nueva percepción al cerebro-capó introvertido, la parte más evolucionada del cerebro y la zona de funcionamiento más compleja. El cerebro-capó, que a veces los investigadores en este campo denominan el director general del cerebro, reflexiona y planifica. Crea patrones, sobre los que luego reflexiona, que equilibra y verifica antes, durante y después de la acción. Esto facilita la capacidad de anticipar o proyectarse en el futuro, y meditar sobre lo sucedido. A menudo, los introvertidos escenifican mentalmente lo que pudieron hacer y lo que *podrían* haber hecho, sin hacerlo en realidad.

Las emociones complejas y la conciencia son funciones de la zona ejecutiva del cerebro, en el área frontal derecha. En el área frontal izquierda, ejecutiva, es donde se toman las decisiones complejas. Ésta es la última parte del cerebro que se desarrolla, cuando tenemos veintitantos años, *lo cual explica probablemente por qué los introvertidos tardan más en hacer cosas que otras personas hacen antes.* Los lóbulos frontales sirven, principalmente, para orientar la planificación. En ellos hablamos con nosotros mismos, controlamos la conducta adecuada y elegimos o inhibimos acciones; ahí es donde consideramos nuestras alternativas y fijamos nuestros objetivos. El área de planificación elige una o dos opciones y las desarrolla, convirtiéndolas en pensamientos o ideas internas. Si hace falta una acción externa, se inician las instrucciones para realizar un movimiento voluntario.

Los problemas surgen si la vía de comunicación entre el capó o el maletero se obstaculiza o se pasa por alto. Si no se ayuda a los niños a salir de su zona cómoda, su manera automática de funcionar les puede hacer girar las ruedas pero sin moverse. Un extravertido atascado realiza muchos actos impulsivos, pero no se detiene a reflexionar ni planificar elecciones más complejas. En el caso de un introvertido, esto significa que se pasa el día rumiando sus ideas, en lugar de probarlas y actuar en el mundo exterior.

Éste es un ejemplo de la fuerza complementaria que tiene el capó y el maletero: le digo a mi marido, Mike, «Voy a ir haciendo las maletas». Como faltan unos días antes de que nos vayamos de vacaciones, no se lo acaba de creer. Yo imagino mi armario y, mentalmente, elijo las prendas que quiero llevarme. El día antes de salir de viaje, pongo encima de la cama la maleta azul. Cuando paso por delante del armario, elijo unas cuantas cosas y las meto en la maleta. Más tarde, doblo y dispongo en ella las prendas que ya había elegido mentalmente. He acabado la tarea y estoy lista antes de irme de viaje. El capó me ha funcionado bien.

Ahora vamos al maletero. Es el Día V, cuando nos vamos de vacaciones. Ya me imagino las palmeras que se mecen junto a un mar reluciente. Mike no ha hecho la maleta, y dentro de una hora tenemos que irnos al aeropuerto. Él pone la maleta sobre la cama y mete unas cuantas prendas que saca del armario. Se sienta encima de la maleta para ayudarse a cerrarla, porque apenas consigue ajustar los cierres. Ya está listo para ir al aeropuerto. El maletero puede efectuar actos rápidos y decisivos con muy poco tiempo de antelación. Es genial para las emergencias, desde luego.

Los introvertidos y los extravertidos en el bosque y entre los árboles

> Un bosque colorido es impresionante como un incendio forestal; y un árbol solitario es como una lengua de fuego que danza para calentar el corazón.
>
> HAL BORLAND

Los humanos tenemos cuatro áreas cerebrales principales que influyen en la manera que tenemos de afrontar la vida. Estas regiones se especializan y están diseñadas para trabajar tanto independientemente como en conjunto. Hasta ahora nos hemos centrado en la parte anterior del cerebro, que es la que más usan los introvertidos, y en la parte posterior, donde se concentra el funcionamiento de los extrovertidos. Ahora vamos a hablar de las otras dos áreas: los hemisferios derecho e izquierdo. Desde fuera, los dos hemisferios parecen casi idénticos. Sin embargo, tienen unas funciones de procesamiento fundamentalmente distintas.

En el caso de cada niño, uno de los hemisferios es dominante. Si tu hija introvertida usa más el hemisferio izquierdo, será lógica y seria; le resultará fácil encontrar las palabras, tendrá más energías, emitirá más juicios y quizá no le resulte tan fácil relacionarse socialmente. Un introvertido que use sobre todo el hemisferio derecho jugará más, tendrá una capacidad de relación social más desarrollada y talento artístico, pero puede que le cueste más hablar con confianza; a menudo tendrá la experiencia de sentirse sobrecargado y superado por la vida.

Cada hemisferio cerebral procesa la información desde un punto de vista diferente. El hemisferio derecho ve todo el bosque, y el izquierdo ve los árboles individuales. El hemisferio derecho *sintetiza* la información, y el izquierdo la *evalúa*. Aunque en cada persona domina un hemisferio concreto, el objetivo radica en mejorar la comunicación y la colaboración entre los dos hemisferios cerebrales, pasando por el puente que los comunica: el *cuerpo calloso*. Cuando trabajan juntos, los dos hemisferios producen experiencias unificadas.

Las funciones principales del hemisferio derecho son la de cambiar el foco de atención para aprehender la imagen global, y la de detectar el funcionamiento social y emocional complejo. Es el procesador emocional potente que supervisa la capacidad de leer a otros, sentir empatía, poder reflexionar sobre uno mismo y tranquilizarse. Es el centro de control para poder ver imágenes mentales, para el talento artístico y la capacidad musical. El hemisferio derecho ve el contexto y los patrones, de modo que se le llama «detector de anomalías». Cuando el lado derecho decide que la información nueva ha

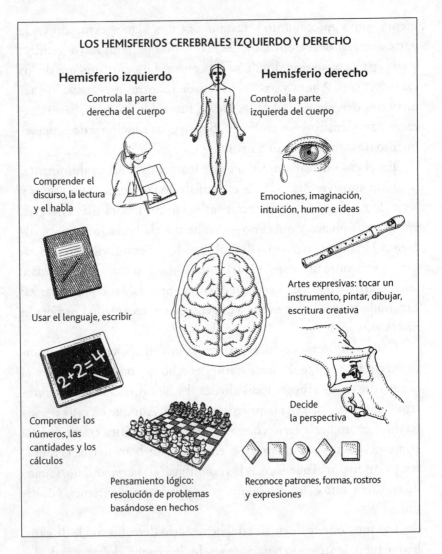

LOS HEMISFERIOS CEREBRALES IZQUIERDO Y DERECHO

Hemisferio izquierdo

Controla la parte
derecha del cuerpo

Comprender el
discurso, la lectura
y el habla

Usar el lenguaje, escribir

Comprender los
números, las
cantidades y los
cálculos

Pensamiento lógico:
resolución de problemas
basándose en hechos

Hemisferio derecho

Controla la parte
izquierda del cuerpo

Emociones, imaginación,
intuición, humor e ideas

Artes expresivas: tocar un
instrumento, pintar, dibujar,
escritura creativa

Decide
la perspectiva

Reconoce patrones, formas, rostros
y expresiones

alcanzado una masa crítica, revisa su sistema de creencias. Éste reacciona e integra la información nueva. El neurotransmisor acetilcolina almacena los recuerdos sobre la historia de tu vida en el hemisferio derecho. Este hemisferio también desempeña un papel importante en la regulación del sistema nervioso autónomo. Si un niño utiliza sobre todo el hemisferio derecho, puede estar agobiado, disperso y tener una capacidad lingüística limitada. El hemisferio izquierdo se concentra en los detalles individuales. La dopamina es el principal neurotransmisor de este hemisferio, que trabaja con la memoria a corto plazo. Sus funciones principales son el lenguaje, la interpretación y la racionalización. El hemisferio izquierdo condensa el *input* sensorial para tomar decisiones sencillas y rápidas. Es lineal y lógico, de modo que impide que el cerebro se inunde con toneladas de información, pero también tiende a negar o distorsionar lo que no quiere ver. Igualmente intenta que una pieza cuadrada encaje en el agujero redondo que ya conoce. El hemisferio izquierdo busca vínculos entre causa y efecto, clasifica y tiende a juzgar las cosas en términos de correcto e incorrecto.

En Estados Unidos, a menudo sobrevaloramos el hemisferio izquierdo, el lógico, reduciendo la complejidad del derecho, menos verbal. Los psicólogos evolutivos creen que hemos desarrollado funciones cerebrales separadas, de modo que en un determinado momento podemos usar una región cerebral sin sobrecargarnos ni distraernos.

Veamos qué sucede cuando los dos hemisferios se comunican bien entre sí. Durante una conversación, el hemisferio izquierdo detectará las palabras que se usan: *qué* se dice. El derecho registrará *cómo* se dice algo. El hemisferio derecho capta la comunicación emocional, las expresiones faciales, el tono, los gestos que añaden sentido, el significado y los vínculos asociativos con las palabras objetivas. Juntos, los dos hemisferios pueden colaborar para aumentar la comprensión, mediante la sincronización de todos los niveles de comunicación, verbales y no verbales. Otra forma de detectar la coordinación entre los dos hemisferios es prestar atención cuando un niño está escribiendo una redacción. Usa su hemisferio derecho para elegir un tema que le guste y para hacer una lluvia de ideas al respecto. Luego utiliza su hemisferio izquierdo para esbozar un guión y empezar a organizar sus ideas de forma lógica.

El pastel completo

> Nunca desaproveches tu talento. Sé lo que ha queri-
> do la naturaleza que seas, y destacarás.
>
> SYDNEY SMITH

Miremos «el pastel completo» y veamos cómo estas cuatro secciones cerebrales se activan y desactivan (como las llamas en un hogar) a medida que tu hijo crece y se desarrolla. El año y medio de vida es un hito fundamental en la vida del niño. Algunas regiones cerebrales cambian de un lado a otro, para que se puedan reducir algunas funciones y conectar otras. El hemisferio *derecho*, la *parte posterior* de la amígdala cerebral, y el sistema nervioso simpático maduran primero en los bebés, y son los que dominan durante los dieciocho primeros meses. Esto permite que los niños tengan una reactividad emocional suficiente para comunicarse con sus padres y disfrutar de la vida, y también les proporciona un gran impulso para aprender a caminar. En torno al año y medio de vida, con el funcionamiento del hemisferio *izquierdo*, el hipocampo de la parte *frontal* del cerebro y el sistema nervioso parasimpático aumentan su actividad. Esto permite al niño aflojar el ritmo, para aprender a hacer sus necesidades solo, desarrollar su capacidad de escuchar y de hablar, funciones a las que contribuye una mejora de la memoria.

Sin embargo, el hemisferio cerebral derecho, emocional y visual, sigue dominando durante los tres primeros años de vida. Como ya he comentado, el hemisferio cerebral derecho de algunos niños seguirá dominando durante toda su vida. Hay una manera fascinante de detectar si en un niño domina el hemisferio derecho; en torno a los 2 o 3 años, es posible que el niño hable en voz alta para comunicarse mejor con el hemisferio izquierdo, para mejorar su capacidad de hablar. Una niña introvertida puede vacilar más en caminar y hablar, debido a su sistema nervioso simpático, menos activador. El sistema nervioso parasimpático de un extravertido, menos activador, puede darle problemas para reducir el ritmo con miras a escuchar y aprender el desarrollo del lenguaje.

Algunos datos sobre el cerebro

- El cerebro nace prematuro: cuando nacemos sólo se ha desarrollado el 25 %. Sabemos que los lóbulos frontales, que controlan los sentimientos y el pensamiento, no alcanzan su madurez plena hasta los 30 años, más o menos.
- Los genes influyen en el desarrollo del cerebro, y si las condiciones son las adecuadas, a medida que se desarrolla y madura el cerebro, siguen activándose.
- Si cogemos en brazos a los bebés y los acunamos, aceleraremos su crecimiento y su desarrollo físico y emocional.
- El cerebro crea mapas de aquello que necesita comprender. Cuando alguien nos toca con el dedo en el hombro, sabemos que es el hombro porque se ha creado un mapa interno de tu cuerpo.
- La mayor parte del cerebro funciona inconscientemente, sin que nos demos cuenta.
- Estar consciente requiere un esfuerzo.
- El cerebro divide el *input* y lo almacena en distintos puntos del cerebro. Cuando recuperamos una información, hemos de reconstruirla.
- El cerebro tiene funciones separadas y es asociativo: una cosa está conectada con otra.
- Todos los sentidos tienen un tracto rápido y sencillo y una vía lenta y compleja.
- El cerebro siempre está dividido entre la velocidad y la precisión.

Aunque no se puede alterar el «cableado» del cerebro, sí que puedes ayudar a tu hijo, de un modo bastante sencillo, a cohesionar las cuatro áreas de su cerebro. Puedes contarle la historia de tu vida y animarlo a que te cuente la suya. El hecho de elaborar un discurso que tenga sentido y de ser capaz de compartirlo conecta las cuatro partes del cerebro. Compartir historias conecta el mundo personal e introvertido con los seres humanos que están en el mundo exterior, extravertido. También nos ayuda a reflexionar sobre nuestras experiencias y a almacenarlas en los bancos de memoria. Además intensifica los

Los recuerdos están hechos de esto

Una de las funciones más importantes del cerebro consiste en almacenar recuerdos. Los niños deben recordar todo tipo de datos diversos, como por ejemplo: reconocer a sus amigos, saber qué perros son amistosos, las reglas de los juegos, cómo atarse los zapatos... por no mencionar lo que les enseñan en la escuela. Para evitar una sobrecarga de información, el cerebro ha desarrollado un proceso complejo pero eficaz para almacenar la información y los recuerdos, usando los sistemas de memoria corta y larga. La memoria corta recuerda lo que pasa en un minuto. Conserva imágenes fijas, recuerda hasta siete números, letras o palabras consecutivos, y es adecuada para pensar rápido. El 90 % de esos recuerdos se olvida. La memoria larga recuerda hechos, anécdotas y habilidades, como la de montar en bici. También reconoce lo que es familiar y conecta emociones con experiencias.

En general, los niños extravertidos usan su memoria corta más a menudo y con mayor facilidad, mientras que los introvertidos dependen más de su memoria larga. Esto se debe a la localización de las principales áreas cerebrales usadas para cada tipo de memoria: la memoria corta está situada a lo largo de la vía primaria de los introvertidos, y la memoria larga a lo largo de la vía dominante en los extravertidos.

Para no perderse, todos los recuerdos necesitan un refuerzo y un uso. Puede que a los extravertidos les suene extraño, pero a menudo los introvertidos se esfuerzan por recordar cosas rápidamente, porque activar eficazmente su memoria larga les requiere más tiempo y técnicas especiales. Cuando se les pide que recuerden una información aprendida, a menudo se quedan en blanco. Esto puede resultar especialmente frustrante para los niños a los que llama su maestro para que den una respuesta en el momento.

Para ayudar a tu hijo introvertido a que mejore su memoria larga, explícale que los recuerdos se dividen en piezas, como las de un puzzle, y que éstas se encuentran repartidas por todo el cerebro. Plantéalo como el juego del escondite. Pregúntale a tu hijo en qué piensa cuando oye la palabra «cometa». ¿Logra encontrar la pieza del puzzle y los recuerdos vinculados a ella? Los recuerdos asociados podrían ser el color de la cometa, el tacto que tiene al sostenerla y la emoción de ver cómo se eleva.

También puedes sugerirle que se siente, se relaje y deje vagar la mente, permitiendo que fluyan a ella cualquier tipo de imágenes, sonidos, sentimientos u otras pistas sensoriales. Explícale que el hecho de recordar el aroma del océano, el sabor de la pizza, la sensación de patinar o la imagen de su primo abrirá toda una cadena de recuerdos asociados. Siempre que le preguntes algo a tu hija introvertida, dale tiempo para que «cace» sus pensamientos y sus sentimientos. Dile: «Piénsalo y cuéntame luego qué se te ocurre». Si tu hija no logra recordar dónde ha dejado algo, anímala a que se dé una vuelta por el piso. Esto activará un sistema de memoria distinto que almacena la situación de las cosas.

Para ayudar a los introvertidos a mejorar su memoria corta, sugiéreles que conecten una imagen con una palabra, un número o un nombre. Recuerda a Antonio imaginándote a Antonio con Carla. Decir en voz alta el nombre de un nuevo amigo y relacionándolo con el personaje de una película o de un libro ayudará al niño a que su memoria corta guarde ese dato por más tiempo. También puede ser útil jugar a cartas y a otros juegos que exijan el uso de la memoria corta. Aunque requiere mucha práctica, tu hijo irá aprendiendo poco a poco a recuperar la información de sus bancos de memoria cada vez más rápido.

vínculos entre las personas, porque nos enriquecemos al escuchar las historias de otros, y nos gratifica que ellos nos escuchen.

Esta técnica tiene una especial importancia para los padres de introvertidos. Los extravertidos viven sus vidas actuando en el mundo exterior. Funcionan basándose en la información sensorial inmediata y en los recuerdos antiguos, y responden mediante un habla, un pensamiento y una actuación rápidas, apoyándose en su memoria corta. También necesitan hablar y desarrollar historias compartidas, pero pueden funcionar perfectamente incluso si no lo hacen. Sin embargo, al privarse de ese proceso carecerán de cierto grado de autorreflexión y de un instrumento esencial para construir sus habilidades sociales: la imitación de otros.

No obstante, los introvertidos viven por dentro, y necesitan a alguien que los saque al exterior. Sin un padre que escuche y les haga

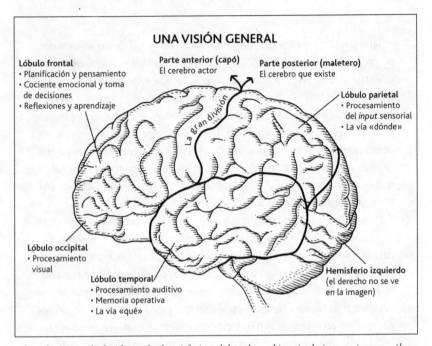

UNA VISIÓN GENERAL

Lóbulo frontal
• Planificación y pensamiento
• Cociente emocional y toma
  de decisiones
• Reflexiones y aprendizaje

Parte anterior (capó)
El cerebro actor

Parte posterior (maletero)
El cerebro que existe

La gran división

Lóbulo parietal
• Procesamiento
  del *input* sensorial
• La vía «dónde»

Lóbulo occipital
• Procesamiento
  visual

Lóbulo temporal
• Procesamiento auditivo
• Memoria operativa
• La vía «qué»

Hemisferio izquierdo
(el derecho no se ve
en la imagen)

El cerebro se puede dividir en dos hemisferios, el derecho y el izquierdo (en esta imagen sólo se ve el segundo), conectados por un puente principal, el cuerpo calloso. La gran división marca la línea entre la parte anterior del cerebro y la posterior (el capó y el maletero). A menudo también se describe el cerebro en función del trabajo de cada uno de los cuatro lóbulos: temporal, frontal, parietal y occipital.

sentirse visibles, reflejándoles como un eco lo que están pensando, pueden acabar perdidos en su propia mente. Es posible que sus pensamientos y sus sentimientos se desconecten. Además, no almacenan sus experiencias en su sistema de memoria dominante, la memoria larga. Los introvertidos, en concreto, necesitan saber que hay alguien ahí fuera que les escucha: «Te escucho; tus pensamientos y sentimientos son reales. Son importantes, y puedes organizarlos y usarlos en el mundo exterior». Los introvertidos también necesitan probar en el mundo exterior sus percepciones internas. Esto fortalecerá sus dones innatos, y hará funcionar mejor otras áreas del cerebro.

Resumen

- Los introvertidos y los extravertidos siguen vías cerebrales distintas, y usan lados opuestos del sistema nervioso.
- Las conductas difieren cuando en un niño domina la parte frontal del cerebro o la parte posterior, así como el hemisferio izquierdo o el derecho.
- Todos los niños usan regiones cerebrales menos dominantes en su persona, pero les cuesta más y los resultados son menos eficaces.

CAPÍTULO 3

Las ventajas de los introvertidos en un mundo extravertido

Aprende a potenciar los dones ocultos de tus hijos

> Nuestra cultura ha convertido el vivir como extravertido en una virtud. Hemos ignorado el viaje interior, la búsqueda de un centro. Por tanto, hemos perdido el centro y hemos de volver a encontrarlo.
>
> ANAÏS NIN

Jeannette, madre de dos niños, me confesó que no soporta ver a su hijo de 8 años, Colin, en el campo de béisbol. Acaba de unirse al equipo, y sólo ha podido participar en unos cuantos partidos. «Me frustra ver cómo se echa para atrás cuando el resto de sus compañeros entran corriendo en el campo», dice. Ella y su esposo se preguntan si el chico tiene la motivación suficiente. Como el hijo de Steve Martin en la película *¡Dulce hogar... a veces!* (1989), mientras la pelota pasaba como una exhalación a su lado, Colin sólo hacía un débil intento de alcanzarla con el bate.

A Jeff, padre divorciado, le preocupa su hija de 11 años. «Molly no para de mirarse los zapatos y no mira a la gente a los ojos cuando habla —me decía—. Habla lentamente, y a veces se tiene que detener para encontrar la palabra exacta. Me pone nervioso, porque temo que los niños dejen de escuchar lo que les está diciendo. A veces intervengo para acabar sus frases. Seguramente eso es peor: al final puede que acabe no hablando.»

Muchos padres, conscientes de que vivimos en un mundo extravertido, se inquietan al ver a sus hijos introvertidos. La verdad es que en nuestra cultura la introversión está mal vista. Lo que más valora la sociedad contemporánea son cualidades propias de la extraversión, tales

Los niños, ¿son niños?

Todos los introvertidos padecen cierta discriminación, pero los niños que son introvertidos se enfrentan incluso a más obstáculos que las niñas. A nuestra cultura no suele gustarle los chicos que son silenciosos, a quienes les gusta practicar actividades solitarias como leer, y que no son agresivos. El mito dice que el hecho de ser hombre, por definición, conlleva ser asertivo, proactivo, aventurero y seguro de sí mismo. La gente sospecha de quien no cumple con esas expectativas. Si no, pensemos en las críticas que recibió Fred Rogers, un icono de la televisión infantil. A menudo se hicieron chistes sobre «Mister Rogers» por ser demasiado femenino y amable, y en ocasiones se le tachaba de homosexual, aunque no lo era, cuando, en realidad, su único «crimen» fue ofrecer el ejemplo maravilloso de un hombre amable y compasivo.

Las investigaciones indican que a las niñas introvertidas se las define como amables, tranquilas y reflexivas. Los niños que tienen exactamente las mismas cualidades reciben los calificativos de débil, pasivo y perezoso. Si tienes un hijo introvertido, asegúrate de que lo ayudas a conocer sus cualidades y habilidades, y a respetarlas. Anímalo a participar en actividades que aprovechen los puntos fuertes de los introvertidos, y que tengan relación con el mundo extravertido. Por ejemplo, sugiérele que practique artes marciales, se apunte al club de fotografía o de ciencia, o aprenda a tocar un instrumento musical. Conozco a un introvertido que llegó a ser muy popular en el instituto porque bailaba muy bien. En las fiestas todos querían estar con él. ¿Quién sabe? ¡Puede que de mayor tu hijo introvertido sea otro Steven Spielberg, Bill Gates, Tiger Woods o Tobey Maguire (todos ellos introvertidos)!

como la locuacidad y la capacidad de «motivar a la gente». Valoramos que se hagan cosas, salir ahí fuera, hablar en público, ganar, conseguir objetivos. Podríamos decir que la nación de Estados Unidos la crearon personas que hacían cosas, que eran capaces de adaptarse con rapidez a nuevos grupos y circunstancias. Por tanto, independientemente de lo que signifique para una persona ser introvertida, un niño dotado de este temperamento se enfrentará a algunos prejuicios culturales.

Los sociólogos describen el ideal cultural estadounidense como: aceptación en el grupo, asertividad, progresos visibles y éxitos. Estos estándares de lo que significa estar activo y «ahí fuera» se han incorporado a toda institución, sistema escolar y prácticamente cualquier otro entorno en el que se va a mover el niño introvertido.

Cada vez son más los niños que, a una edad más temprana, pasan tiempo en entornos grupales, como la escuela cuna y el preescolar. Para los introvertidos esto es todo un reto, porque a ellos durante esos primeros años les va mejor estando en casa, y se adaptarán mejor a los grupos cuando sean más mayores. Hay muchas escuelas que no permiten que los padres se queden con sus hijos, ayudándolos a asimilar la experiencia gregaria; muchos de los padres de niños introvertidos no se dan cuenta de que *deberían* quedarse y ayudar al niño a adaptarse. Debido al tremendo énfasis en la socialización, los padres y, en ocasiones, también los profesores, piensan que no hay objetivos más idóneos para un niño que hacer amigos y ser popular... ¡incluso cuando los niños apenas salen solos o asisten a preescolar!

El grado en el que una persona encaje en su cultura afecta inevitablemente a su autoestima. El niño introvertido perspicaz no tarda en descubrir el prejuicio que la sociedad estadounidense abriga contra la introversión. Trabajé con los padres de una niña que asistió a una escuela de mucho prestigio. La escuela elaboró un «sociograma» que indicaba quién jugaba con quién en clase, y se lo enseñó a los padres de Jill, que tenía 4 años. El director les comentó que, tal y como plasmaba el sociograma, Jill sólo jugaba, generalmente, con otra niña. Sugirieron a los padres de la pequeña que la ayudasen a mejorar su habilidad de contacto social. Jill dijo a sus padres: «La señorita Ferry dice que Hanna y yo debemos jugar con los otros niños. Pero Hanna es la única niña que sabe algo de momias, y le gusta jugar conmigo a que somos arqueólogas. ¿Qué estábamos haciendo mal?».

No todas las culturas alaban la extraversión. Los investigadores dividen las sociedades en culturas «de contexto bajo» y «de contexto alto». En las culturas de contexto bajo, el ideal se centra en el mundo externo de la realidad y los detalles tangibles, y se prefiere la comunicación clara y directa. Como ejemplos de culturas de contexto bajo se menciona Estados Unidos, Alemania y Suiza. Estas culturas se concentran en las personas y las cosas, las decisiones y acciones rápidas, y en las habilidades sociales que reflejan un estilo de relación interpersonal directo y sin esfuerzo. La idea es que una persona debería poder aceptar lo que le dice otra sin tener que romperse la cabeza para entenderlo.

Sin embargo, en las culturas de contexto alto, lo que se valora es la discreción, las pistas no verbales y la sutileza. Algunos ejemplos de este tipo de cultura de contexto alto serían Japón, los países escandinavos, los grupos tribales de indios americanos y China. Estas sociedades valoran el mundo interno de las impresiones, las ideas y los sentimientos. Prefieren acciones más lentas y deliberadas, y una conducta social compleja. Las personas de esas culturas son polifacéticas y, para alguien de una cultura de contexto bajo, resultan casi incomprensibles. En una cultura de contexto alto, una «mirada» podría decir mucho.

La investigación confirma que los temperamentos extravertidos son la norma en la mayoría de culturas occidentales. Dado que los introvertidos se centran en su mundo interior (un entorno al que el extravertido típico tiene menos acceso), a los extravertidos les parecen gente curiosa. Esto puede incomodar al extravertido, a quien le gusta, e incluso espera, saber de qué pie cojea la persona. Los extravertidos pueden considerar que el introvertido (aunque sea un niño) es poco asertivo, frío, pasivo, delator o reservado. Esto envía a la niña introvertida el mensaje de que no se comporta como debería, que tiene algún problema.

La profesora e investigadora Bonnie Golden realizó un estudio para ver si los extravertidos tienen más autoestima que los introvertidos por el hecho de encajar en la norma cultural. Entrevistó a 258 estudiantes de primer año de carrera, introvertidos y extravertidos, cuál era su grado de autoestima en el entorno académico, las relaciones familiares, con sus amigos y también internamente. Como era de esperar, los extravertidos manifestaron un mayor grado de autoestima. El factor esencial que elevaba la autoestima de los extravertidos

¿Hay alguna ventaja en las diferencias de temperamento?

Recientemente, el *New York Times* hizo públicos unos descubrimientos que aparecieron en *Neuroscience and Biobehavioral Reviews*. Los investigadores de Inglaterra, Alemania, Holanda, Francia y la universidad de California pretenden demostrar la correlación directa entre la neurobiología del cerebro y los rasgos de personalidad. Los investigadores se plantearon por qué la selección natural no produce una personalidad estándar en todas las especies, por qué la naturaleza tolera esa amplia gama de rasgos. Para descubrirlo, estudian cómo los genes y el entorno conforman los diversos aspectos de la personalidad. Empezaron observando que los animales, como los humanos, poseen una gama similar de rasgos; éstos se cohesionan en diversas dimensiones de personalidad, y una de las más importantes es el continuo introversión/extraversión. Llegaron a la conclusión de que cuando los humanos y los animales tienen una gama de respuestas escritas en sus genes, ésta expande sus posibilidades de sobrevivir durante las variaciones producidas en el hábitat. En Alemania, el doctor Kees van Oers descubrió que en los años en que había hambruna, los pollitos hembra, que eran más arrojados, sobrevivían mejor que los machos, más vacilantes. Pero esos machos dubitativos tenían un índice de supervivencia superior al de los machos osados. Durante los años en que había abundancia de alimentos, las hembras valientes podían usar su energía y su empuje para encontrar alimentos. Los machos vacilantes no se pelean tanto, y por tanto consumen menos energías. En épocas de abundancia, los machos arrojados pueden luchar y alimentarse mientras a las hembras vacilantes las beneficia mantenerse alejadas de los enfrentamientos.

El estudio de los animales permite a los investigadores analizar el impacto que tienen los genes y el entorno sobre la personalidad. Como la esperanza de vida de los animales es más corta que la de los humanos, se pueden estudiar varias generaciones. El doctor Samuel Gosling, que estudia a las hienas, dice: «Las madres humanas no nos van a dejar cambiar a sus hijos por otros cuando nacen, lo cual sería un estudio maravilloso».

Todos estos investigadores están descubriendo que las variaciones de personalidad en los humanos y en los animales se derivan en gran medida de la estructura y el funcionamiento cerebrales. Como los humanos, los animales tienen temperamentos coherentes que se mantienen estables durante toda su vida.

era el hecho de alcanzar objetivos. El factor crucial que aumentaba la de los introvertidos era *ser apreciados*.

¿Cómo incide esto en la educación de un niño introvertido? En su libro sobre tipos de personalidad, *Gifts Differing*, Isabel Myers observa que la extraversión ha llegado a entenderse como la capacidad de tener una socialización saludable, y no simplemente como un estilo de temperamento. El resultado, dice ella, es que en las culturas occidentales se penaliza a los introvertidos.

Como padre o madre, tu misión es doble. Primero, debes aceptar de nuevo el concepto de introversión como temperamento, sin considerarlo la incapacidad de ser extravertido. Esto es importante para que tu hijo sea más capaz de aceptarse como quien es; además, podrá expresar sus necesidades sin sentir vergüenza. En segundo lugar (y esto es lo que abordaremos en los capítulos posteriores del libro), puedes contribuir a que tu hijo disponga de los instrumentos necesarios para que le vaya bien en un mundo de extravertidos.

Quizá lo más importante que puedas hacer en tu calidad de progenitor sea proyectar tu aceptación del niño o niña... y de su temperamento. La paradoja estriba en que, al sentirse aceptados como son, con toda su gloria introvertida, los niños disfrutan de la autoestima que necesitan para probar e incorporar a su vida rasgos extravertidos. Tal y como dijeron los propios introvertidos en el estudio de Golden, necesitan que otros *comprendan* y *aprecien* quiénes son y qué pueden ofrecer.

Qué nos ofrecen los introvertidos

Cambia tus pensamientos y cambiarás tu mundo.
NORMAN VINCENT PEALE

Aunque no hay dos introvertidos iguales, sí comparten similitudes en su forma de moverse por el mundo. Lamentablemente, como ya hemos visto, a menudo se malinterpreta o desprecia su forma de vivir la vida. Pero los extravertidos pueden aprender muchas cosas si prestan atención a los introvertidos.

La cultura norteamericana, sin duda como reflejo del hecho de que por cada introvertido hay tres extravertidos, valora el hacer por encima del existir. Creo que podríamos decir que nuestra cultura valora *hacer mucho*. Los introvertidos necesitan equilibrar el hacer con el ser. De esta manera, los introvertidos pueden funcionar como anclas para la vida de los extravertidos, y reducir esa tendencia extravertida a ponerse a hacer cosas a mucha velocidad. Los introvertidos nos recuerdan que debemos relajarnos, disfrutar de hacer las cosas poco a poco, y buscar momentos para la reflexión.

Los introvertidos amplían el continuo de la conducta humana y nos muestran que existe más de una manera de vivir. Sin ese equilibrio de los introvertidos, los extravertidos pueden volcarse demasiado en lo que hay fuera, y depender en exceso de las opiniones ajenas. Los introvertidos pueden enseñar a los extravertidos el valor de estar en contacto con uno mismo. Los introvertidos nos recuerdan que cada persona tiene un punto de vista valioso con el que puede contribuir a la vida de otros. Los extravertidos pueden llegar a estar tan centrados en los demás que olvidan detenerse y meditar sobre sus propias necesidades y creencias.

A veces, los extravertidos reaccionan sin pensar. Los introvertidos demuestran la importancia que tiene hacer una pausa para disfrutar de la introspección; su forma deliberada de vivir demuestra los beneficios de tomarse un tiempo antes de actuar. Nos recuerdan que aminoremos la marcha, conservemos nuestra energía y recuperemos fuerzas. Incluso los extravertidos deben apartarse de vez en cuando de la acción, y los introvertidos pueden enseñarles a hacerlo de un modo que sea seguro y placentero.

A los introvertidos les gusta centrarse a fondo en una cosa, y son capaces de forjar objetivos a largo plazo basándose en ideas muy bien pensadas. Les gusta evaluar los resultados y disfrutar de sus logros, en lugar de salir corriendo en busca del siguiente desafío. Los introvertidos también nos enseñan a estar presentes en cada momento. Demuestran cómo saborear el matiz de una pera, el aroma de la madreselva y el trinar de los pájaros en el jardín. Nos recuerdan que hemos de estar tranquilos y escuchar nuestro mundo interior.

Cómo ayudar a tu hijo introvertido a sacar provecho de su temperamento

> La sabiduría es esa cualidad que nos evita meternos en situaciones donde la necesitaríamos.
>
> Doug Larson

Debido al modo en que están «conectados» sus cerebros, los niños introvertidos están predispuestos a disfrutar de las doce ventajas siguientes. Los padres pueden ayudar a esos niños para que entiendan y usen sus puntos fuertes y su capacidad mental. Si un niño introvertido es capaz de entender esas ventajas y de aprender a usarlas de forma positiva, irá por buen camino para disfrutar de una vida satisfactoria.

1. *Los introvertidos tienen una vida interior más plena*

«¿Cree en Dios? —me pregunta Adam, un niño de 7 años, en cuanto nos reunimos. Luego sigue diciendo—: Mi familia no es religiosa, pero mi amigo Kesah va a la iglesia todos los domingos». Respondo al interés que demuestra en la religión y le digo: «Sí, creo en Dios. Me parece que te estás planteando cosas sobre Dios y sobre las creencias de otras personas. Los habitantes de este mundo tienen muchas creencias religiosas distintas». «Todavía le estoy dando vueltas», me dice. Casi veo los engranajes que giran sin cesar en su cabecita. «Estoy segura de que decidirás lo que quieres creer», añado.

Los niños introvertidos saben que tienen un mundo interior. Para ellos siempre está presente y vivo. En lugar de recurrir constantemente a otros, se fían de sus recursos internos para que los guíen. En su jardín privado, lejos del mundo material, se concentran y analizan pensamientos y sentimientos complejos e intrincados. Esto les permite entrar en contacto con los aspectos más profundos de la vida. Quieren saber qué significan las cosas, por qué son importantes. No temen a las grandes preguntas; pueden distanciarse de sí mismos y reflexionar sobre su propia conducta. Como muchas otras cosas, esto es una espada de doble filo: esta interioridad les proporciona unos recursos internos más ricos, pero también puede hacerles sentir aislados.

Los niños introvertidos quieren comprenderse a ellos mismos y a quienes los rodean, saber qué hace que la gente funcione. Son observadores, y contemplan a otros niños. Son menos vulnerables a la presión de los niños de su edad, dado que sus pensamientos y sentimientos internos les sirven de fundamento. Toman decisiones basándose en sus propios valores y estándares, en lugar de seguir al rebaño.

Es importante que los padres y otras personas clave en las vidas de los introvertidos los ayuden a expresar sus pensamientos e ideas. Sin la experiencia de hablar con otros, los introvertidos no aprenderán a valorar y administrar su interioridad, ni a confiar en ella. Sin la interacción con niños o adultos que piensen como ellos, empezarán a pensar que nadie más comparte sus experiencias, que el tenor de sus pensamientos privados los aísla de otros. Los niños introvertidos se sentirán menos solos si se les da la oportunidad de compartir sus pensamientos y sentimientos con otros niños. Cuando pueden hacerlo, todo el mundo sale ganando.

Valora la interioridad de tu hijo. Habla con él sobre tus pensamientos y sentimientos. Pregúntale cosas, habla de sus ideas, asegurándote de hacer pausas para que tenga tiempo de responder. Recuerda que a los introvertidos les gusta tener un propósito, hallar un sentido y sentirse conectados a otros. Busca maneras de que el niño contribuya como voluntario en un área que le interese, ponlo en contacto con alguien de otro país con quien pueda cartearse o anímalo a dar algo a una obra benéfica, de un modo que le resulte cómodo. Si no eres religioso, siempre podrás hallar un mentor o a alguien que sí lo sea con el que el niño pueda comentar sus pensamientos y preguntas de índole espiritual. Ayúdalo a encontrar sentido a todo lo que ve, a afirmar su apreciación de la naturaleza, reducir su sensación de estar aislado y proporcionarle una manera de enfocar su compasión.

2. *Los introvertidos saben oler las rosas*

La madre de Isabel le dice al padre de María: «Quiero ir a casa de María, que tiene una habitación para ella sola». A Isabel, que comparte habitación con dos hermanas ruidosas y extravertidas, le encanta la tranquilidad del cuarto de María. María considera que su habitación es un santuario, y puede pasarse las horas muertas en ella, distrayéndose sola: observando a sus dos peces tropicales, o ampliando su colección de dibujos sobre la naturaleza. En ocasiones le gusta compartir su «reino» invitando a venir a sus mejores amigas. Lo que más le gusta a Isabel es recargar sus pilas en el entorno lúdico tranquilo y apacible de María.

Los introvertidos nos enseñan a «pararnos y oler las rosas». Los niños introvertidos saborean las cosas pequeñas, los detalles que muchas personas pasan por alto. Para que algo les fascine no necesita anunciarse con mucho bombo y platillo. A menudo, para entretenerse e interesarse no tienen ni que salir de casa.

La película clásica *Matar a un ruiseñor* empieza con un plano muy relajado, que muestra con detalle la caja de puros desgastada de Scout. Se nos invita a entrar en su santuario. Dentro de la caja hay monedas, canicas, lápices de colores, cuentos, muñecas, una armónica y un reloj de bolsillo. De inmediato nos damos cuenta de que Scout valora las cosas pequeñas de la vida; para ella son un consuelo. (Mary Badham, la actriz introvertida que representó al personaje de Scout, dijo que trabajar en esa película fue como meterse dentro de una jarra de cristal transparente: sentía que todo el mundo la miraba. No volvió a actuar en ninguna otra película.)

Los introvertidos nos recuerdan que en realidad no necesitamos tantas cosas materiales y atrayentes; ellos disfrutan de un ritmo más lento y se centran en las alegrías sencillas de la vida. Valora la capacidad de tu hija de disfrutar de un paseo relajado, de una carrera breve pasando por debajo del aspersor, de esa tienda de campaña hecha con una manta en el salón, de ver por enésima vez *La dama y el vagabundo*, o de quedarse en casa a colorear dibujos. De vez en cuando echa el freno para pasar un tiempo con ella. Los niños introvertidos nos recuerdan que la vida auténtica se compone de esos momentos.

3. *A los introvertidos les encanta aprender*

Cuando Justin entra en mi despacho, me pregunta: «¿Sabe de qué están hechos los anillos de Saturno?». La semana anterior habíamos contemplado juntos algunas imágenes de Saturno en un libro de ciencia. «Creo que el Jet Propulsion Laboratory de Pasadena tiene algunas fotos en su página web —le comento—. ¿Quieres verlas?» «Sí», responde él, con una emoción poco frecuente. Nos inclinamos sobre el libro, que tiene unas imágenes de Saturno impresionantes, y empleamos toda la gama de «oooh» y «aaah» que conocemos. Justin, de 8 años, formula preguntas lúcidas e inteligentes sobre la composición de los anillos. Gracias a sus preguntas, yo misma aprendo muchas cosas sobre Saturno.

Lo más irónico del caso es que los padres de Justin lo llevaron a mi consulta porque les preocupaba su inteligencia. Aunque en el colegio no le iba muy bien (tenía problemas para tolerar la estimulación intensa del estilo extravertido de su clase), era evidente que tenía una profunda sed de conocimientos.

En general, un alto porcentaje de niños introvertidos acaba yendo a la universidad. Allí es posible que empiecen a disfrutar de una forma totalmente nueva del hecho de aprender, dado que sus estilos de aprendizaje encajan mejor con la enseñanza superior. El trabajo universitario recompensa muchos puntos fuertes de los introvertidos, como el de aprender al escuchar conferencias, hacer exámenes que requieran redacción, analizar cuestiones complejas, estar automotivados y elegir lo que quieren estudiar. Los estudios universitarios también requieren una buena capacidad de lectura y de escritura, y muchos introvertidos son buenos escritores. A menudo llevan un diario personal o se dedican a otro tipo de escritura sin que nadie se entere (la proverbial novela guardada en un cajón). También suele gustarles la lectura. Por ejemplo, a los niños introvertidos les gusta leer en voz alta (si no están sometidos a presión), leer en silencio para sí o que otros les lean (o escuchar un audiolibro).

Respalda el amor por la lectura de tu hijo. Los introvertidos necesitan montones de información para alimentar sus cerebros. No dejan de comparar y contrastar lo que aprenden con sus propias reacciones personales: esa voz interior no cesa de hablarles. Si no disponen de datos atractivos que alimenten sus pensamientos, se pueden aburrir, volverse autocríticos o incluso deprimirse. Necesitan mucho *input* relevante para satisfacer su curiosidad y sus intereses.

Hazle el carné de la biblioteca a tu pequeño introvertido, y llévalo a ella cuando alguien lea cuentos. Visita regularmente la que tenga más cerca, dándole el tiempo necesario para que elija sus libros. Comenta con tu hijo los libros que lee y las películas que ve. Enséñale que los libros y las películas no son sólo pasatiempos, sino que amplían su mundo y son un nexo con otras personas. Presta atención a qué le interesa, y ayúdalo a encontrar material sobre el tema. Como todos los niños, es posible que los introvertidos prefieran aprender de manera informal a hacerlo en clase. A menudo sorprenden a otros (incluso a sus maestros) porque saben mucho de una gran variedad de temas. He trabajado con muchos niños introvertidos menores de 5 años que sabían lo suficiente sobre dinosaurios como para escribir el guión de un documental de Discovery Channel. Sabían decirme si el estegosaurio o el alosaurio eran del periodo

Jurásico o Cretácico, si eran carnívoros o herbívoros, cómo criaban a sus camadas y quiénes eran sus principales enemigos. Cuando un niño introvertido empieza a hablar de un tema que le interesa, es como poner en marcha una base de datos.

4. *Los introvertidos piensan creativamente*

Cuando Tia, de 6 años, y su madre se trasladaron al nuevo apartamento, por la noche Tia tenía miedo, y le costaba habituarse a dormir en su nuevo cuarto. Ella y su madre hablaron del problema y, como solución, decidieron que su madre dormiría toda una semana en la litera de arriba de Tia. Al final de esa semana, Tia seguía llorando de noche y sin habituarse. Su madre empezaba a sentirse frustrada y desanimada. Una tarde, cuando Tia estaba cruzando el salón, dijo en voz baja: «¿Podríamos cambiar de habitación? Me parece que eso me ayudaría». La madre se quedó sorprendida, porque había elegido para su hija la habitación más luminosa y espaciosa. Pero empezó a darse cuenta de que el cuarto que le gustaba a Tia era más pequeño y estaba situado más cerca del centro del piso. Quizás allí se sentiría más segura. Cambiaron de dormitorio y, efectivamente, Tia empezó a dormir sin problemas. Su madre se sorprendió de que Tia le hubiese hecho aquella sugerencia. Feliz, volvió a su propia cama.

Los niños introvertidos son creativos a la hora de resolver problemas. Cuando les pregunto por sus ideas, siempre me quedo impresionada. Aceptan todo tipo de *input*, lo rumian un poco y al final ofrecen respuestas innovadoras. Valoran datos que ni siquiera eran conscientes de haber observado. Si disponen del tiempo necesario de procesamiento, pueden hacer comparaciones y anticipar patrones. Analizan los patrones dentro del contexto de sus propios pensamientos e impresiones subjetivos, para llegar a conclusiones complejas. Ofrecen ideas frescas, originales, sin encajonarse.

Pregunté a la madre de Tia si había alabado a la niña por aquella idea. Me contestó: «Le dije que era una idea excelente, y que estaba contenta de que se le hubiera ocurrido y me hubiese pedido que cambiáramos de cuarto». La felicité por haber escuchado a Tia y poner en práctica su sugerencia para resolver el problema.

Fomenta el pensamiento original de tu niña introvertida preguntándole su opinión sobre diversos temas. Consúltala cuando te enfrentes a un dilema. ¿Qué soluciones ve ella? Cuando esté irritada, ayúdala a acceder a sus *propias* capacidades de resolución de problemas. Por supuesto, justamente en esos momentos cuesta más hacerlo. Ayúdala a desarrollar rutas creativas para pensamientos innovadores. Pídele que haga un dibujo o escriba una historia, un poema, una obra de marionetas o una canción, tomando como tema lo que le preocupe. Hazle entender que el proceso, en sí mismo, puede dar resultados interesantes.

Ésta es una manera excelente de echar un vistazo al fascinante mundo interior de tu niño o niña introvertidos. Además, el hecho de prestar atención a las preguntas que te formula tu hija puede beneficiarte. Por ejemplo, a Edwin Land, el hombre que fundó y dirigió la Polaroid Corporation de 1937 a 1982, quien le inspiró a crear la cámara de fotos instantáneas fue su hija de 3 años. Le hizo una pregunta bastante precoz, sobre todo para aquella época: «¿Por qué no puedo ver ya la foto que me acabas de hacer?». Él se puso a reflexionar sobre este problema y lo resolvió en una hora, lo cual le llevó a crear su lucrativo invento.

5. *Los introvertidos destacan en las artes creativas*

La creatividad es prima hermana del pensamiento original y de la interioridad. Yo siempre proporciono materiales artísticos a mis clientes introvertidos, tanto niños como adultos, porque les ofrece una manera de expresar lo que llevan dentro sin pasar por charlas agotadoras. Una niña pequeña, de 5 años, me hizo un libro en miniatura sobre su vida: diez páginas de dibujos detallados a todo color, grapados. Cada página contenía una intrincada escena de su día a día: despertarse, desayunar, ir al cole, almorzar, jugar con su perro (Sammy), ver la tele y acostarse. Su libro contenía el elenco de personajes de su vida: su familia, amigos, profesores y, por supuesto, Sammy. Muchos introvertidos son escritores, artistas, bailarines, actores, músicos o revelan su creatividad en otros campos. Las paredes de mi despacho están empapeladas con dibujos, cuadros, fotografías, objetos de cerámica, poemas y bordados que, a lo largo de los años, me han regalado mis clientes introvertidos.

La artista Mary Engelbreit, nostálgica y caprichosa, es una típica introvertida creativa. A los 11 años anunció que de mayor quería ser artista. En la escuela le molestaba que los profesores y los alumnos no analizasen a fondo los libros. Ella se pasaba horas y horas sola, y mientras leía uno y otro libro iba haciendo dibujos. Copió a otros artistas y se enseñó a sí misma a dibujar. Su madre dijo que Mary era implacable; era evidente que algún día usaría su talento. Mary se saltó la universidad y aceptó un trabajo de jornada completa en una tienda de artículos de dibujo y pintura, llamada Art Mart, donde entró en contacto con artistas y con miembros de la comunidad artística local. Su tutor del instituto, conmocionado, le dijo: «¡No, no se te ocurra hacer eso!». Hoy día Engelbreit dirige una empresa de éxito basada en sus talentos artísticos.

La creatividad depende del ver, no necesariamente ver más, pero sí desde otro punto de vista. La persona creativa aprehende trocitos del mundo que la rodea y los dispone de nuevo en su propio mundo interior, para formar algo nuevo o innovador.

Fomenta la creatividad de tu niño introvertido. Que disponga de materiales de dibujo y pintura, aunque ensucien; de instrumentos musicales, aunque hagan ruido. Permítele que se exprese libremente, sin criticarlo. Sugiérele que escriba sobre una experiencia que le haya impactado. Ofrécele dar clase de baile, canto, teatro o música. Llévalo a museos, conciertos, mercadillos, obras de teatro... una amplia variedad de lugares donde pueda entrar en contacto con todas esas maneras increíbles en que la gente expresa su creatividad.

6. *Los introvertidos tienen una inteligencia emocional alta*

Escuchar a niños introvertidos describir sus sentimientos es siempre una revelación. Darin, de 6 años, me contó lo siguiente: «Cuando estaba en el cole estaba triste porque mi amiga Molly no quería jugar conmigo. Quería jugar con las niñas. Yo estuve un rato solo. Luego le pregunté a Joel si quería jugar a pelota, y me dijo que sí». Resulta difícil encontrar adultos que encajasen así de bien este rechazo. Darin aceptó sus sentimientos, se tranquilizó y evaluó la situación. Entonces estuvo listo para correr el riesgo de acercarse a otro amigo. Tuvo la resistencia suficiente como para saltarse algunos de los baches típicos de la hora del patio, con objeto de encontrar otro compañero de juegos.

Dado que los niños introvertidos tienden a tener una respuesta emocional retardada, es posible que sus padres no entiendan hasta qué punto su hijo o hija conoce sus propios sentimientos. A menos que manifieste esos sentimientos, es posible que ni siquiera el niño o niña lo sepa. Cuando pasa algo, exteriormente el niño puede parecer que está tranquilo, frío o incluso vacilante. En su interior está haciendo una pausa para asimilar sus pensamientos y sentimientos complejos. Su capacidad para tolerar el tiempo que pasa a solas le permite reflexionar sobre los matices de su reacción. Le gusta comprender un acontecimiento antes de reaccionar. Entonces creará un plan de acción, anticipando las consecuencias potenciales. Como norma, los niños introvertidos tienen estallidos emocionales intensos sólo si están estresados, cansados o hambrientos, o si se sienten amenazados.

Al ser los introvertidos conscientes de sus propios sentimientos, suelen sentir empatía por otros niños. Se pueden meter fácilmente en la piel de otra persona. Cuando te preguntan sobre tus sentimientos y los de otros, sé sincero con ellos, para no inutilizar sus percepciones. Por ejemplo: «Fue muy amable por tu parte, Nate, preguntarme si me molestaba que quisieras hablar sólo con papá. No me importó, pero gracias por preguntar». Los introvertidos tienden a desarrollar un sentido de la moral y de la ética en su vida; pueden ser más sabios de lo que justifica su edad. Contrariamente a lo que asume mucha gente al pensar en los introvertidos, trabajan bien en grupo.

Admite la «musculatura» emocional de tu hijo introvertido. La inteligencia emocional es crucial para el éxito, porque en la vida hay muchas cosas que exigen tratar con otros. Sin embargo, recuerda que el centro emocional del cerebro es la última parte que se desarrolla plenamente, y por tanto tendrás que cuidar esa habilidad durante un periodo de tiempo más largo. Si tu hijo es generoso, respáldalo. Dile que la empatía es una cualidad positiva, en los niños tanto como en las niñas. Nuestro mundo, tal y como está, necesita bastante gente con empatía.

7. Los introvertidos tienen el don de saber conversar

Marta, de 10 años, está contemplando mi biblioteca. «Ya veo que te gustan los libros —me dice—. ¿Cuáles son tus favoritos? ¿Lees alguno más de una vez?» «Sí, la verdad es que sí —contesto—. La mayoría de ellos los leo más de una vez. Tengo muchos favoritos... ¿Cuáles son los tuyos?» «Dos de mis favoritos son *The Giver* y *Sarah, Plain and Tall*. ¿Los has leído?» «Sí, y también me gustaron. ¿Por qué te gustan?» Mientras hablamos de nuestros libros favoritos, nuestra conversación se vuelve más profunda y más rica de la que suelo tener con muchos adultos.

Quizás éste sea el don más sorprendente de los introvertidos. Es increíble descubrir que los niños introvertidos, que suelen estar mudos en el colegio o en una fiesta, pueden ser maestros ocultos del arte de la conversación. Les gusta escuchar. Son confiables y directos. Formulan preguntas, no interrumpen, hacen comentarios perspicaces, guardan los secretos y recuerdan lo que dicen sus amigos.

A menudo los introvertidos tienen una buena relación con otros miembros de la familia. A medida que crecen, pasando por la adolescencia hacia la edad adulta, pueden convertirse en una figura central (aunque a veces oculta tras las bambalinas) en su familia.

Su energía tranquilizadora apacigua a las personas nerviosas, ayudándolas a centrarse. Son maestros en el arte de las relaciones de persona a persona; a menudo eligen carreras que tienen que ver con éste.

Ayuda a tu niña introvertida a mejorar su capacidad de conversación. Alaba su capacidad de escuchar, formular preguntas, recordar lo que dice la gente y participar en una conversación bilateral. Señala la diferencia entre la charla social superficial y la verdadera conversación, destacando que el diálogo honesto y abierto es la piedra angular de las amistades duraderas. Los introvertidos deben saber que la capacidad de interesarse y ser interesantes en una conversación es una cualidad estupenda, que fomenta las amistades profundas. Ayuda a tu hijo o hija a encontrar amigos con los que pueda discutir algunos temas de una forma más profunda.

8. Los introvertidos disfrutan de su propia compañía

El padre de Tina vuelve a casa después de un viaje de negocios, y la hermana y el hermano de Tina salen corriendo a darle un abrazo. Tina, enfrascada en su trabajo del colegio sobre las ballenas, no se entera de la conmoción. Un poco después, su padre asoma la cabeza en su cuarto. Ella sonríe. «Hola, papi. ¿Cuándo has llegado?» «Hace un poco. Sólo quería saludarte. Luego hablamos.» El padre de Tina sabe que está metida en su proyecto, y que se reunirá con la familia cuando esté lista.

A los introvertidos les gusta estar solos. No necesitan acciones externas para mantenerse ocupados y entretenidos. Los niños introvertidos tienen una tremenda capacidad de concentración, hasta el punto en que desconectan del mundo. Les gusta estar totalmente absortos en un proyecto, un libro o una película. Recuerda que cuando se concentran reciben «descargas de placer».

Asegúrate de que tu niño o niña sabe que la capacidad de disfrutar de su propia compañía es un don. El hecho de no necesitar constantemente a otras personas es una cualidad liberadora. Es un componente esencial de la independencia. También es el eje en torno al cual giran muchas de las actividades laborales en las que destacan los introvertidos. No dejes de enseñar constantemente a tu hija cómo evaluar y equilibrar el tiempo que pasa con otros. Admite que quizá le gustaría estar más activa al relacionarse con otras personas y hacer otras actividades. Puedes recordarle que tendrá más ocasiones de estar con sus amigos.

9. *Los introvertidos son modestos, una cualidad refrescante*

Sadie, una de las niñas introvertidas con las que trabajo, espetó de repente: «Yo no quiero salir en la tele». Estábamos jugando con sus muñequitas Tarta de Fresa. Al vivir en Los Ángeles, veo a muchos niños que trabajan en la tele. Le pregunté: «¿Alguien te ha dicho que tienes que trabajar en la tele?». «No, pero los niños del cole decían que querían salir en la tele. Y cuando yo les dije que yo no, me dijeron que era rara. A mí la tele no me parece divertida, con todos esos focos que dan calor y todos esos nervios». «Es bueno que pienses sobre las cosas que te resultan cómodas de hacer —reí—. Y está claro que no eres rara.»

En nuestra era de la celebridad, parece que todo el mundo ansía atrapar su minuto de gloria. Parece que ser humilde ha pasado de moda. La moda actual del *reality show* televisivo da la impresión de que todo el mundo puede y debe salir en la tele. Cuando oigo a tantos niños a los que trato decir que su ambición es salir en la tele, se me encoge el corazón. Me preocupa ver que la fama y la atención son metas en sí mismas. Hoy día, hay muchos niños que se ven forzados a participar en actividades llamativas y competitivas, como los deportes o el equipo de animadoras, para que sus padres puedan jactarse de ello. Se confunde decir «Soy el mejor» con la autoestima. Lo que obtenemos en cambio son niños competitivos que se desaniman fácilmente si no son los mejores. Los niños están metidos en equipos deportivos, grupos de baile, coros, equipos científicos y académicos. Los padres aplauden como locos cuando actúan sus hijos. Los niños reciben carretadas de medallas de oro por logros que son de lo más normal.

Por tanto, está muy bien que tengamos a unos cuantos introvertidos que no buscan la fama. Les gusta estar entre bastidores. No les importa formar parte del público en vez de estar en el escenario. Son reservados, y no les gusta que les presten mucha atención ni los estimulen. Son capaces de tolerar la atención... cuando las circunstancias son adecuadas. Pero, la mayoría de las veces, a una introvertida le parecerá que está volatilizándose, porque la atención le hace sentir incómoda. En realidad, si la convierten en el centro de atención o la sumergen en una situación demasiado estresante, puede sentir dolor físico o emocional.

Aprecia la reticencia de tu hija a ser el centro de atención. Dile que es perfectamente válido disfrutar de no estar bajo los focos. Pero recuerda que a los introvertidos les gusta que admitan sus éxitos, sobre todo si piensan que lo merecen. Es una buena cualidad que te guste que te alaben en privado por un trabajo bien hecho. Lo irónico es que el hecho de ser modesto refleja y aumenta la confianza en uno mismo.

10. *Los introvertidos pueden desarrollar hábitos saludables*

«¿Has visto mi escayola? ¿Quieres firmar? —Jonathan me enseña su brazo cubierto de yeso, cubierto de nombres en tintas de colores y de dibujitos—. Dos semanas más y me la quitan. Es divertido ver todo lo que puedo hacer con la otra mano.» Añado mi nombre a la escayola. Su madre me dice: «Es sorprendente lo bien que ha encajado Jonathan tener el brazo roto. El año pasado, cuando su hermano se rompió el dedo pulgar, cogió las tijeras de podar y se quitó solo la escayola. ¡No quería perderse los entrenamientos de baloncesto!».

Oímos hablar mucho de la conducta de tipo A, y menos sobre lo que los investigadores definen como tipo B. El tipo A es dominante en el sistema nervioso simpático, la parte de «huir-asustarse-luchar». El uso excesivo de ese sistema equivaldría a conducir tu coche a mucha velocidad y pasado de revoluciones. Si pones en marcha el coche y conduces a 130 por hora y luego clavas los frenos hasta que se detiene chirriando, dentro de poco tiempo te habrás cargado el vehículo. Los extravertidos suelen tener problemas para reducir la velocidad con objeto de equilibrar y restaurar sus sistemas. Es posible que tiendan a tener una presión sanguínea y un ritmo cardíaco más altos. Dado que los introvertidos dominan la parte de los frenos del sistema nervioso, no queman sus cuerpos tan rápido. Mantienen el coche en movimiento, poniéndolo en marcha y frenando lentamente. Éste es uno de los motivos de que los introvertidos tengan a menudo el privilegio de vivir muchos años.

Las últimas investigaciones médicas demuestran que los rasgos particulares de la personalidad influyen sobre las elecciones relativas a la salud. Estos estudios indican que cualidades como la escrupulosidad, la formalidad, la perseverancia, la flexibilidad, el hecho de pensar antes de actuar, la veracidad y la ausencia de vanidad crean una persona más sana. Estos rasgos incluyen la capacidad de decirse que no a uno mismo. Los introvertidos son más disciplinados y asimilan mejor la enfermedad que los extravertidos, dado que reducen la marcha, aprenden a fiarse de sí mismos y se limitan. También evitan conductas arriesgadas, que constituyen una causa primordial de lesiones y de muertes accidentales entre los jóvenes.

Felicita a tu hijo o hija introvertidos cuando hagan una elección que fomenta su salud. Muchas veces los niños introvertidos dirán que quieren irse a la cama pronto. Respalda su voluntad: tu hijo sabe cuándo necesita cargar las baterías. A menudo los introvertidos comerán más sano si entienden por qué sus cuerpos necesitan determinados alimentos. Es posible que para mantener su energía necesiten comer porciones más reducidas pero más veces al día, así que debes fomentar la flexibilidad en su horario de comidas.

11. *Los introvertidos son buenos ciudadanos*

«A Alicia le entusiasma la idea de conducir, ¿no?», le pregunto a mi nieto de 8 años, Christopher, sobre su hermana, que tiene 16. «Sí», responde. «¿Qué te parece eso de hacerte mayor y aprender a conducir?», le pregunto. «Bueno, que hay un montón de normas, así que me da miedo porque es peligroso», me dice. «Puede que haga como la tía Kristen [nuestra hija menor], y no aprenderé a conducir hasta que sea más mayor». «Podría ser buena idea, aunque a lo mejor al final decides aprender antes», le digo. «Lo dudo», responde él. Como Kristen sigue siendo una conductora muy prudente, me pregunto cómo será Christopher en el futuro. Tengo la tranquilizadora sensación de que respetará las normas y se tomará en serio cosas como el hecho de conducir.

Cuando crezca, es probable que tu hijo o hija introvertido se convierta en un ciudadano responsable. A pesar del hecho de que se describe al criminal estereotipado como «solitario», las investigaciones demuestran que los extravertidos, que funcionan a base de altas recompensas de dopamina, crean más problemas en la sociedad que los introvertidos. Buscan emociones fuertes; en consecuencia, la policía los detiene. Se divorcian más que otras personas; se vuelven adictos al trabajo, alcohólicos, ludópatas y actúan de diversas maneras antisociales con mayor frecuencia. La diferencia puede tener una causa tanto fisiológica como moral. Toda la estimulación y la energía derivadas de esos actos intensos son excesivas para que las pueda asimilar un introvertido. Por tanto, el crimen no les compensa.

Sin embargo, aparte de la cuestión energética, por lo general los introvertidos tienen unos valores internos más sólidos; a menudo son religiosos, y toman como guía sus propias brújulas internas. Ven la imagen global de la humanidad, y quieren hacer lo más correcto. Aprecian la cortesía y los buenos modales. Son capaces de decirse que no. Piensan antes de actuar y son conscientes de las consecuencias. Saben anticipar qué podría pasar si se equivocasen. Piensan en lo que dicen y valoran las palabras, de modo que a menudo son honestos. Se convierten en ciudadanos sólidos.

La vía (neurológica) más trillada

Como veíamos en el capítulo 2, el cerebro crea vínculos por medio del uso constante de vías; con el paso del tiempo, la vía más transitada es la que más tráfico neurológico atrae. Viendo películas de televisión o de cine estimulantes (incluyendo las violentas) o jugando con juegos de consola repetitivos activa una y otra vez las mismas rutas de dopamina. Éstas son carreteras de alta velocidad que se conectan con vías del hemisferio izquierdo del cerebro, que proporciona recompensas rápidas. En su libro *Nuestro nuevo cerebro* uno de los principales investigadores sobre el cerebro, el doctor Richard Restak, manifiesta su preocupación por el hecho de que la era moderna está *reconectando* el cerebro. ¡Todo se ha vuelto tan rápido! El doctor Restak se pregunta si la gente será capaz de dedicar el tiempo necesario para dominar un tema o una habilidad. Habla de «la norma de los 10 años», comentando que «se necesitan *al menos* 10 años de práctica y de atención a un tema para convertirse en un experto». Los niños introvertidos tienen la ventaja de la curiosidad y de la capacidad de detectar los matices, y cuando se concentran en cosas más profundas durante más tiempo obtienen «estimulaciones placenteras». Sin ellos, no aprenderán a valorar su capacidad mental. Incluso los introvertidos pueden volverse adictos a las vías neuronales de la dopamina, que producen «subidones» parecidos a los de la cocaína. Hemos de enseñar a los niños introvertidos a apreciar sus capacidades y fomentar su voluntad de aprender.

Nuestra misión como padres consiste en dejar que nuestros hijos introvertidos sepan que su temperamento tiene ventajas, a pesar de los mensajes que puedan recibir de la cultura general. Esto puede hacerse afirmando los puntos fuertes de tu hijo, y ayudándolo a edificar sobre ellos, en lugar de intentar cambiarlos u ocultarlos.

Reconoce y alaba las cualidades que contribuyen a las decisiones maduras que toma tu hijo introvertido. En su nuevo libro titulado *American Mania: When More Is Not Enough*, el investigador Peter C. Whybrow, de la UCLA, afirma que los humanos nos estamos volviendo adictos a una cultura que busca recompensas y exige mucho por concederlas. También sostiene que la combinación entre el predominio de la vía de la dopamina y una sociedad de consumo forja una situación donde la gente siente que cada vez necesita más y más. El resultado es la codicia y la ansiedad. Sin embargo, los introvertidos buscan intermedios apacibles, y son capaces de considerar las implicaciones personales y comunitarias de sus elecciones.

12. *Los introvertidos son buenos amigos*

Ethan y Dylan, ambos introvertidos, se hicieron amigos en preescolar. Les encantaba crear aventuras imaginarias, jugar a juegos de ordenador y a que eran espías que atrapaban a los malos. Una vez convirtieron el tronco caído de un árbol en un elefante imaginario con el que viajaban por la India. Cuando acabó preescolar, Dylan se mudó a otra casa. Los chicos se enviaron correos electrónicos y se cartearon. Los fines de semana y durante las vacaciones de verano quedaban para verse. Con la ayuda de sus familias, pudieron mantener su amistad durante toda la escuela elemental.

Los introvertidos son leales, amables, sensibles a los sentimientos ajenos y buenos oyentes, cualidades que hacen de ellos excelentes amigos. Se toman su tiempo para establecer relaciones, pero una vez lo hacen es para siempre. No tienden al tipo de conflictos o competiciones que pueden acabar con las amistades infantiles. Además, como *no* son amigos de todo el mundo, cuando encuentran a alguien con quien están a gusto se sienten motivados para mantenerse en contacto con él o ella.

Resumen

- En nuestro mundo extravertido, los niños introvertidos no están bien vistos.
- Es necesario decirles cuáles son sus puntos fuertes ocultos.
- Los extravertidos deben apreciar su lado introvertido, y practicarlo.

SEGUNDA PARTE

Cómo educar a los niños introvertidos, dándoles raíces y alas

> Las cosas importantes sólo se
> ven con el corazón; lo esencial
> es invisible a los ojos.
>
> Antoine de Saint-Exupéry

CAPÍTULO 4

La fortaleza emocional y cómo fomentarla

La estrecha vinculación con tu hijo le proporcionará un fundamento sólido

> Con las cosas jóvenes y tiernas, la parte más importante de la labor es el comienzo.
>
> PLATÓN

A muchos padres sus hijos introvertidos les confunden. Pueden parecer impredecibles (al menos, hasta que entendemos sus patrones conductuales). Una madre me confesó su sorpresa después de que ella y su hija hicieran un viaje de fin de semana a una granja. «Pensaba que le encantaría la paz y la tranquilidad, ¡pero no dejó de hablar!». No siempre es fácil saber qué es lo que quiere un niño introvertido. Invitamos a nuestro nieto introvertido a que eligiera un parque que le gustaría visitar durante un fin de semana de aventura. Nos dejó de piedra cuando dijo: «Me gustaría más quedarme en vuestra casa». Un padre me comentaba: «Solemos decir que nuestra hija tiene "nostalgia del establo". Nos recuerda a un caballo al que obligan a avanzar por el camino, pero que se muere de ganas por darse la vuelta y salir corriendo hacia el confortable establo». Es cierto que, después de una salida o un recado, quizá tan sólo el primero de tu larga lista de cosas pendientes, muchos introvertidos ya están listos para cambiar de marcha y volver a casa.

Algunos introvertidos no manifiestan abiertamente sus afectos, y eso hace que los malinterpreten. «Me da la sensación de que mis otros hijos me necesitan más que éste», me dijo una madre. Pero, en realidad, los introvertidos valoran muchísimo y necesitan esos momentos a solas con sus padres. Otro niño, cuyos padres estaban convencidos de que era totalmente feliz y autosuficiente, me confesó: «Me gustaría pasar más tiempo a solas con mi mamá o mi papá». Oigo muchos comentarios por el estilo en boca de hijos introvertidos. Es fácil creer que son independientes, sobre todo cuando hay otros hijos que no paran de pedir a gritos que les hagan caso.

El temperamento introvertido puede suponer un reto, sobre todo si los padres son extravertidos. Quizá te encanten las fiestas y tu hijo no las aguanta. Te gusta salir, y a tu hija le entusiasma quedarse en casa. Estás rebosante de energía, y tu hijo se cansa pronto. Pero los niños introvertidos igualmente pueden resultar cargantes para padres que *también* lo son. Ver cómo tu hijo se retrae cuando hay mucha gente, ¿te hace sentir incómodo o nervioso? La verdad es que todos los niños tienen rasgos que nos gustan junto con otros que nos preocupan o angustian... y, sí, también tienen cualidades que no nos gustan. Después de todo, el mero hecho de ser padres nos exige amplitud de mente.

En este capítulo analizaremos las cuestiones emocionales subyacentes que están relacionadas con la crianza de un niño introvertido. Hablaremos de cómo sintonizar con las necesidades de tu hijo o hija, y sobre cómo ofrecerle un fundamento firme. Al igual que con cualquier niño, lo importante es trabajar desde la aceptación, y esforzarse por comprender cómo ven los niños el mundo. Precisamente, para aprender a respaldar a tu hija y crear un entorno en el que se sienta a gusto, necesitas observarla y escucharla.

Crea una «zona de resistencia»

En el mundo de la jardinería, una zona de resistencia es un área circunscrita en una zona climática más amplia donde el entorno es el más adecuado para las plantas concretas que crecen allí. Cuando tu hijo introvertido se encuentre en un entorno que se adecua a él, medrará. A ti te resultará más fácil criarlo. Tu hijo será más feliz. Lo importante es ofrecer los cuatro elementos clave que necesitan los introvertidos para crear su propia zona de seguridad: el equivalente interpersonal del sol, la sombra, la tierra y la humedad. Primero, puedes asegurarte de tener un vínculo firme con tu hijo. Segundo, puedes enseñarle a trabajar con su propio temperamento (y no en contra de él). Tercero, puedes establecer una relación flexible con tu hijo, que admita sus sentimientos y respalde su capacidad mental, de tal modo que desarrolle su máximo potencial. El cuarto elemento es ofrecerle una estación «de recarga» en casa, donde pueda recuperarse.

Al ofrecer a tu hija introvertida estos cuatro ingredientes, le estarás proporcionando un fundamento sólido, confianza en sus capacidades y cierto grado de autosuficiencia. Para un introvertido, intentar ser extravertido supone un enorme gasto energético. No pasa mucho tiempo hasta que se queda sin carburante. Puedes aliviar el resultado, que es un bajón energético, ayudándola a mantener un rumbo estable y confortable.

Las raíces profundas

> Quizá la necesidad más importante y más ignorada del alma humana sea tener raíces.
>
> SIMONE WEIL

Los seres humanos nacemos con un cerebro desorganizado y cuerpos indefensos. Empezamos a obtener el control sobre nuestro cuerpo en el primer año de vida, pero hasta que no alcanzamos la cota por encima de la treintena no se acaban de desarrollar completamente nuestros cerebros. Los humanos nos las arreglamos para sobrevivir a estos inicios poco prometedores porque la naturaleza impulsa a los niños a buscar, instintivamente, un vínculo con sus padres. Este impulso innato empuja al bebé humano a buscar cercanía y consuelo en sus criadores inmediatos. Los bebés necesitan a sus padres no sólo para que les den alimento y los protejan, sino también para ayudarlos a cohesionar y organizar sus mentes.

Los niños igualmente construyen la imagen de sí mismos de acuerdo con el modo en que los traten sus padres. Esto se llama *interiorización*. Los niños asimilan, o «incorporan» a sus vidas, el modo en que los tratan. Esto, a su vez, construye su sentido de un *cuidador interno*. Así es como el niño mantiene su sentido de ti, el progenitor, dentro de él, como una especie de baluarte emocional. Cuando tu hijo o hija experimenta una relación lo bastante satisfactoria contigo, y va forjando su cuidador interno, construye un sentido de identificación que constituye el fundamento de su autoestima. Esta base interior de aceptación y cuidado permite que los introvertidos sientan confianza en sí mismos cuando se adentran en un mundo más amplio que no necesariamente los entiende.

Tu vínculo con tu hija es crucial antes de que afecte al modo en que se desarrolla su cerebro. En psicología se han realizado bastantes investigaciones sobre la «teoría del vínculo». La calidad del vínculo entre los padres y su hija pequeña tiene una poderosa correlación con su salud emocional futura. Los vínculos seguros respaldan la complejidad cerebral, aumentan la resistencia emocional, construyen habilidades sociales y permiten que la niña use el poder innato de su mente. Garantizan la resistencia frente a las adversidades propias de la vida.

La *ansiedad ante los desconocidos* y *la separación* son dos reacciones universales que reflejan cómo se relacionan los humanos. Cuando están con alguien desconocido, los niños pueden mostrar temor o prudencia, aferrarse a sus padres o incluso llorar. Ésta es una fase saludable, que indica que el niño está desarrollando una buena relación con sus padres. Éstos pueden ayudar al pequeño dándole el *input* necesario, siendo amistosos con los desconocidos adecuados y siendo conscientes de que éste es un estadio pasajero. Los niños introvertidos pueden tardar algo más en salir de esta fase, y los padres deben funcionar como puentes para su niño, diciendo a los demás que se irá soltando a medida que los vaya conociendo.

La angustia de la separación se activa cuando el niño pierde de vista a uno de sus padres. Puede comenzar en torno a los seis meses de vida, y por lo general llega a su punto culminante a los 2 años. En determinadas edades, a los niños les asusta separarse de los seres queridos, y ésta es una cuestión que se prolongará durante su vida. Al igual que la ansiedad ante los desconocidos, puede producirse en muchas circunstancias distintas, aparecer y desaparecer de forma impredecible y mostrar diversos grados de intensidad. La angustia de la separación puede aflorar cuando el niño duerme fuera de casa, aprende una habilidad nueva (como leer) o se va de vacaciones. Puede resurgir en un niño más mayor si los padres se divorcian o si tiene que enfrentarse a una transición importante. Una vez más, los introvertidos pueden tener una reacción especialmente fuerte frente a la separación. Estos episodios se pueden reducir mediante una preparación (alertar al niño de las transiciones y separaciones venideras) y abordándolas con una actitud normal, como situaciones cotidianas.

Las raíces profundas que forjas con tu niña introvertida la ayudarán a sobrevivir en el mundo exterior. Por ejemplo, mi hija Kristen usó su vínculo con su propia hija, Emily, para crear puentes entre la niña y los desconocidos. Cuando los transeúntes sonreían a Emily, Kristen les devolvía la sonrisa y decía: «Mi hija sonríe en diferido, así que ya verá cómo dentro de nada le devuelve la sonrisa». Por lo general, los desconocidos se reían y volvían a sonreír. Este tipo de actos hizo que a Emily el mundo le pareciese un lugar más amistoso. Conforme crezca, interiorizará el fuerte vínculo que tiene con su madre y estas experiencias puente. Más adelante, el propio cuidador interno de Emily le recordará: «Tengo sonrisas en diferido, así que más vale que acelere mi reacción».

El fomento de la interdependencia

> Nunca he visto un árbol descontento. Se agarran al suelo como si les gustase.
>
> JOHN MUIR

Algunos padres con los que trabajo se sienten a veces sobrecargados, y no están seguros de dónde deben invertir sus energías. Todos los aspectos de la crianza de un hijo parecen importantes. ¿En qué deberían concentrarse? Entender lo que necesita tu hijo introvertido hará que tu tarea sea más fácil y agradable. Conocer las vulnerabilidades de los introvertidos alivia la presión que genera la necesidad de emitir hipótesis. Así podrás estar preparado para los puntos problemáticos y reducir la necesidad de echarle la culpa al niño, o experimentar las dolorosas punzadas de la culpabilidad paterna. En cuanto a los posibles problemas conductuales futuros, los puedes cortar de raíz.

Todo niño manifiesta señales e indicios de su tendencia natural. Dentro de la conducta y los estados de ánimo de tu hijo hay pistas para saber cuál es el mejor modo de educarlo. Observar los patrones de tu hijo introvertido y ver cómo reacciona son maneras importantes para aprender a satisfacer sus necesidades. Las cosas no siempre son lo que parecen a primera vista. Por ejemplo, los padres pueden pensar que su hijo introvertido depende mucho de ellos porque es sensible o precavido. Por otra parte, si un introvertido tiende a encerrarse en sí mismo o a concentrarse en su mundo interior, puede parecer más independiente. Sin embargo, esto puede ser verdad o no serlo. Una vez ha realizado su valoración inicial de una situación, el niño precavido puede ser más independiente que el otro. El niño que se concentra en su vida interior puede sentir deseos de estar más vinculado a sus padres, pero no saber cómo decíroslo. A medida que entendáis los patrones energéticos de vuestro hijo o hija, que aprendáis a leer sus necesidades de entablar vínculos y de estar a solas, estableciendo una buena comunicación con él o ella, podréis ir descifrando con una facilidad cada vez mayor las señales sutiles.

La educación de los hijos es una paradoja: a un niño sólo le crecen alas y se vuelve independiente si ha establecido unas raíces firmes de dependencia contigo. Tu hijo nació con sus propias semillas para crecer hacia la independencia y la madurez por medio del apego que siente por ti. Las capacidades aparentemente opuestas, la dependencia y la independencia, acaban conduciendo al niño a la capacidad relacional más natural: la interdependencia.

A continuación señalo cuatro cosas vitales que puedes hacer para forjar vínculos estrechos con tu niño o niña:

- *Ofrécele la seguridad que le proporciona la proximidad*: aunque tu hija esté en otro cuarto o parezca no ser consciente de la presencia de los miembros de su familia, en realidad conoce perfectamente el paradero de sus padres. Vuestra proximidad la tranquiliza. Si os necesita, estáis cerca. (Hablar por teléfono es la manera más rápida de probar que vuestra hija os necesita. En el mismo momento en que empiezas una conversación telefónica, tu niña, que antes estaba felizmente ocupada en sus cosas, de repente necesita tu atención, para asegurarse de que sabes que está allí.)
- *Ofrécele un puerto seguro*: tu niño introvertido busca miembros de la familia que sean abiertos, fiables, tranquilos y cariñosos, y los convierte en sus puertos seguros. Las voces altas, la tensión y las peleas abiertas socavan su percepción de la seguridad. El niño introvertido busca en sus padres el consuelo de la predecibilidad, para construir la confianza.
- *Enséñale a tu hijo a conectar y a desconectar*: ésta es la danza delicada subyacente en toda relación humana: conectar y desconectar. Los padres enseñan a sus hijos que interaccionar es divertido, y lo hacen mediante una relación agradable y asertiva: mediante el contacto visual, la conversación y el vínculo. La desconexión (apartar la vista, los momentos tranquilos, el des-

canso) permiten al niño disponer de un espacio en el que disfrutar de su separación de los demás.

La comunicación real exige este flujo en ambos sentidos. Sin él, las interacciones son extrañas, poco naturales y unilaterales. Puede que hayas hablado con alguien y hayas detectado una falta de flujo en la conversación. Resulta incómodo. La capacidad de conectar y desconectar establece los ritmos de la relación. Esto ayuda a los niños a aprender a estar juntos y separados, a dar y a recibir, y a comunicarse mediante intercambios bilaterales.

- *Ofrécele una base flexible pero segura*: tú y tu hijo jugáis, habláis, os divertís y disfrutáis de vuestra mutua compañía. Estas experiencias, repetidas una y otra vez, contribuyen a la creación del cuidador interno de la niña, lo cual le ofrece una autosuficiencia emocional. También la ayuda a desarrollar un sentido básico de confianza en sí misma. Las demás relaciones y experiencias de aprendizaje se construyen sobre ese sentido central del yo, y culminan en una sensación interna de seguridad. A medida que crezca, tu hija volverá sobre esta base segura incorporada en su vida y la llevará adondequiera que vaya. En concreto, los introvertidos deben disfrutar de un fundamento interno resistente cuando se enfrentan a un mundo al que necesitan adaptarse.

Los expertos en desarrollo infantil afirman que la capacidad de interdependencia se construye en torno a momentos concretos en la relación paternofilial, como cuando el niño se hace daño o necesita consuelo cuando sus padres se van de casa y vuelven. El niño, ¿puede pedir ayuda y respaldo? ¿Puede admitir que os vais y, quizá, llorar? Cuando os volvéis a encontrar, ¿puede volver a conectarse contigo? ¿Sabe buscar consuelo? Esos momentos aumentan su necesidad de que seas una persona segura y confiable. Si tú y tu hijo mantenéis un vínculo firme, esa confianza queda confirmada. La confianza que se ha ido creando te permite ayudarla a superar la reticencia natural que muestran los introvertidos a aventurarse en el mundo. El vínculo positivo desarrolla ambos aspectos de la interdependencia (la dependencia y la independencia), de modo que tu hija introvertida pueda confiar en otros y sentirse segura consigo misma.

Enséñale la importancia del temperamento

> Todos vinimos en barcos distintos, pero ahora estamos en el mismo.
>
> Martin Luther King, Jr.

Habla con tu hijo del temperamento. Aun de muy pequeños, los niños pueden entender que las personas nacen con una personalidad única. Explícales que una parte del temperamento consiste en ver de dónde saca alguien su energía, y dónde centra su atención, dentro o fuera de sí mismo. Si entiende la idea del temperamento, tu hijo podrá sobrellevar todas las críticas que puedan hacerle a su naturaleza introvertida; de ese modo sabrá que sus respuestas y sus necesidades tienen un motivo, y no se tomará las cosas como algo personal. Dale los instrumentos que necesita para evaluar los temperamentos de otras personas. Aceptar que otros son distintos, que viven a *su* manera, aumentará su capacidad de relacionarse con ellos y su tolerancia.

Una buena manera de abordar el tema del temperamento es hablar de personajes favoritos del cine o de la literatura. Spiderman, ¿es introvertido o extravertido? ¿Y qué hay de Harry Potter? ¿Y Ron y Hermione? ¿Alguno de los huérfanos Baudelaire de la serie de libros *Una serie de catastróficas desdichas* es un introvertido? ¿Y los personajes que salen en las tiras de *Snoopy*, de Charles Schultz?

Cuando los niños son pequeños, puedes leerles libros con personajes que tengan temperamentos bien definidos, como las historias de *Winnie-the-Pooh*.

Los introvertidos, ¿aparecen mucho en la literatura infantil?

Un lugar donde es posible que dominen los introvertidos es en las estanterías de las librerías. Muchos protagonistas de la literatura infantil son introvertidos. ¿Por qué? En parte, diría que se debe a que son personajes interesantes y complejos. La literatura se llena de vida cuando se relata una historia a través de los ojos de un personaje reflexivo y observador que tiene una vida interior rica. Diría, además, que los autores de literatura infantil tienden a ser introvertidos (crear un mundo totalmente imaginario es una de las capacidades esenciales de un introvertido), y que escriben para una mayoría de lectores que también lo son. Es lo mismo que pasa en las películas que tienen a niños como protagonistas.

¿Quiénes son algunos de los introvertidos que viven en las páginas de los libros? Harry Potter y su amiga estudiosa, Hermione Granger. Violet (la gran inventora) y Klaus (el lector apasionado) de los libros *Una serie de catastróficas desdichas*, de Lemony Snicket. Los héroes de Roald Dahl, como el modesto Charlie en *Charlie y la fábrica de chocolate* y la reflexiva Matilda, inmersa en una familia de bocazas, en la serie *Matilda*.

Algunos extravertidos que recuerdo son: Lucy, en la serie de tiras cómicas *Snoopy*; Tigger en *Winnie-the-Pooh*; Ariel en *La sirenita*; Samsagaz Gamyi en *El señor de los anillos*; Ron Wesley en los libros de *Harry Potter*, junto con Daniel el Travieso, Eloise y Tom Sawyer.

Comentad cómo interaccionan los distintos personajes. ¿Qué adjetivos los describirían mejor? ¿Qué los hace únicos? ¿Cómo se ayudan mutuamente Christopher Robin y sus amigos del Bosque de los Cien Acres, a pesar de sus temperamentos distintos? Pregúntale a tu hijo si cree que se parece más a Eeyore, Puh, Christopher Robin, Tigger, Kanga o Roo, Puerquito o Búho.

Otra forma de ayudar a tu hija a comprender su temperamento es invitarla a pensar sobre sus amigos y sus maestros. ¿Alguno de ellos es introvertido? Ayúdala a buscar ejemplos concretos para respaldar sus opiniones y ofrecerle un *feedback* positivo: «Entiendo lo que dices, Kylie. Tu amigo Max es muy callado cuando viene con nosotros a sitios nuevos. Ya vi cómo lo ayudabas dándole la mano». Si tu hija sabe que puede «leer» con precisión los temperamentos de otros, la ayudará a confiar en sí misma. Además, saber qué esperar de la conducta de un amigo, reducirá la pérdida de energías del introvertido. Admite ante ella su capacidad de percibir la conducta de otros niños y de usar sus dones para ayudarlos. No permitas que ridiculice a nadie. Dale ejemplo, y muéstrate abierto a otros puntos de vista. Acepta que no tienen por qué gustarle todos los modos de manifestarse las diferencias de las personas.

El temperamento y la energía

Una diferencia esencial entre los introvertidos y los extravertidos es la fuente de su energía: de dónde proceden sus fuerzas y cómo recargan las baterías. Cuando están bajos de energía, los niños tienden más a hundirse, enfadarse, ser indecisos y egoístas. Si lo pensamos un poco, veremos que eso nos pasa a todos.

Imagina que tienes una bombilla sujeta a la coronilla. Ahora imagina que está conectada a una batería, y la batería a un cargador. La energía del cargador fluye a la batería. La batería enciende la bombilla. Piensa en lo que recarga la batería y en qué la descarga. Un extravertido recarga su energía cuando se implica en muchas actividades. Cuando está quieto, meditando, pierde energía, haciendo que la luz de la bombilla sea mortecina. Por el contrario, un introvertido se recarga cuando se queda solo. Cuando está rodeado de mucha gente, pierde energía y, por tanto, luminosidad.

Explica a tu hija introvertida cómo funciona la energía personal. Esto le dará una explicación tangible de por qué necesita hacer pausas. Pídele que se imagine la bombilla en la cabeza. ¿Qué voltaje recibe ahora mismo? ¿Brilla, está a media potencia o apenas se ilumina? Cuando se haya recargado, coméntale: «¡Vaya, veo que la bombilla brilla otra vez!». Cuando veas que su energía disminuye mucho, dile: «Veo que tu bombilla está casi apagada». Explícale que tomarse un descanso relajado volverá encender la bombilla, y que su grado de energía afectará a su estado de ánimo y a su deseo de estar con otras personas.

Nota para los padres: Sed consciente del brillo relativo de *vuestra* bombilla personal. ¡Ser padres requiere mucha energía y grandes esfuerzos!

Ayudemos a los introvertidos a serlo

> Un niño es la raíz del corazón.
>
> CAROLINA MARÍA DE JESÚS

A menudo los padres de hijos introvertidos piensan que deberían alentar en ellos rasgos extravertidos. Esto no sólo es imposible, como plantar un bulbo de tulipán y esperar que salga milagrosamente una rosa, sino que además es contraproducente. En su libro clásico *Please Understand Me*, el psicólogo David Keirsey y la coautora Marilyn Bates advierten que los niños introvertidos son especialmente vulnerables a tener problemas si se los fuerza a comportarse como extravertidos. A menudo la gente malinterpreta a los introvertidos, que con frecuencia se ven obligados a funcionar fuera de su terreno seguro. No están diseñados para ser coches de carreras. No pueden sustentar constantemente un estilo abierto, enérgico, ni hablar sin cesar como los extravertidos. El exceso de extraversión sobrecarga su sistema y reduce su energía física y emocional. Los introvertidos son monovolúmenes fiables. Pero, si no les damos tiempo para recargarse, no les quedarán recursos para desarrollar sus dones naturales introvertidos.

Los mensajes que reciban los introvertidos de sus familiares son cruciales. Si captan el mensaje de que son malos, deficientes o que deben ser más extravertidos, se avergonzarán de ser quienes son. Se atrincherarán en sí mismos y llegarán a la conclusión de que las reacciones negativas que les llegan desde fuera son correctas. Para construir una visión positiva de sí misma, la niña introvertida necesita sentirse aceptada y valorada en su propia familia.

Una faceta del temperamento es el modo en que una persona da y recibe amor. A menudo los padres no entienden por qué su hijo no siente que lo quieren. Saben que aman a su hijo, pero decirle a un niño «Te quiero» no es siempre la mejor manera de transmitir ese mensaje. Debes ofrecerle a tu hijo amor con un idioma que comprenda, porque hacerle llegar ese amor tiene una importancia vital.

Puede que los niños introvertidos no sean tan expansivos a la hora de recibir y expresar el amor, pero su aparente indiferencia puede resultar engañosa.

Como pasa con otras cosas, expresar amor a tu hijo introvertido es cuestión de equilibrio y, sin duda alguna, de prueba y error. Puede que un niño que ve a su padre abalanzarse sobre él para darle un tremendo abrazo de oso se retire, por considerarlo excesivo. Algo más sutil y privado, como tomarlo de la mano, sonreírle o incluso hacerle un guiño cómplice, puede transmitir la misma calidez sin sobreestimular o avergonzar al niño. A algunos introvertidos les gustan los abrazos sólo en determinados momentos. Puede que a tu hijo le guste cuando está cansado. También es posible *que se niegue en redondo* a que lo abraces cuando lo está. A algunos les gusta besar y que les besen, y a otros puede que no. Unos prefieren sentarse en tu regazo mirando hacia fuera y otros sentarse de modo que te vean la cara. Por supuesto, estas preferencias cambian con el paso de los años. Presta atención al modo en que reacciona tu hijo introvertido al afecto físico. Una conversación familiar sobre cómo le gusta a la gente dar y recibir amor enseña a los niños que todo el mundo no es igual. A menudo los padres manifiestan su amor como se lo mostraron a ellos, o como desearían que lo hubiesen hecho. Pero expresar un amor que nutra y respalde a tu hijo exige que sepas cómo y qué le hace sentirse amado.

Demuestra a tu hija que te gusta que sea así, y dile que la quieres. Un niño puede sentirse amado por sus padres cuando pasan juntos algún tiempo especial, como cuando papá o mamá le leen un cuento. Otro niño se sentirá especial si toda la familia se implica en el relato, quizá si cada miembro adopta un papel y actúa mientras lee. Una manera muy poderosa de transmitir amor puede ser admitir ante tu niño introvertido alguna de sus cualidades. Por ejemplo: «Me he fijado en lo bien que eliges los regalos de cumpleaños, Carmen. Siempre sabes lo que le gusta a la gente». A un niño puede que le guste salir a comer fuera con uno solo de sus padres. Otro querrá que toda la familia vaya al parque. Con frecuencia asumimos lo que le gusta a un niño sin preguntárselo, o bien nos plegamos a la tendencia de la mayoría, y al niño callado no lo escucha nadie.

Los niños también se sienten queridos cuando se satisfacen sus necesidades. Una forma de hacerlo es por medio de la creación de un espacio en casa que le aliente. Sin embargo, en el caso de los introvertidos no suele funcionar ese enfoque de «talla única» sobre la vida en familia. ¿Recuerdas el cuento de *Ricitos de Oro y los tres osos*? Ese cuento clásico captura la esencia de lo que significa criar a introvertidos. Puede suponer todo un reto descubrir la «camisa suave» más adecuada para decidir cuánto tiempo necesita un introvertido para recargarse, o evaluar qué dosis de actividad puede tolerar sin que le resulte excesiva.

Trabajando *con* las emociones de los introvertidos

> El dolor es inevitable; el sufrimiento, optativo.
>
> Anónimo

Podríamos decir que la cultura norteamericana valora el pensamiento más que el sentimiento. Las emociones de la gente son impredecibles, y por tanto a menudo son inconvenientes. Muchas personas se preguntan por qué los humanos tenemos sentimientos, pensando que sería mejor si todos fuésemos como el señor Spock de la serie *Star Trek*, basándonos exclusivamente en la razón. Pero la razón aislada ignora lo que las relaciones humanas necesitan. Sin el *input* que nos proporcionan los sentimientos, el pensamiento por sí solo conduce a problemas de relación y a decisiones erróneas. Por eso no se pueden abandonar *a base de pensar* hábitos bien arraigados como comer demasiado, fumar o ser adicto al trabajo. Antes de poder abandonar un hábito es necesario comprender nuestras emociones y gestionarlas.

En un nivel muy básico, los sentimientos nos hacen humanos. También nos ayudan de tres formas muy concretas. Primero, las emociones son la energía eléctrica que fluye y refluye en nuestro cerebro y en nuestro cuerpo como respuesta a nuestros mundos interno y externo. La energía conecta e integra los cinco niveles cerebrales. Envía mensajes para coordinar los distintos sistemas del organismo. Segundo, esos mensajes emocionales revelan una información práctica e interna sobre ti mismo y sobre otros. Conocer tus sentimientos aumenta tu capacidad de forjar y mantener relaciones. Tus sentimientos te dicen qué te hace sentir bien y qué no. Tercero, tus emociones son una brújula que guía las decisiones que tomas. Te dicen lo que *sientes* que es correcto.

Las emociones desempeñan un papel importante en la vida. La tristeza nos ayuda a procesar la pérdida e incita a otros a consolarnos. El miedo nos dice que debemos protegernos o que necesitamos ayuda. La ira señala la necesidad de poner límites. (Por ejemplo, Sandra dice: «Rebeca me ha quitado la muñeca y no me la quiere devolver. Eso no me gusta». «Sí, ya sé que eso te enfada —responde la madre de Sandra—. La próxima vez que Rebeca te vaya a quitar la muñeca, le dices que no.» La ira de Sandra le indica que debe cuidar de sí misma y decirle a su amiga que no.) La culpa nos dice que hemos de arreglar lo que hemos hecho mal. La vergüenza nos dice que no debemos hacer determinadas cosas. El dolor, que hemos de hacer algo para cuidar de nosotros mismos. Los sentimientos muestran a los niños cómo obtener las verdaderas recompensas de la vida: establecer y mantener relaciones sanas, descubrir el sentido personal de la vida y estar satisfechos con ella. Los sentimientos los encauzan en la dirección correcta, informándoles de cuándo una experiencia es dolorosa, triste, satisfactoria, aterradora o irritante. Las emociones los conducen hacia donde necesitan ir, apartándolos de los peligros.

Lamentablemente, muchos de nosotros crecimos en familias que negaban nuestros sentimientos o intentaban alejarnos de ellos. No aprendimos a controlar nuestros sentimientos, y mucho menos podemos enseñar a nuestros hijos cómo se hace. Pero puedes aprender algunas formas de ayudar a tu hijo a gestionar sus sentimientos. En el caso de los niños introvertidos, su vía neurológica dominante viaja hacia la parte anterior del cerebro, que es el lugar donde radican las habilidades emocionales complejas. Esto les ofrece una capacidad natural de conectar con su cociente emocional. Muchos otros niños tendrán que esforzarse más para desarrollar la conciencia emocional; algunos de ellos nunca lo harán.

Los introvertidos necesitan que sus padres y cuidadores perciban y nombren sus emociones. Si no es así, no sabrán qué están sintiendo, y por tanto no podrán usar constructivamente esas emociones. Los sentimientos deben recibir un nombre y una justificación. Si enseñas a tu hija a prestar atención a lo que siente, aprende a valorar y a confiar en sus dones emocionales. Sin tu ayuda, una introvertida puede perder el contacto con sus propios sentimientos o dejar que éstos la sobrepasen. Pero tú puedes ayudarla a reconocer, sentir y usar las señales que provienen de sus reservas emocionales.

El sentimiento como recurso

Timmy extiende la mano para acariciar a un perro que no conoce. El perro hace amago de morderle. El niño, asustado, retira la mano. Archiva la experiencia: «Ese perro parecía amistoso, pero ha intentado morderme. Eso me ha asustado. La próxima vez que quiera tocar a un perro, tengo que preguntarle antes a su dueño». El niño guarda esos datos; recuerda que los introvertidos, en particular, almacenan las experiencias negativas.

Los sentimientos guían a los introvertidos en sus interacciones con el mundo exterior. Por ejemplo, gracias a los sentimientos los introvertidos se dan cuenta de que les gusta socializar, aunque les cueste energía. Amanda reflexiona: «¡Qué bien me lo pasé jugando en casa de Silvia! Espero que volvamos a quedar pronto». Las emociones destacan cuáles son las relaciones importantes. Carla piensa: «Mi cumpleaños no fue tan divertido sin el abuelo. Le pediré a mamá que lo invite la próxima vez que demos una fiesta».

Hoy día son demasiados los niños que no aprender a ser conscientes de sus sentimientos. Más bien, aprenden en seguida a alejar-

Señales que guían a los introvertidos en su viaje emocional

Como sabes, los introvertidos gozan de una vida interior más rica, pero como padres nos puede costar «leerlos». Nos ayudará saber que los introvertidos...

- Pueden sentirse superados por sus pensamientos y sentimientos, y quedarse helados o retraerse. Anímalos a expresar sus sentimientos, y asegúrate de que no sienten que los estás juzgando.
- Pueden ser sensibles a los sentimientos ajenos y muestran empatía (sobre todo los introvertidos que usan el hemisferio cerebral derecho). Alaba su calidez y su talento.
- Tardan más en *saber* lo que sienten. Recuérdales que más tarde ya tendrán más claro cuáles son sus sentimientos.
- Se agotan cuando tienen sentimientos intensos, sienten ira o tienen conflictos. Ayúdalos a entender que esas cosas no pueden evitarse, y que a veces los conflictos valen la pena.
- Pueden sentirse sobreestimulados por el tipo de emoción que buscan los extravertidos. Asegúrales que son capaces de disfrutar de las emociones, pero en pequeñas dosis.
- Pueden angustiarse al probar cosas nuevas, y evitar lo desconocido. Ayúdalos a tolerar su incomodidad. Recuérdales que la ansiedad forma parte de la vida. Se les pasará si hacen un descanso, respiran, se relajan y se dicen a sí mismos, tranquilamente, que deben calmarse y tomarse las cosas poco a poco.

se de los sentimientos desagradables; por decirlo de alguna manera, aprenden a «cambiar la emisora» mental. No aprenden a regular sus sentimientos. Sin esa regulación, muchos jóvenes buscan «subidones» falsos o caen en depresiones profundas. En concreto, los extravertidos se habitúan en seguida a las emociones fuertes. Algunas de las maneras de conseguirlas son comer en exceso, volcarse en el activismo, consumir drogas, buscar actividades que disparen la adrenalina, tener una conducta arriesgada, sentirse superior y buscar la aprobación ajena. Los introvertidos pueden quedarse atascados en los momentos bajos. Algunos ejemplos son: depender claramente de alguien, revolcarse en la culpabilidad o la vergüenza, deprimirse o volverse apático, comer en exceso, consumir drogas o sentir desesperanza.

Estar vivo supone que en determinados momentos sentiremos dolor. El dolor vuelve más profunda nuestra experiencia vital. Los niños tienen que aprender a tolerar y procesar sus sentimientos. Puedes ayudar a tu hijo a tranquilizarse para aliviar los sentimientos dolorosos. Dado que las emociones son energía, fluyen por nosotros de forma natural. Si percibimos sus avisos y las sentimos, irán desapareciendo.

Puedes equilibrar *externamente* los flujos y reflujos de las emociones de tu hija si la calmas cuando está nerviosa. También puedes animarla en sus malos momentos. Esto la enseñará a corregirse *internamente* cuando su equilibrio emocional se altere. La capacidad de hacerlo es esencial para el proceso de crecimiento.

Ayuda a los introvertidos a expresar sus sentimientos

Hay una herramienta que puede ayudar a tu hijo introvertido a manifestar sus sentimientos y valorarlos, que se llama «escucha reflexiva». Puedes escucharlo expresar sus sentimientos y, como un espejo, reflejarle lo que te está diciendo. Esto lo debes hacer con las emociones agradables y con las que no lo son. Si admites y reflejas sus pensamientos y emociones, ayudarás a tu hijo a «ver» lo que siente. Él te puede corregir si no lo entiendes bien o no captas todos los matices. Los sentimientos adquieren una claridad nueva, y ahora puede aprender a asimilarlos.

Este proceso también fomenta la confianza entre ti y tu hijo. Sentirse comprendido es una experiencia intensa, en especial para quienes se concentran en su mundo interior. Los introvertidos son lo bastante sensibles y perceptivos como para captar tu forma de reaccionar a lo que dicen. A medida que te sientas más a gusto con sus sentimientos (y, como suele pasar a menudo cuando expresas emociones, también con los tuyos), verás cómo el niño se abre. Con el paso del tiempo, asimismo tendrá un mayor control sobre sus sentimientos y su conducta.

Pasos para aplicar la escucha reflexiva:

1. Acepta y respeta lo que oigas. Todos los sentimientos son válidos: «Ya sé que estás muy enfadado con tu hermana».

   • Pon límites a esa conducta: «Pero no puedes quitarle el camión de las manos».
   • Escucha y presta mucha atención a lo que está diciendo. Mantén un buen contacto visual. No la interrumpas: «Ya sé que te ha quitado el camión sin pedírtelo».

2. Admite sus sentimientos sin juzgarla, respondiendo de forma neutra: «Entiendo. Y entonces, ¿qué pasó?».

   • Refleja lo que dice y siente ella: «Creo que te da la sensación de que no te escucha, y que no puedes hacer nada para proteger tus juguetes».
   • Nombra sus sentimientos: «Eso es frustrante. Ni siquiera te ha preguntado si podía cogerlo».

3. Admite sus necesidades y sus deseos. Resuelve el problema sólo cuando hayas admitido esos sentimientos: «¿Quieres que te ayude a hablar con Silvia para que no te coja los juguetes sin permiso?».

Cómo afrontar los problemas relacionales

Todas las relaciones tienen altibajos y desacuerdos que necesitan que los arreglemos. Cuando ofreces un ejemplo para reparar un daño o unos sentimientos de ira, los introvertidos aprenden que las relaciones tienen obstáculos, y que no pasa nada. «Siento que ayer estuviera rabiosa. Te contesté mal, y el motivo es que estaba frustrada porque voy retrasada con el proyecto del trabajo. Lo siento.» Todos los niños se enfadan con sus padres, y todos los padres con sus hijos. Duele que tu hijo te diga cosas desagradables, pero cuando se siente lo bastante seguro como para expresar esos sentimientos negativos, la relación se vuelve más sólida. No tienes por qué estar de acuerdo, pero, si lo escuchas y entiendes su punto de vista, aprenderá que puede decir la verdad y al mismo tiempo ser asertivo.

Puede que durante un tiempo los introvertidos no sean conscientes de que están furiosos. Además, les asusta perder energía en una discusión, así que tienden a reprimir los sentimientos de ira. Es más probable que se cierren en banda antes que enzarzarse en peleas.

Los introvertidos necesitan aprender a superar los conflictos en un entorno seguro, si no, no podrán usar su ira para protegerse en el mundo exterior. Escuchar las quejas de tu hija y ayudarla a reparar los desacuerdos le ofrecerá unas herramientas importantes para emplearlas en sus relaciones. Arreglar las cosas no significa necesariamente que se salga con la suya. Significa reconocer su punto de vista, disculpándote si hiciste algo mal, explicar un malentendido o decidir cómo negociar los límites. («Sé que quieres quedarte hasta tan tarde como tu prima Lisa. Pero me temo que tendrás que irte a la cama antes que ella. ¿Pensaste que por el hecho de que esta noche tengamos invitados podrías acostarte más tarde? Pues siento la confusión. ¿Y si le pedimos a Lisa que te lea un cuento antes de dormir?») Escuchar y abordar los malentendidos enseña a tu hija cómo resolver los conflictos. También la anima a defenderse en el mundo. Además, le darás ejemplo de cómo pedir disculpas, una habilidad que es esencial en toda relación.

Si tu hijo introvertido está enfadado:

NO:

- Intentes razonar con él.
- Le contradigas.
- Le defiendas ni defiendas a otros.
- Le quites importancia a sus problemas o los ignores.

DEBES:

- Admitir su problema.
- Intentar ver la situación desde su punto de vista.
- Fijar un momento para volver a hablar del tema.
- Disculparte por herir sus sentimientos o por los malentendidos.

A veces, a tu hija no le gustará una norma que hayáis puesto o un límite que hayáis fijado. Déjala que se desahogue.

Las emociones del Stop

La vergüenza y la culpabilidad son emociones que los introvertidos tienen muy a menudo. Como decíamos en el capítulo 2, su lado del sistema nervioso alberga esos sentimientos. Se trata de emociones que son como señales de Stop y sirven para que el niño desconecte. Sin ellas, no sabría diferenciar el bien del mal. Cuando se usan poco, ayudan a socializar. La vergüenza dice «Deja de hacer eso». La culpabilidad dice «Has hecho algo mal, y tienes que compensarlo».

Por lo general, los extravertidos necesitan señales de Stop más firmes para detener su conducta. Los introvertidos sólo necesitan una sugerencia para frenar (a menos que los hayan tratado muy mal o que hayan aprendido a pasar de ti). Si no se usan demasiado, la vergüenza y la culpabilidad conducen al descubrimiento de uno mismo y al crecimiento. Sin embargo, la vergüenza nociva hace que el niño se sienta fatal por ser quien es. Se siente humillado y furioso. La culpabilidad nociva le hace sentir que todo es culpa suya. Idealmente, estas señales de Stop sirven como control moral, pero no deben ser una fuente constante de ansiedad y humillación.

Así es como distinguimos entre las emociones inhibidoras útiles y las perjudiciales:

Vergüenza beneficiosa:

- A papá no le gusta que coja su cámara sin pedirle permiso.
- No me gusta cómo lo he hecho. Sé hacerlo mejor.
- Hay algunas cosas que se pueden hacer, y otras que no.
- Quiero contribuir a que mi familia se lleve bien.

Vergüenza nociva:

- Soy un fracaso.
- No sé hacer nada bien.
- Odio a todo el mundo.
- La gente no es buena.
- No sé hacer nada. Estoy indefenso y no tengo esperanzas.

Culpabilidad beneficiosa:

- He hecho algo mal: tengo que disculparme.
- Necesito congraciarme con mi amigo.
- Me siento mal por lo que hice.

Culpabilidad nociva:

- Mamá se siente mal por mi culpa.
- Nunca debo decir nada que enfade a mi padre.
- Por lo general, los problemas son culpa mía.

El doctor Daniel Goleman popularizó y explicó el concepto de la capacidad sofisticada de conocer las propias emociones, y mostrar empatía por los sentimientos de otros. Dio cohesión a una amplia gama de conocimientos sobre este tema, y en 1995 publicó su libro *Inteligencia emocional*, que daba nombre a cierto tipo de intuición y percepción psicológicas que el lector podría reconocer. Los introvertidos están predispuestos a tener una inteligencia emocional, pero no pueden desarrollarla sin que sus padres nombren y validen sus sentimientos, y les recuerden que tienen reacciones emocionales aplazadas. Cuando los niños introvertidos ven que alguien refleja sus emociones, pueden usar este recurso natural para guiar sus decisiones, mantener relaciones a largo plazo, enriquecer sus experiencias cotidianas, descubrir qué les interesa más y seguir la pista a sus motivaciones. Sin este sistema emocional de señales, los introvertidos pueden verse aplastados por sus sentimientos, lo cual los induce a cerrarse en banda.

Gracias al fundamento emocional que proporcionas y a tu atención constante al mundo de las emociones, puedes ayudar a tu hijo a desarrollar su capacidad natural de reflexionar sobre su persona, aprender a gestionar sus sentimientos, responder adecuadamente al estrés y encauzar sus amplios dones intelectuales.

Resumen

- Los introvertidos construyen su confianza mediante un vínculo estrecho contigo.
- Las emociones organizan e integran todas las áreas del cerebro de tu hijo introvertido.
- Anima a tu hijo a sintonizar con su brújula emocional.

CAPÍTULO 5

El cuidado y la alimentación de los introvertidos

Las rutinas predecibles pueden dar energías a los introvertidos, para que vivan mejor

> El entorno es una extensión del cuerpo. Debe estar en paz.
>
> DEEPAK CHOPRA

En el capítulo anterior hablamos de cuestiones generales, de cómo educar a tu hijo introvertido de tal manera que aumente su confianza en sí mismo y su autoestima, y te ayude a forjar un vínculo fuerte y duradero con él. En este capítulo y en el siguiente, veremos algunas maneras de superar los retos cotidianos de la vida con un introvertido: establecer rutinas, alimentarlo, disciplinarlo y demás. Aprenderás maneras de usar el conocimiento que tienes del temperamento de tu hijo para guiarte en las incontables decisiones familiares a las que debes enfrentarte tan a menudo. Por ejemplo, aprenderás a detectar el grado de energía de tu hijo, introduciendo en su rutina pequeñas pausas que lo ayuden a recuperarla. Todo esto forma parte de la labor de educar a los niños hoy día: asimilar el entorno de los nuevos medios de comunicación, reclamar espacios privados, encontrar modos seguros y saludables de jugar.

Las rutinas adecuadas para los introvertidos

> Sin un jardinero que lo cuide con cariño, un jardín se muere pronto.
>
> MAY SARTON

Las rutinas del hogar proporcionan la estructura de la vida familiar, y los introvertidos las necesitan especialmente. Saber lo que va a pasar reduce su consumo de energía y, cuando sea necesario, los ayuda a ser más extravertidos. Crear una agenda regular para las mañanas, para después del colegio y para la tarde conforma un mundo agradable para el niño introvertido, donde conoce las normas y apenas hay sorpresas. La niña sabe: «Me voy a la cama a las ocho los días que hay cole, y a las nueve los fines de semana». Anota en qué momento del día está más activa y en cuál menos. (Generalmente, los introvertidos son lentos por la mañana, y les suele costar ponerse en marcha.) Sé consciente de qué circunstancias son las que sacan lo mejor que hay en tu hija, y también cuáles hacen lo contrario. Puedes organizar su día en torno a sus necesidades de estructura, tiempo para ella, y los inevitables altibajos energéticos.

Si se interrumpe la rutina de tu hijo introvertido, es posible que vaya arrastrando los pies, se desoriente o pille una rabieta. Siempre que puedas, esfuérzate para que las cosas sean coherentes y, cuando haya un cambio en la rutina, explícalo claramente: «Hoy irá Cati a buscarte al colegio. Pero luego irás a la clase de piano, como todos los martes». También puedes optar por permitir que tu hijo asuma un rol que lo ayude a mantener la sensación de continuidad. «Papá va a estar fuera de la ciudad un par de días. ¿Qué tal si le hacemos una tarjeta que pueda llevar en el maletín?» Por cierto, no es probable que la preferencia que tiene tu hijo por un entorno tranquilo y predecible cambie a medida que crece. ¡Va con su temperamento!

Comenta de antemano todos los cambios y transiciones. Si tu hija se va a dormir a casa de alguien, que pruebe antes su saco de dormir. Un introvertido más pequeño puede dormir en casa en su cuna de viaje antes que llevarlo a casa de un familiar. A menudo los introvertidos deben revisar la imagen que tienen en mente antes de adaptarse a algo nuevo. «Vamos a ir al parque», dices. ¿Quién podría quejarse de eso? Bueno, pues asegúrate de que tu hija se está imaginando el mismo parque que tú, o podría haber problemas. Cuando se vaya haciendo mayor, y tengas que prepararla para acontecimientos y cambios venideros, podrás ampliar tu repertorio y usar otras herramientas, como el temporizador de la cocina, los calendarios y las pegatinas. «La feria del colegio es el sábado. Vamos a poner una pegatina en el calendario.» Dejarla que lo haga ella la ayudará a fijar el acontecimiento en su mente y le dará la sensación de ser una participante activa, en lugar de pensar que las cosas «le pasan». Yo solía decir a mis hijas: «Dentro de un Picapiedra —o sea, un episodio de media hora— nos tendremos que ir». Habíamos llegado al acuerdo de que avisarlas con un episodio de dibujos animados de antelación era razonable.

Aprender habilidades nuevas

Otro tipo de transición que interrumpe la rutina es el aprendizaje de una nueva habilidad; un gran progreso siempre acarrea un gran cambio. Los introvertidos necesitan prestar una atención especial a su ritmo cuando dan un paso adelante en su desarrollo. Por ejemplo, cuando un niño está cerca de un punto en el que avanzará en su crecimiento, como por ejemplo aprender a caminar, puede que deje de hablar o que lo haga peor que antes. En cuanto aprenda a mantenerse firme sobre los pies, su habla volverá a mejorar.

A medida que los niños crecen, por lo general necesitan dominar una nueva habilidad antes de probar una nueva. Esto sucede especialmente con los introvertidos, porque trabajan con datos más complejos de una sola vez y están aprendiendo a gastar más energía en el proceso. Si tu hijo introvertido está concentrado en aprender a leer, acaso no pueda aprender, al mismo tiempo, a ir en bici de dos ruedas. En cuanto la habilidad nueva pasa a ser automática, estará listo para un nuevo desafío. Asegúrate de recordarle que las habilidades nuevas mejoran con la práctica; recuerda también anticipar que los cambios en la rutina, el aprendizaje de habilidades nuevas y otros acontecimientos desconocidos exigirán que el niño invierta mucha energía. Ayúdalo a estar preparado y asegúrate de que haya recargado sus baterías antes de hacerlo.

Es probable que, cuando un introvertido se enfrente a un nuevo reto, se ralentice. Ésa es la manera que tiene de modular la estimulación y regular el grado de información que tiene que procesar. No le presiones. Dale el tiempo que necesite. Deja que observe, que es como aprenden los introvertidos. Pregúntale qué le interesa más, y dale oportunidades para dar el siguiente paso. Pongamos que el niño está tirándose por un tobogán, algo que hasta ahora no había hecho. Pregúntale cuándo está listo para hacerlo. Si no lo ves convencido, pregúntale si le gustaría que las primeras veces bajases con él. Cuanto más permitas que tu hijo descubra experiencias nuevas a su ritmo, cuantas más rutas le ofrezcas para ello, más fácilmente se adaptará a ellas. Una forma de conseguirlo es acompañarlo cuando haga algo por primera vez.

Siempre que sea posible, divide el aprendizaje de habilidades nuevas en porciones reducidas que la niña pueda tomarse con calma. Esto permitirá a la niña gastar menos energía, hacer descansos y afirmar su confianza a medida que va viendo sus progresos. Además, los introvertidos rinden más cuando se los presiona menos. Por ejemplo, Carla tenía que memorizar el poema «El baile de la mariposa» para recitarlo delante de su clase. Mientras miraba imágenes de mariposas, fue ensayando el poema dividido en cuatro partes. Durante dos noches ensayó una cuarta parte repitiéndola en voz alta durante diez minutos antes de acostarse. Cada dos días añadía una parte nueva, hasta dos días antes de su actuación, cuando practicó el poema entero. (Recuerda que los introvertidos, mientras duermen, al-

Ayuda al niño a crear un puerto seguro

Éstas son algunas de las maneras de crear un tiempo y un lugar privados para un niño introvertido:

- Crea un ritual de llegada a casa; podría consistir en recoger el correo, cambiarse de ropa, picar algo de comer o sentarse y reflexionar diez minutos como forma de relajarse y adaptarse al hogar.
- Habla con el niño de tu casa. ¿Qué piensa y siente sobre ella? Ayúdalo a que defina solo qué constituye un santuario ideal para él.
- Pregúntale qué le gusta y qué no de su cuarto. ¿Cómo diseñaría su habitación ideal?
- Asegúrate de que la niña dispone de un lugar tranquilo para hacer los deberes. Si donde estás tú es un sitio tranquilo, puede que quiera estar allí. Asegúrate de que dispone de una zona libre de interrupciones.
- Si comparte su cuarto con alguien, puedes montar una separación (una celosía barata o unas cortinas que se venden precisamente para eso) o crear una alcoba privada. Negocia con el niño introvertido un momento en el que pueda estar a solas en su cuarto para disponer de intimidad, y no permitas que nada lo interrumpa. Puedes pegar un cartelito en la puerta: ME ESTOY REFRESCANDO. YA SALDRÉ CUANDO ESTÉ BIEN FRÍO.
- Garantiza intimidad a tu hijo introvertido preadolescente o adolescente. Permítele que cierre la puerta. Cuando esté cerrada, indica a los miembros de la familia que llamen antes de entrar. Traté a una adolescente introvertida que tenía su propio cuarto, pero con una tele comunitaria. Sus tres hermanos tenían permiso para entrar cuantas veces quisieran a ver la televisión. Ella y yo negociamos con sus padres recortar el tiempo que los hermanos podían ver la tele mientras ella hacía los trabajos extraescolares.
- Permite que tu hijo decore su habitación como quiera. Es una manera segura, sencilla y agradable de concederle autonomía. Muchos introvertidos son tremendamente visuales, y la belleza los calma y regenera. Por supuesto, decidir qué es bello depende del observador. Una niña introvertida que quiere ser astrónoma pinto su cuarto de negro y pegó en el techo estrellas fosforescentes.

macenan en su memoria larga los acontecimientos cotidianos. Mirar una foto los ayuda a guardar la información en su memoria visual, que luego les resulta más fácil recuperar.)

Los espacios privados renovables

Los introvertidos son muy protectores de su espacio. La experiencia que tienen del espacio va más allá de tener su propio cuarto o un lugar donde guardar sus cosas. Los introvertidos son muy sensibles sobre la cercanía y la proximidad. «No toques mi asiento, y no mires por mi ventanilla», le dijo Clara, una pequeña introvertida a su hermana Marga durante un viaje en coche. El contacto físico que toleran los introvertidos altera su estado de ánimo. Un día pueden venir corriendo a darte un abrazo y otro alejarse de todo contacto físico. Una tarde, mi nieta introvertida, Emily, no se encontraba bien, y yo me senté a su lado en el sofá. Ella empezó a colocar mi brazo en torno a sus hombros. Entonces se detuvo y se apartó. Más tarde, cuando ya se había adaptado a que estuviera sentada a su lado, se reclinó sobre mí. La verdad es que hay momentos en que a los introvertidos les parece que cualquiera que los mire ya está inmiscuyéndose en su espacio privado.

Como es lógico, el hogar es tremendamente importante para los niños introvertidos. Cuando su madre entra con el coche en el camino de entrada de su casa azul de Cape Cod, Emily levanta los brazos y grita «¡Mi casa!». En esa exclamación de entusiasmo, expresa su alegría de volver a un lugar familiar donde refugiarse, su alivio al ver que la agotadora salida toca a su fin, y el sentido de propiedad sobre el hogar.

Los introvertidos necesitan sentirse seguros en su casa. Les afecta tremendamente su entorno, y se sienten mejor cuando el hogar es un lugar armonioso, ordenado, ventilado y lleno de aromas agradables, muebles cómodos, buena iluminación, colores tranquilizantes y vistas al exterior.

Aunque les gusta estar con la familia, los introvertidos también necesitan un lugar propio donde mantener al mínimo las demandas de energía, y donde recargarse. Si no tiene su cuarto propio, tu hijo introvertido puede que reclame un rincón donde se sienta protegido de las incursiones de sus hermanos o de otros miembros de la familia. A los introvertidos les encantan los lugares acogedores, como una casa de juguete, el espacio debajo de las escaleras, una casa en un árbol, una tienda de campaña montada en un dormitorio, una buhardilla, un rincón del porche, o cualquier otro lugar pequeño y discreto. Conozco a una pequeña introvertida que se ha montado en su cuarto una casita de tela rosa. Se pasa todo el día entrando y saliendo de ella, haciendo pausas para recargar las pilas. Y conozco a otro pequeño introvertido que tiene un sillón especial donde se arrebuja para leer.

Comiendo como un introvertido

> Habla con tus hijos mientras comen; recordarán lo que les digas incluso cuando tú ya no estés.
>
> Dicho de la tribu Nez Percé

Para mantener elevados sus niveles de energía, los introvertidos necesitan carburante. El mero hecho de cumplir las expectativas de un mundo extravertido ya es bastante exigente, sin mencionar que hay que añadir a la ecuación el cansancio provocado por el hambre. Nuestra cultura tiene su norma de «tres comidas al día», pero los introvertidos necesitan un aporte calórico constante.

En lo tocante a las cuestiones conductuales, los padres tienden a buscar un montón de causas posibles antes de pensar en la nutrición. A menudo, cuando estoy con unos padres, les hago preguntas sobre la comida, porque considero que el hambre es la causa más frecuente de «cuelgues» emocionales... en introvertidos de *todas* las edades.

«Estoy hecho polvo»

La hipoglucemia es un trastorno médico que se ha puesto de moda en más de una ocasión. Los médicos suelen restarle importancia. Pero es un verdadero problema para muchos introvertidos, sobre todo en el mundo de las calorías vacías en que vivimos, repleto de azúcares y de carbohidratos simples. Los introvertidos *necesitan* proteínas y carbohidratos complejos, y sus depósitos deben estar siempre rebosantes. Si los niños no reciben la dosis suficiente de los alimentos más saludables, sus energías caen en picado, les baja la glucosa y se reduce la cantidad de oxígeno que va al cerebro. En resumen, que están hechos polvo.

Conozco perfectamente esa sensación, que puede abordarnos sin previo aviso. Parece que toda la fuerza vital caiga en picado a los pies. De repente, el cuerpo nos pesa *taaanto*... La cabeza te da vueltas, y tienes que sentarte. Cuando esto le pasa a tu hija introvertida, pierde energía, se viene abajo y no piensa ni aprende con claridad. ¿A qué se debe esto? Si ingerimos demasiada azúcar o carbohidratos, el azúcar en sangre se dispara y luego cae en picado. También puede pasar porque nos hemos quedado sin alimentos que metabolizar, como Audrey, la planta alienígena en la película *La pequeña casa de los horrores*. Y, como el de Audrey, el organismo del introvertido siempre está diciendo: «Dame de comer, dame de comer». La mejor manera de conservar los niveles de azúcar en sangre es comer frecuentemente, ingiriendo al mismo tiempo proteínas y carbohidratos complejos; por ejemplo, añadiendo frutos secos a los copos de avena, y usando pan integral para los bocatas de pavo, etc. Si le das algo dulce a tu hija, asegúrate de que antes haya tomado proteínas, o que ese alimento le aporta algunas.

Algunos de los síntomas frecuentes de la hipoglucemia son: sentirse mal después de comer; fatiga; palidez; insomnio; agitación; cambios de humor; depresión; sudoración; palpitaciones cardíacas; dolor de cabeza; falta de motivación; mareos e irritabilidad. Si es un caso extremo, la persona tiembla, vomita o se desmaya.

Cómo combatir la hipoglucemia
• Picar entre horas o comer poco, pero muchas veces. (Yo suelo acabar el desayuno a la hora del almuerzo.)

- Ingerir proteínas y carbohidratos complejos a primera hora de la mañana.
- Llevar a mano tentempiés proteínicos (frutos secos, queso y galletitas, barritas de cereales).
- Reducir la ingesta de azúcares y de carbohidratos simples.
- Comer dulces y carbohidratos *con* o *después* de proteínas.
- Enseñar a tu hijo a evaluar cómo se siente, para que aprenda a controlar su nivel de azúcar (y para que esto no se convierta en una lucha constante).
- Explicar a tu hija que quizá deba picar entre horas aunque no tenga hambre.

Para más información, contacta con la Hypoglycemia Support Foundation, www.hypoglycemia.org.

A muchos introvertidos les cuesta comer. A mí me pasaba, y a mi nieto también. Los anales familiares dicen que su padre introvertido igualmente era remilgado para comer. Hasta ahora, todos hemos sobrevivido; ninguno se ha muerto de hambre. Pero esos remilgos hacen que la comida sea un terreno abonado para las luchas de poder. No te metas en una. Cada semana ve introduciendo alimentos nuevos, pero sin hacer mucha alharaca. Si la niña come, estupendo. Si no, también. Puede que más adelante le guste lo que le das. Los introvertidos suelen responder bien a las explicaciones sobre por qué sus cuerpos necesitan alimentos y agua. A medida que tu hijo vaya creciendo, puedes enseñarle libros sobre el cuerpo y explicarle por qué la parte del sistema nervioso que controla el descanso y la digestión necesita carburante para funcionar.

Para pensar

- Debes saber que no a todos los introvertidos les gusta comer, y que suelen comer despacio.

- Lee con tu hijo libros sobre nutrición infantil y habla con él de por qué determinados alimentos son importantes para obtener fuerzas para jugar y trabajar.
- Enseña a tu hijo a detectar la sensación de hambre y de la bajada de azúcar.
- Sé consciente de que los introvertidos pueden ser más sensibles a diversos aromas y sabores.
- A primera hora del día sirve alimentos buenos y saludables, dado que precisamente entonces los introvertidos suelen comer mejor.
- Ten a mano tentempiés saludables; a los introvertidos les gusta picotear.
- No discutas por la comida. Guarda la comida o merienda de la niña y, si no se lo come, quítalo de la mesa sin comentarios. Inténtalo más tarde con otra comida sana. Cuando se sienten presionados, los introvertidos pueden encerrarse en sí mismos y volverse muy tozudos.
- Nunca uses la comida como recompensa o como castigo.

Comer fuera

A menudo los introvertidos pierden el apetito en restaurantes atestados o ruidosos. La conmoción, los alimentos infrecuentes, las prisas o la espera afectan a su capacidad de comer. Es posible que en casa coman mejor, a base de tentempiés o mordisqueando alimentos durante el almuerzo. No esperes que tu hijo introvertido sea un buen comensal en un entorno lleno de gente, como una celebración familiar. Quizá sea mejor darle de comer primero en casa, y cuando salgáis, que pique de tu plato o pídele uno pequeño.

A dormir

> El temperamento del bebé conforma sus patrones de sueño y de vigilia desde el principio.
>
> DOCTOR T. BERRY BRAZELTON

Muchos de los niños a los que visito en mi despacho no duermen lo suficiente. Descubro que si los introvertidos no duermen siquiera ocho horas al día, no recargan sus energías. Además, tendrán más dificultades para guardar en su memoria larga lo que han aprendido durante el día. Dado que los introvertidos se guían por la faceta de descanso y digestión del sistema nervioso, necesitan más descanso que los extravertidos. En especial, los adolescentes son quienes necesitan más descanso, precisamente en esa edad en que les apetece menos descansar.

Probemos el sistema contrario

Los introvertidos y los extravertidos necesitan usar la parte no dominante de sus sistemas nerviosos. Por ejemplo, el ejercicio otorga a los introvertidos una energía procedente del sector extravertido del sistema nervioso. Por otra parte, el sueño usa la faceta intravertida del sistema nervioso, y restaura a los extravertidos en muchas áreas: la emocional, la cognitiva, la sanación física, la digestión correcta y otras funciones de conservación.

El sueño es un reto constante en la vida de los niños introvertidos. La acetilcolina es nuestro principal neurotransmisor y, unida a otros agentes químicos, activa y desactiva los ciclos de sueño y de vigilia. Como todos los neurotransmisores, la acetilcolina aumenta y disminuye, y dado que los introvertidos son sensibles a esas alteraciones, influye en sus ciclos de sueño. Los introvertidos necesitan la dosis justa para irse al País de los Sueños... y quedarse allí. Si se libera demasiada acetilcolina, provoca somnolencia. Si se ha activado el mecanismo de lucha o huida de un introvertido, puede tener problemas para calmarse frente a los efectos de esos químicos fastidiosos y productores de ansiedad. A los introvertidos les puede costar desconectar sus mentes activas.

Otro motivo de que no se duerman fácilmente es que el sueño supone también una cuestión psicológica esencial: la separación de los padres. El sueño puede disparar muchos temores, sobre todo en los niños más pequeños. Como resultado, muchos niños tienen problemas para dormirse o para no despertarse. Una niña necesita tener la capacidad de calmarse sola cuando se despierta, lo cual sucede cuatro o cinco veces cada noche. La capacidad de dormir toda la noche es un logro que implica la madurez del sistema nervioso del niño.

Ofrece a tu niño introvertido un refugio donde descansar

- Para cada edad, fija una hora de acostarse que tu hijo conozca y pueda esperar.
- Desarrolla rituales: cantar, mecer, leer, poesías, juegos tranquilos y *breves*. Cuando el niño sea más mayor, léele o habla con él tranquilamente.
- Recuerda que, en cada estadio del desarrollo infantil, suelen cambiar los patrones de sueño. Durante los periodos de estrés puedes esperar la aparición de perturbaciones del sueño, que también harán acto de presencia debido a nuevas experiencias, cambios familiares y a lo largo de los puntos cruciales del desarrollo infantil. Enseña con cariño a tu hijo a volver a quedarse dormido solo.
- Los introvertidos pueden despertarse si tienen hambre, frío o calor. Los estudios demuestran que los introvertidos duermen mejor si tienen las manos y los pies tapados por la noche. Christopher, mi nieto introvertido, se metía en la cama con sus zapatillas de Piolín hasta que cumplió los tres años.

- Anima a tu hijo a llevarse a la cama algo que le resulte acogedor, como una mantita o un peluche. A medida que crezca, puede que necesite escuchar música relajante para desactivar su mente ocupada. Por lo general, los extravertidos necesitan que se reduzcan todos los estímulos externos.
- Responde a los miedos de tu hijo con calma y respeto. Ayúdalo a buscar monstruos en los rincones oscuros o debajo de la cama. Yo solía pasar un bate de béisbol por debajo de la cama de mi hija, agitándolo en su armario para espantar a ese incordio de duendes.
- Asegúrate de que la hora de acostarse no se eterniza. Con dos avisos ya vale. En el caso de los niños más pequeños, haz algunas tarjetas de «La hora de dormir», donde se lea «Beber agua», «Ir al baño» o «Envíame un beso». Da dos de ellas a tu hijo cada noche y dile: «¡Vaya! ¡Si ya has gastado tus dos cupones! ¡Buenas noches... !».

La disciplina delicada

> Si no hay disciplina no hay vida.
> KATHARINE HEPBURN

La disciplina prepara a los niños para ser adultos independientes. No siempre es agradable (para ninguna de las partes), pero es necesaria. Un padre tiene poca oportunidad para influir en un niño. Resulta interesante que la mejor manera en que los niños aprenden disciplina es mediante la observación de la conducta de sus padres; los niños responden mejor a lo que *haces* que a lo que *dices*. Durante el breve lapso de tiempo de que dispones con tus hijos, puedes serles de ejemplo, tomar buenas decisiones y pensar con independencia, mientras al mismo tiempo respetas la autoridad. Puedes demostrarles una de las lecciones más importantes de la vida: que la responsabilidad es el precio de la independencia. En su obra *Gifts Differing*, Isabel

Myers subraya la importancia de la *autodisciplina*, a la que ella define como buen juicio: «la capacidad de escoger la mejor alternativa y actuar en consecuencia». Si estos ladrillos básicos no se afirman pronto, la vida del niño será más difícil a medida que vaya creciendo.

Los niños introvertidos tienen un «cableado» que los ayuda a autodisciplinarse. Se pueden negar cosas, evaluar situaciones y, como son capaces de pensar antes de actuar, toman con naturalidad decisiones sobre su conducta. Si no se los trata mal, les resulta fácil desarrollar la autodisciplina. Lo único que necesitan es que dediquen un tiempo a disciplinarlos, para encauzarlos en la dirección correcta.

El continuo de la disciplina

El grado en que se disciplina a los niños tiene un amplísimo espectro. En un extremo del continuo están los niños que carecen de toda disciplina. Sin la disciplina, los niños no tienen que enfrentarse a las consecuencias de sus actos. Como resultado de ello, no aprenden a relacionar sus propias elecciones y actos con lo que sucede en sus vidas. El mensaje que reciben es que todo lo que hacen es aceptable. Si algo va mal, pueden echar la culpa a otros de sus problemas. En el otro extremo del espectro están los niños que reciben *demasiada* disciplina. Esto hace que sus velas se queden sin viento. Carecen de confianza en ellos mismos y pueden sentirse fracasados. Tiran la toalla con facilidad.

La disciplina positiva supone mantener un buen equilibrio entre el exceso y el defecto. Afortunadamente para ti, como padre o madre, los introvertidos suelen aceptar bien la disciplina. Los introvertidos están preparados para echar el freno a su conducta. Como se toman su tiempo antes de actuar y de hablar, raras veces hacen tales cosas impulsivamente. En especial cuando se los compara con otros niños, entienden qué son las consecuencias. Son observadores y sensibles a lo que sucede a su alrededor. Tienen un sentido moral fuerte y a menudo precoz. Una vez dicho esto, hay que recordar que siguen siendo niños, y por tanto de vez en cuando tienen que probar sus límites. Tomarán decisiones equivocadas. Por si fuera poco, tienen una voluntad férrea.

La disciplina es bastante distinta para los introvertidos y para los extravertidos. Las conexiones cerebrales básicas de los introvertidos están preparadas para inhibir su conducta. Por lo general, los introvertidos quieren complacer a sus padres, y sienten vergüenza y culpa fácilmente. Los extravertidos están preparados para ir a por todas. Quieren la aprobación de otros, pero no necesariamente de sus padres. Si los extravertidos no reciben la estimulación suficiente, pueden buscarse líos para encontrar la emoción que necesitan. De hecho, es posible que disfruten de los conflictos, porque la estimulación les encanta. Dado que los extravertidos suelen ser impulsivos, necesitan límites firmes y consistentes. No les afecta tanto la vergüenza ni la culpa como a los niños introvertidos.

La mayoría de introvertidos sólo necesitan ánimo, respaldo y unos cuantos límites bien meditados. Normalmente, con explicarle algo a un introvertido ya basta. «Cariño, me duele la cabeza. ¿Podrías dejar de tocar un rato la guitarra eléctrica esta noche?» Tienden a poder adaptarse fácilmente a otros (el porqué de esto lo explicamos en el capítulo 2), y se limitan de forma natural sin experimentar resentimiento. Suelen necesitar más ayuda con las conductas opuestas: discrepar o asumir riesgos.

Dos de los problemas que tienen los introvertidos es asumir demasiada responsabilidad y sentirse culpables fácilmente, incluso por cosas que no son culpa suya o que no pueden controlar. No sé cuántas veces me han dicho personas introvertidas que si el profesor decía que en clase faltaba algún objeto se sentían culpables, aun sabiendo a ciencia cierta que ellos no tenían nada que ver. Éste es otro motivo para pensar a fondo en el tema de la disciplina delicada.

Por ejemplo, vigila que tu hija introvertida no asuma demasiada responsabilidad por un accidente. Si pasa algo y ella se siente culpable, puede que no sepa encajar ese sentimiento sin tu ayuda. Por ejemplo, si le ha pisado una pata al perro sin querer, puede sentirse muy molesta y enfadada consigo misma. No necesita que la reprendan ni la disciplinen. En el futuro tendrá más cuidado. Si un niño no se siente mal cuando hace daño a una mascota o a otro niño, tendrás que aplicar un poco de disciplina. Pon límites que guíen a tu hija, pero no necesariamente para prohibirle cosas o para desanimarla. Conservar el equilibrio entre ambas cosas es delicado.

Las señales innatas

Dado que los introvertidos son inhibidos por naturaleza y pueden imaginar las consecuencias futuras de sus actos, a menudo no caen en conductas destructivas como pasarse del límite de velocidad, robar en tiendas u otras actividades ilegales. Eso es bueno. Tampoco se sienten a gusto con las sustancias químicas que fluyen por sus venas como consecuencia de actos arriesgados. Los extravertidos no tienen los mismos frenos innatos, y son felices cuando sienten esas descargas químicas. Por eso puede que no se piensen dos veces hacer algo atrevido o, llegando al extremo, incluso ilegal. Por tanto, aunque la desventaja de la conducta de los introvertidos puede ser una excesiva sumisión, la ventaja es que en realidad son más sensibles que los extravertidos a la conducta peligrosa. Los introvertidos con una buena autoestima que han oído más palabras de ánimo que críticas, tienen más probabilidad de ceder cuando sea pertinente (una cualidad que en nuestro mundo no abunda precisamente), y defenderse cuando sea necesario. Puede que sigan el ejemplo de la famosa actriz Helen Hunt, que se define como «una introvertida osada». Dice que en ocasiones se retrae, pero que, cuando tiene que dejar atrás su zona segura, le echa arrestos a la vida.

Recuerda que, para lograr que un niño introvertido confíe en sí mismo, es esencial que mantenga relaciones personales de confianza. A menos que aprenda que esas relaciones son valiosas y se pueden disfrutar, un niño introvertido puede optar por quedarse dentro de su concha. Una forma segura de acabar con un niño introvertido tímido o inseguro es tratarlo mal, lo cual incluye aplicar una disciplina demasiado severa. El castigo físico u otro trato humillante enseñan a los niños que la agresión solventa problemas. Todos los estudios sobre desarrollo infantil demuestran que pegar, avergonzar, azotar, burlarse de los niños o compararlos con otros envenenan su crecimiento. Además, ese tipo de disciplina ni siquiera funciona. Ser padres es duro, y en determinados momentos todos perdemos los nervios. Pero si tienes problemas de temperamento a menudo, lee libros sobre el tema y plantéate asistir a un taller para aprender a controlar la ira.

El control contra la cooperación

Muchos padres piensan que necesitan tener poder y control sobre la conducta de sus hijos. Puede que no sean conscientes, pero el poder y el control tienen muchos disfraces: echar la culpa, ordenar, dar sermones, hacer comparaciones, usar el sarcasmo, hacerse el mártir y amenazar.

Lo opuesto al control es la cooperación, porque con ella tanto los padres como los hijos renuncian a su derecho a tener poder y control. La mejor manera de que un padre se gane la cooperación de un hijo es transmitirle el mensaje de que es autosuficiente. Colaborar con la familia fortalece ese sentido de competencia. Esto, a su vez, fomenta la autoestima y la confianza en su capacidad de tratar con otros y contribuir a las vidas ajenas.

Aun cuando conocemos el valor de la cooperación y lo inútil que es intentar controlar a un niño, es difícil no verse arrastrado a una lucha de poder. Antes que nada, los niños vienen preparados para desentumecer, a determinadas edades, los músculos de su autonomía. Todos conocemos la época terrible de los 2 años, pero un periodo que se conoce menos es el de los 4 años y medio. Otras edades que pondrán a prueba tu capacidad paterna/materna son los 6, los 8, los 13 y los 17 años. En fases como ésas, las luchas para obtener el control surgen con bastante frecuencia. Y aunque el niño introvertido *parezca* inofensivo, le gusta hacer las cosas a *su* manera. Sigue el ritmo que le marca ese tamborilero desafiante. También es más probable que se vuelva recalcitrante cuando se sienta indefenso, superado, furioso o asustado. Sin embargo, para liarse en una pelea hacen falta dos. Como padre, puedes aprender a no morder el anzuelo.

Cómo mantenerse alejado de la disputa

- *Recuerda que tú eres el adulto*: aunque no te apetezca, aléjate de la lucha por el poder. Deja de discutir. Si estás inmerso en una lucha de poder, quiere decir que no reconoces los sentimientos y el punto de vista de tu hijo. Da un paso atrás y respira hondo. Piensa en lo que está pasando y pregúntate «¿Por qué hemos llegado a un callejón sin salida?».
- *Relájate*: respira hondo de nuevo y contempla las cosas en perspectiva. Pregúntate: «¿Por qué no puedo distanciarme?». Tu hijo depende de que mantengas la cabeza fría.
- *Piensa en el siguiente paso*: céntrate en lo que harás, no en lo que intentas que haga tu hijo.
- *Pon las cosas en perspectiva*: «Sé que estás enfadado y frustrado, pero lo siento: esta noche no hay más postre. ¡Pero oye!, ¿sabes una cosa? Mañana, después de comer, ¡habrá más postre!».

Dando el paso hacia la cooperación

- *Expresa el problema con palabras*: «Parece que esta mañana no conseguimos salir por la puerta. El resultado es que yo estoy molesto y tú llegas tarde al cole y encima estás enfadado».
- *Pídele a tu hijo/a que encuentre soluciones*: «¿Se te ocurre alguna manera de que nos demos más prisa? Vamos a ver qué

podemos hacer». Si no te hace ninguna sugerencia, exponle algunas de tus ideas. En este caso pueden ser, entre otras, levantarse antes, preparar la ropa la noche anterior, preparar el almuerzo y el desayuno antes de acostarse, o no encender la tele por la mañana.

- *Al cabo de unos días, evalúa cómo va la cosa*: deja claro que a los dos os afecta la situación.
- *Comunica los buenos resultados a tu hijo*: «¡Eh, estamos mejorando! ¡Hemos llegado a la hora tres días seguidos!».

Cómo gestionar las crisis de los introvertidos

> Los niños que no ignoran algo no son felices; para eso se crearon los padres.
>
> OGDEN NASH

Todos los niños pasan por ciertas edades («los terribles 2 años») y etapas (los «estirones») donde son mucho menos manejables que en otros momentos. En torno a los 4 o 5 años de edad, muchos introvertidos que han sido niños muy sumisos incluso a los 2 años empiezan a tener unos deseos más claros que deben satisfacerse. En ese momento, pueden probar con rogar, lloriquear, enfurruñarse y negarse a decir esta boca es mía cuando no haces las cosas como ellos quieren. Luego están los días malos, que no tienen vuelta de hoja. Tu hijo no se encuentra bien, quiere salirse con la suya, se siente acorralado, o le desbordan sus sentimientos... y el resultado es una rabieta antológica. Los extravertidos tienden a exteriorizar, enfadándose con alguien o echándole la culpa de sus problemas (lo más normal es que sea un padre). Los intravertidos tienden a *in*teriorizar, de modo que es más probable que se retraigan, se nieguen a hacer nada o pasen de ti antes que hacer una escena, aunque todo puede pasar.

Ésos son los momentos que ponen a prueba a los padres. Cuando un niño está en las garras de una rabieta, parece que todo lo que haces o dices no hace más que agravar la crisis. Cuando los temperamentos se disparen, haz una pausa, una especie de descanso para calmarte. Entonces te pones la gorra de Sherlock Holmes y te dedicas a buscar culpables. Lo más probable es que los introvertidos sucumban a las rabietas cuando tienen demasiadas tareas, un exceso de estímulos, estén cansados o hambrientos. Pregúntate si el niño ha tenido demasiado de algo (por ejemplo, estímulos visuales, demasiada gente, demasiados cambios, demasiado azúcar). ¿O ha tenido demasiado poco de algo (descanso, azúcar, tiempo para recargarse)? Admite los sentimientos de tu hijo. Puedes decirle: «Sé que quieres ese juguete, pero no te lo voy a comprar». Nada de excusas, de excepciones ni de explicaciones. Ofrécele alternativas sólo *después* de que se calme. Respira hondo varias veces. Este episodio también pasará. Sí, tu hijo crecerá.

Si ya lleváis bastante rato fuera de casa y tu hija está aburrida, cansada, hambrienta, tiene frío o calor, la agobian los estímulos o se siente encajonada, puede empezar a agitarse, quejarse, exigir juguetes o algo de comer, o bien ponerse a berrear con ese timbre que perfora tímpanos. Por supuesto, lo mejor es no dejar que las cosas lleguen a ese punto, pero ahora que ha pasado, tu mejor baza es distraerla. Haz muecas graciosas, cántale algo, señálale con entusiasmo algo interesante. Si le da la rabieta cuando estés en un espacio público y ruidoso, si es posible marchaos. Mantente pendiente de tu hija, ignorando las miradas curiosas o desaprobadoras. Calma tu propia rabia y deja a un lado la vergüenza que puedas sentir. Todos los padres han tenido hijos con pataletas. La próxima vez, evita el conflicto antes de que se produzca, anticipando cuánto tiempo aguanta tu hija al ir de compras, caminando sin cochecito o sin comer algo; entonces podrás planificar la salida.

La actitud del niño grande

Los introvertidos más mayores también tienen su propia marca de rabietas. A veces los introvertidos que han sido fáciles de llevar cuando eran pequeños, se disparan cuando sus hormonas empiezan a sacudirlos. Parece que algún ente extraterrestre ha invadido el cuerpo de ese niño que era tan dulce. ¿Dónde se ha ido tu «terroncito»? Tu hijo empieza a lanzarte miradas con lo que en el caso de mi hija yo llamaba «ojos de pez» (una mirada gélida), se enfurruña, deja de hablarte, te da respuestas cortantes y concisas con un tono irritado, levanta la mirada al techo con exasperación a tus espaldas y adquiere una mala actitud. Encantador...

Afortunadamente, he vivido bastante tiempo para ver cómo mi nieta le echaba a su madre esa misma miradita de pez. Cuando tu adolescente pase por esas fases tan incordiantes, elige qué batallas quieres librar. Recuerda que el hecho de considerar a los padres «tan molestos, estúpidos, absurdos y tontos» tiene un propósito. Los preadolescentes y los adolescentes se están preparando a salir del nido batiendo las alas. Si te tumban de tu pedestal, les resulta más sencillo. Pero también está bien decirle: «Eh, colega, frena un poquito», «Rebobina y suéltame una respuesta más educada» o «Vete a tu cuarto y sal cuando se te haya pasado esa actitud». Durante esas etapas, tu mejor aliado es el sentido del humor.

Ahora estoy trabajando con una adolescente introvertida muy cerrada que se llama Rachael. Hasta ahora, su madre había reaccionado frente a esa actitud negativa de su hija sintiéndose herida y furiosa. «¡Era una niña tan dulce!», se lamenta. Pero ahora Rachael, impulsada por sus dolores de crecimiento habituales, ha trazado una línea. Ha empezado la batalla por la autonomía, y por el momento gana Rachael. Es muy retraída. Le habla mal a su madre. Me lanza miradas gélidas. He animado a su madre a que no se tome como algo personal la incipiente independencia de su hija. Eso no quiere decir que haya sido mala madre, sino, de hecho, lo contrario. Rachael está manifestando una conducta normal para su edad. He hablado con Rachael de sus sentimientos, y son normales. Desde el punto de vista del desarrollo, es normal que no aguante a sus padres. El resultado positivo de admitir esos sentimientos es que ahora la madre y la hija se llevan mucho mejor.

Resumen

- A los introvertidos les va mejor cuando su hogar es seguro, estructurado y predecible.
- La rutina aumenta la capacidad de tu hijo para conservar y reservar su energía.
- Invitar a los introvertidos a cooperar fomenta su competencia.

CAPÍTULO 6

El juego, la conversación y el arte de relajarse

La importancia de las conversaciones diarias, el juego creativo, la toma de decisiones y la capacidad de superar el estrés

> Quizá la imaginación sólo sea la inteligencia que se divierte.
>
> GEORGE SCIALABBA

En ocasiones los adultos consideramos que el juego es una frivolidad: lo que hacen nuestros hijos *después* de acabar los deberes, las lecciones de música y el resto de sus actividades programadas. Pero el *trabajo* de los niños es jugar. El juego es el modo como los niños aprenden, reducen su estrés, exploran, imaginan y prueban roles y conductas sociales. La cultura norteamericana contemporánea devalúa el juego y concede demasiada importancia al progreso de los niños. Hoy día hay muchísimos niños que no saben lo que es el juego auténtico y estructurado junto a amigos y a sus padres. El juego real —al menos tal como yo lo entiendo— implica suciedad, agua, árboles, parques, columpios, pintura, bloques de construcción y mucha imaginación. El juego es la libertad para construir y crear, para preguntarse «¿Qué pasaría si...?» y actuar «como si» en un entorno seguro para los niños.

En particular los introvertidos, con su rica vida interior, necesitan el espacio que les proporciona el juego, para practicar sus interacciones con las cosas, las personas y los conceptos nuevos, antes de usarlos en el mundo real. Por medio del juego, los introvertidos prueban sus ideas, expanden su capacidad lingüística, abordan los conflictos emocionales, practican nuevas conductas sociales y aprenden a resolver problemas. Para los introvertidos, el juego suele ser una actividad que consume pocas energías, pero que les proporciona ramalazos de felicidad. Les enseña que interaccionar con el mundo exterior es divertido, mientras que, al mismo tiempo, les permite relajarse con rituales tranquilizadores y predecibles que crean ellos mismos. Los introvertidos se concentran y se adentran a fondo en su juego, de modo que tienden a aprender mucho de él.

Los mejores juegos

Jugar bien es esencial para el desarrollo del cerebro. Por naturaleza, los introvertidos que usan el hemisferio derecho suelen ser más juguetones, pero todos los cerebros infantiles se desarrollan mediante el juego. Los introvertidos necesitan alimentos sustanciosos para la mente, no calorías vacías; necesitan un juego *enriquecedor*. Un importante investigador sobre el cerebro, Antonio Damasio, ha manifestado su preocupación por el hecho de que estamos criando a niños que tienen cerebros que piensan más y más rápido usando el hemisferio izquierdo, sin integrar en su mente los centros emocional y moral del hemisferio derecho. Como resultado de esto, se usa en exceso el lado lógico del cerebro, el izquierdo, y se emplea demasiado poco el hemisferio derecho, asociativo. Hoy día muchos niños juegan con juegos electrónicos muy rápidos y agresivos en sus Game Boy, ordenadores y televisores, actividad que unen a su uso de juguetes a pilas con respuestas incorporadas. Esos juegos y juguetes no requieren una interacción con el ser humano, ni tampoco mucha imaginación. Los estudios demuestran que la sobreestimulación de dopamina en el hemisferio cerebral izquierdo construye sinapsis rígidas que enseñan a los niños a esperar recompensas rápidas y calambrazos de felicidad poderosos. Esto aumenta su impulsividad. También prepara a los niños para que acudan a la fuente de estimulación y de satisfacción rápida, en lugar de dedicarse a algo que ofrezca unas recompensas más a largo plazo. (Para más información sobre cómo gestionar los videojuegos, véase la pág. 153.)

Jugando con tu hijo

Cuando juegas con tu hijo, fortaleces vuestro vínculo emocional. Es una buena manera de pasar tiempo juntos. Pero no todas las formas de jugar son iguales. Los investigadores han descubierto que los niños demuestran menos creatividad cuando sus padres dirigen el juego o crean las normas. Los niños, sobre todo los introvertidos, manifiestan sus vidas internas cuando se les da la oportunidad de jugar espontáneamente. Les encantará disfrutar de tu compañía, ¡pero no necesitan que hagas todo por ellos!

QUÉ HACER:

• Ofréceles cierta ayuda para elegir los materiales: «¿Miramos qué podemos hacer con estas piezas?».
• Formula preguntas abiertas: «¡Oye, qué bien construyes! ¿Qué estás haciendo?».
• Permite que tu hijo dirija el juego. Sigue sus instrucciones.

QUÉ NO HACER:

• Hacer sugerencias concretas, como «Vamos a usar esas piezas para hacer un puente».
• Adivinar qué está construyendo; si no, puede que sienta juzgada o presionada.
• Dar órdenes o hacerse cargo del juego.

A los niños les benefician más los juguetes y las actividades que les conceden libertad para explorar, imaginar, construir y observar. Con este fin, sugiero realizar actividades y juegos al aire libre y con final abierto; por ejemplo, piezas de construcción y similares, muñecas y material artístico. Los espacios al aire libre también ofrecen a los niños muchísimas oportunidades para usar su imaginación; las piedras, ramitas, hojas y flores pueden convertirse en juguetes, y los niños pueden pasarse horas encantados mirando insectos y animales. La mayoría de introvertidos descubre que la naturaleza restaura su energía. Puede ser una maestra lenta, muy educativa y sutil. Recuerdo una lección valiosa que aprendí sobre mi vida cuando mi amiga Sharon y yo construimos un fuerte de bambú y de leños viejos en el lecho del río cerca de nuestra casa. Hubo una tormenta muy fuerte, y cuando Sharon y yo fuimos a ver qué había pasado con el fuerte, descubrimos que el agua se había llevado hasta la última ramita. Recuerdo que me sobrecogió el poder de la naturaleza. Lamentamos nuestra pérdida, pero reconstruimos el fuerte en un punto más elevado. Como he mencionado, el cerebro de los introvertidos mira atrás y revive las experiencias. Durante ese repaso, los introvertidos pueden aplicar las lecciones que aprendieron. Nunca olvidaré el poder destructivo y la resistencia que me enseñó la naturaleza en aquel lecho del río. Recordarlo me ha ayudado en otros momentos de mi vida a reconstruir mi hogar después de haber perdido casas en dos terremotos y un incendio.

El juego ofrece un punto de vista refrescante, que desarrolla la capacidad social y cognitiva de los niños. El juego también les ofrece un espacio para triunfar o fracasar en un entorno seguro. Con el juego, los introvertidos quedan protegidos de las consecuencias mientras practican para la vida real. A los introvertidos les gusta estar preparados, no les agrada que los pillen desprevenidos. La parte del cerebro preplanificadora de los introvertidos analiza y prevé alternativas. Los ensayos consumen menos energía y preparan al niño para actuar en el mundo real.

Los juegos para los introvertidos

Los juegos que están hechos a medida para los introvertidos desarrollan sus talentos únicos. Los introvertidos pueden sentirse agobiados con demasiados juegos, juguetes o compañeros de juego. Por otra parte, puede molestarles tener juguetes que no les exigen pensar, manifestar creatividad o resolver problemas. Aquí van unas cuantas pistas:

- Ten a mano algunos juguetes en el armario, y ve alternándolos para que siempre haya cosas nuevas que probar, pero nunca demasiadas de golpe.

- Elige juguetes básicos, como peluches, juegos de construcción, juegos de té, camiones, plastilina, lápices o ceras y papel, cosas que permiten usar la imaginación. Los introvertidos tienden a ser creativos, y usan fácilmente el pensamiento creativo. Los introvertidos usan esos juguetes básicos, como las piezas de construcción, para imitar en el mundo real las ideas que tienen en su mundo interior.

- A los introvertidos les gusta jugar con otra persona. Da a tu hijo la oportunidad de jugar con otro niño o con un adulto con quien se sienta a gusto.

- Fomenta la capacidad de observación de tu hija. La capacidad natural de percibir lo que otros no ven es una de las mayores ventajas de los introvertidos. Más adelante en su vida, muchos introvertidos usan esta capacidad para dedicarse a ser escritores, científicos, psicólogos o profesores, por mencionar sólo algunos de los trabajos que requieren capacidad de observación. Da a tu hija una cámara de usar y tirar o juguetes «de espías», y juega con ella a cambiar de rol y a adivinar cosas.

- A los introvertidos les tranquiliza jugar en el agua. Que a tu hijo no le falten juguetes para el baño, embudos, esponjas, jarritas, tazas de plástico y otros que puedan acoplarse a la bañera. Las pinturas de dedos y las acuarelas también son apreciadas.

- Busca juguetes que satisfagan los intereses concretos de tu niño: animales, soldados, juguetes de carpintería, instrumentos musicales o muñecas.

- Actuar en obras de teatro, escribir canciones y cuentos, hacer trabajos manuales (cerámica, maquetas) son maneras de jugar que tienen los preadolescentes y adolescentes introvertidos. Aprender juegos de cartas o de mesa les enseña valiosas habilidades sociales, como ganar y perder, o jugar según unas normas.

¡Ay, esos invitados electrónicos!

> Considero que la televisión es muy educativa. Cada vez que alguien la enciende, me voy a otra habitación y me pongo a leer.
>
> GROUCHO MARX

Cuando pensamos en el tema de los niños y los medios de comunicación, hay que considerar varios factores. (Por «medios de comunicación» me refiero a programas de televisión, DVD, vídeos, radio, periódicos, revistas, videojuegos, juegos de ordenador o Internet.) Uno es el contenido, otro el medio en sí mismo, y el tercero es lo que se está perdiendo tu hija mientras se dedica a esos medios. A los medios de comunicación no hay que temerlos. Forman parte de nuestro mundo, y lo que nos ofrecen tiene un lugar en él. Los introvertidos pueden usar los medios de comunicación para salir de sus mentes un rato. Les proporcionan un *input* nuevo y les ofrecen la posibilidad de desconectar un poco sus mentes activas. Por este motivo les resulta relajante buena parte de los medios. Muchos introvertidos es-

---

Pantallas y más pantallas

Hoy día a los padres les preocupa la influencia que puedan tener sobre sus hijos los medios de comunicación electrónicos, sobre todo porque parecen estar por todas partes. Si bien es cierto que generan algunos problemas, también tienen sus ventajas. La clave estriba en limitar el tiempo que pasa el niño delante de la pantalla y asegurarse de que tus hijos comentan contigo lo que ven. Por ejemplo, anímalos a emplear su capacidad de emitir juicios para evaluar cómo pretenden manipularlos los publicistas.

Aspectos negativos de los medios de comunicación electrónicos

• Hipnotizan, crean adicción y proporcionan demasiados estímulos.
• Reducen la imaginación y la creatividad.

- Reducen la capacidad de concentración.
- Quitan tiempo a la lectura y a otras actividades.

Aspectos positivos de los medios de comunicación electrónicos

- Sacan a los introvertidos de sus mentes activas.
- Los relajan.
- A veces presentan otros países, otros temas de interés y otras formas de vivir.
- A veces enseñan historia, naturaleza, ciencia y cultura.
- Pueden ampliar la imaginación y la capacidad narrativa, siempre que se comente con otros lo que se ve.

Qué puedes hacer

- Limitar el tiempo de ver televisión a una o dos horas diarias.
- Jugar con tus hijos a un videojuego, convirtiéndolo en una experiencia interactiva y no en un solitario electrónico.
- Comenta con los niños las diferencias entre la vida real y lo que ven en la tele.
- Habla con tu hijo sobre la violencia en televisión, explicándole que es una ficción, no un reflejo de la vida real.
- Habla con tu hijo de los anuncios televisivos, explicándoles que no tienen por qué comprar algo por el mero hecho de que resulte atractivo o porque alguien les diga que deben tenerlo.
- Por último, pregunta a tu hijo qué ha visto sobre determinados temas concretos. A menudo los niños saben más de lo que imaginas sobre los acontecimientos mundiales. Es importante que puedan compartir sus conocimientos y sus ideas con alguien cercano.

cuchan la radio, música, o ven la tele para que les dé sueño. Los introvertidos, a diferencia de muchos extravertidos, aprenden gracias a los medios de comunicación. Por ejemplo, les gustan los canales donde hay documentales de ciencia, biología o historia. A menudo buscan información en Internet. A la mayoría de introvertidos (incluyendo a los adultos) les gusta que les lean, así que disfrutan de los audiolibros.

Pero hay que controlar la «ingesta» de medios de comunicación. En el caso de la televisión, a los niños los bombardean con anuncios directos y a menudo manipuladores, creados especialmente para ellos. Además, aunque es verdad que en la tele hay algunos programas buenos, está repleta de imágenes crudas, violentas y aterradoras, y de noticias que quitan el sueño. Los niños necesitan que los adultos vean la tele con ellos para intervenir, si es necesario, y responder a las preguntas que puedan tener los pequeños. Es importante comentar con tu hijo introvertido los programas, concursos y demás, porque necesitan digerir todos los datos que han asimilado.

Recuerda que los niños introvertidos también son muy perspicaces. A veces sólo se han quedado con determinados fragmentos de información. Esto puede resultarles más confuso y molesto que disponer de todos los datos. El problema es que puede que no sepan cómo empezar a hablar del tema, o qué preguntas deben formular.

Poco después de los ataques terroristas del 11 de septiembre de 2001 me reuní con la familia de un niño de 6 años. Pregunté a los padres si habían hablado de esos acontecimientos con su hijo. Ellos dijeron: «¡Ah! No, el niño no se ha enterado de gran cosa. No ponemos las noticias». Yo les dije: «Seguramente se sorprenderán al descubrir lo que sabe del tema». Y eso es lo que pasó: se quedaron atónitos al comprobar cómo su niño dominaba palabras como *terrorista*, *suicida* y *secuestro*. Una vez se pusieron a hablar de ello, el pequeño formuló preguntas sobre cómo encajaban las piezas de la noticia de las que ya se había enterado.

Los niños deben tener la oportunidad de hablar de estas cosas con sus padres. Conocer los problemas del mundo puede ser una carga pesada para una niña pequeña, sobre todo si es una introvertida tranquila y perspicaz. Debe poder formular preguntas, para que corrijan o amplíen su punto de vista. Si no, le dará vueltas en su cabecita ocupada... *ad infinitum*. Y eso es demasiado para que un niño lo asimile.

La importancia de las conversaciones

> ¡Sería tan bueno que, para variar, algo tuviera sentido!
>
> De la película *Alicia en el País de las Maravillas*

Dedica al menos un cuarto de hora cada día a hablar con tu hijo introvertido. La charla es un instrumento muy eficaz para conectar con los niños introvertidos, porque demuestra que estás a su lado y afirma su lugar dentro del equipo que es la familia. Hace que tu hija pase buenos ratos y desarrolla su confianza en ti y la ayuda a comprender su mente. Escucha lo que te dice, medítalo y responde con una actitud abierta. Formula preguntas con auténtica curiosidad: «¿Qué tal te ha ido en el recreo?», «¿Has aprendido algo nuevo?» o «¿Por qué crees que a Susi le gusta jugar contigo?». No interrogues a la niña, la juzgues o intentes resolver sus problemas o sus sentimientos. Intenta echarle imaginación: «Si tuvieras que volver a hacerlo, ¿qué harías?».

Cuando escuches a tu hijo introvertido, lo ayudarás a compartir su mundo interior con otros. Él necesita que te impliques en la con-

---

Los artesanos de la palabra

En ocasiones resulta difícil iniciar una conversación o, una vez lo hagas, mantenerla viva. Éstas son unas cuantas pistas para conseguir que tu hijo introvertido se abra.

- Evita las preguntas que se pueden responder con un sí o un no. Formula las preguntas básicas: quién, cómo, dónde, cuándo, por qué.
- Pregunta cosas concretas: «¿Qué ha sido lo más divertido que has hecho hoy en el cole?».
- Pide detalles: «¿Cómo te ha ido la presentación en clase sobre las mariposas?».

versación, y que compartáis lo que tenéis en mente. Esto le hace abrirse y reduce la posibilidad de que se pierda en su propia mente. Con las charlas cotidianas, los introvertidos aprenden que tienen cosas interesantes que decir. Necesitan una interacción segura, en la que los escuchen sin criticar sus pensamientos, sentimientos, formas de ver las cosas y preguntas. Tu hijo aprenderá que «Mis ideas son dignas de que otros las escuchen». El diálogo es una estrategia poderosa para afirmar, ampliar y fomentar la confianza de los introvertidos, aun de los más pequeños.

La charla es un buen momento para relajarse cómodamente. Relajarse juntos durante la hora del baño o la hora de acostarse, o sim-

Más libros

A la mayoría de introvertidos les encanta leer. En una encuesta que se hizo por Internet a muchos introvertidos, cuando se les preguntó cuál era su pasatiempo favorito de niños, lo primero que decían era leer. Les gustaba salir de aventuras imaginarias y conocer a los personajes de las novelas.

Usa el amor por los libros de tu hijo/a para acercarte más a su persona. Una forma de hacerlo es leer el mismo libro y hacer comentarios juntos. También le puedes hacer preguntas a tu hijo sobre lo que está leyendo. ¿Por qué le gusta ese libro y no otro? Hablad de libros que os hayan gustado.

Esa película conmovedora llamada *Cosas que importan* refleja el abismo entre una madre extravertida (un ama de casa) y una hija introvertida (escritora), papeles que representan respectivamente Meryl Streep y Renée Zellweger. La madre sugiere formar un club de lectura junto con su hija, un club cuyos miembros sean sólo ellas dos. Gracias a sus comentarios respectivos sobre los libros, la hija llega a conocer de una manera nueva el mundo interior de su madre.

A los introvertidos les encanta que les lean; muchos me dicen que es el recuerdo más agradable que tienen de su infancia. Elige un libro que os guste a los dos, y redondea vuestro tiempo de charla con una historia o un capítulo de una novela. Hablad del argumento y de los personajes. Cuando en vuestra vida cotidiana encontréis algo que os recuerde al libro, comentadlo.

plemente estar tranquilos, son momentos perfectos para que un introvertido te sorprenda contándote lo que le ronda por la cabeza. La charla distendida, hacerle preguntas sin presionarlo y pensar sobre algo juntos son cosas que lo liberan. Aprende qué temas le interesan; en ocasiones, con tan sólo compartir algo con él, se abrirá y te lo contará.

Una de mis clientes acaba de empezar a dedicar un cuarto de hora al día a charlar con su hija de 7 años, Elise. Las dos son introvertidas y tienen una relación accidentada. A la madre no le gusta jugar, y espera que Elise se convierta ya en adulta. Después de mucha insistencia por mi parte y de hacer lo posible para que vaya dando pasitos, al final la madre organizó un ratito de charla. Y así, cada noche antes de apagar las luces, se echan en la cama de Elise y hablan de sus respectivos días. Es un momento de conversación informal, sin prisas. A la madre le sorprende que ahora su hija diga como si tal cosa: «Podemos hablar del tema esta noche, durante la charla». Elise comparte con su madre más cosas de su vida, e incluso le pide consejo. Ahora discuten menos.

Tomando decisiones una a una

> Debo tener una cantidad prodigiosa de mente; a veces tardo toda una semana para organizarla.
>
> Mark Twain

«Deja que piense en ello» es uno de los mantras del introvertido. Los introvertidos no pueden tomar decisiones como los extravertidos. Sus vías cerebrales más largas exigen tiempo para combinar y formular montones de información antes de que estén listos para tomar una decisión. Por lo general, necesitan un entorno tranquilo, tiempo y espacio para meditar. De hecho, los niños introvertidos pueden sentirse agobiados cuando se les pide que tomen una decisión inmediata. Sin embargo, las decisiones, por pequeñas que sean,

Cómo ayudar a tu hijo introvertido a tomar decisiones

Los introvertidos pueden convertirse en expertos en la toma de decisiones. Una buena manera de practicar es aplicar la teatralidad a la toma de decisiones:

- Pregúntale a tu hijo qué es lo que hace que su decisión sea tan difícil: «Quiero ir al campamento, pero tengo miedo».
- Dile que escriba los pros y los contras.

Pros
- Puede ser divertido:

— Carlos y Natán irán.
— Allí hay caballos y fogatas de campamento.

Contras
- Es un sitio donde nunca he estado antes.
- Supone toda una semana fuera de casa.
- A lo mejor no lo paso bien.
- Puede que haya abusones.
- Pregúntale qué soluciones posibles cree que hay. Si no se le ocurre ninguna, sugiéreselas:

— Podría hablar con el hermano de Natán, que fue el año pasado, y enterarme un poco más de cómo es aquello.
— Podría llamar a casa o escribir desde el campamento.
— Podría averiguar si mis amigos van a estar en mi misma cabaña.
— Podría llevarme algunas cosas especiales de casa.
— Si alguien me intimida, puedo decírselo al monitor o a mis amigos.
— Seguro que a veces me divertiré y otras no, pero lo puedo soportar.
— Si realmente va tan mal, papá y mamá pueden venir a buscarme.

- Deja que lo consulte con la almohada.
- Anímalo a tomar una decisión preliminar a ver cómo se siente. Puede comentarte otras preocupaciones o ideas que se le ocurran.
- Haced planes. Felicítalo por la decisión que tome.

no paran de presentarse. Recuerda a tu hija que está bien tomarse bastante tiempo para tomar una decisión. Enséñale que las decisiones no tienen por qué agobiarla tanto. Una vez las reducimos a componentes más pequeños, se vuelven más manejables. Dile también que, al igual que con la mayoría de las cosas, tomar decisiones mejora con la práctica. Además, cada decisión, incluso las que parecen más triviales, presenta la ocasión de elegir, plantarse o resolver un problema.

Habla a fondo del tema con tu niña introvertida y, durante el curso de la conversación, pregúntale amablemente: «¿Qué opciones tienes? ¿Cuáles son las ventajas y las desventajas de cada opción? ¿Cuál es tu impresión? ¿Hay alguna decisión que pueda servirte como pauta? ¿Hay algún error que no debas repetir?». Admite la lucha en la que está inmersa, diciendo algo como: «Sé que resulta difícil tomar una decisión». En la mayoría de los casos, es mejor dejar la decisión para el día siguiente; después de levantarse, las cosas suelen parecer más claras. Entonces es el momento de decidir y hacer planes. Pídele que piense en alguna decisión que tomó y que le salió bien. Recuérdale que no hay decisiones perfectas. Se trata simplemente de lo mejor que podemos hacer contando con la información que tenemos disponible. Además, asegúrale que son muy pocas las decisiones irreversibles.

El arte de relajarse (y de acelerar)

Cada día, los niños introvertidos se enfrentan a situaciones frustrantes, que generan ansiedad y tienen el potencial para decepcionarles, como por ejemplo nuevas exigencias de su crecimiento, presiones escolares e incertidumbres sobre sus amistades. Como padres debemos equilibrar los factores de enseñar a nuestros hijos que pidan ayuda y enseñarles a gestionar la frustración por sí solos. La buena noticia es que los introvertidos pueden aprender a calmarse solos, lo cual es importante porque, si no lo hacen, no podrán resolver el problema. Cuanto antes aprenda el niño a tranquilizarse, mejor podrá abordar lo que se le venga encima.

Empieza pronto a reforzar la capacidad de tu hijo de tranquilizarse. Cuando una niña se frustra, es tentador intentar resolverle el problema en lugar de reforzar su capacidad de calmarse. En lugar de ello, dale un poco de espacio para intentar gestionar la situación. Cuando descubra una manera de salir del paso, o lo intente de nuevo aunque esté desanimada, puedes darle un abrazo y decirle: «Has conseguido superarlo. ¡Enhorabuena!» o «¡Caray, esos ejercicios eran difíciles! Me alegro de que los hayas resuelto».

Dado que los introvertidos tienden a estar nerviosos cuando tienen que hacer algo nuevo, ayuda a tu hijo a disponer de herra-

Los viajes en sillón

Este ejercicio enseñará a tu hija a hacer unas minivacaciones mentales, volviendo de ellas relajada y renovada. Dile que se siente cómodamente. Sugiérele que imagine un entorno agradable: un prado soleado y cubierto de flores, una playa o cualquier lugar donde ella se sienta relajada. Dile que se concentre en el entorno durante unos minutos y que finja estar realmente allí. Recuérdale que sienta el calor del sol, la brisa, la temperatura ambiente, y que escuche las olas o el viento moviéndose entre la hierba. Haz que practique esto varias veces. Dile que ese lugar siempre estará allí para recibirla. Cuando esté tensa, podrá hacer una escapada breve.

Formas rápidas y sencillas de aliviar el estrés
• Canturrea (lo que sea).
• Compra bálsamo labial con aroma a menta o cualquier otro aroma que le guste a tu hija; olerlo la hará estar más alerta.
• Sacúdete como un perro mojado.
• Da unas patadas a un balón (fuera de casa) o lanza pelotas blandas.
• Rasga un papel o una revista (algo que fueras a reciclar).
• Pon música animada y baila como quieras.
• Acaricia o juega con un animal.

mientas para aliviar esa ansiedad. Enséñale a anticipar qué podría pasar y a practicar su respuesta. Esto lo calmará y le dará confianza. También racionalizará ese proceso de «deja que lo piense antes de decir o hacer algo». Expón algunas de las maneras en que podría desarrollarse la situación, y no dejes de reescribir las posibilidades de lo que podría pasar. Esto ayudará a tu hijo a darse cuenta de que a veces la vida nos sorprende, pero que no debe temer esas sorpresas. Ayúdale a pulir las herramientas necesarias para asumir lo inesperado. Cuando hagas algo asertivo, háblalo con tu hijo. Puedes decirle: «Cuando tuve que decirles a los de la lavandería que volviesen a limpiar mi abrigo, estaba algo nerviosa. ¿Cómo crees que ha ido?». Los introvertidos necesitan saber que, al relacionarnos con los demás, todos sentimos dudas. Estas conversaciones irán forjando una vocecita interna que diga: «Puedo superarlo, igual que mamá».

Un poquito de celeridad

A veces a los introvertidos hay que recordarles que aceleren un poco. De vez en cuando dale algún que otro «empujoncito» a tu hijo, para que no se le atrofien los músculos. Cuando está jugando en silencio en su cuarto, hacer una actividad física no le va a apetecer mucho. Puede que necesites estimular su memoria para que se dé cuenta de que, en realidad, le gusta hacer cosas como ir en bici, jugar a pillar con su hermana o pasear al perro a paso vivo. Pídele que escriba en unas cartulinas pequeñas de colores (el color siempre anima más que el blanco) «Qué me gusta hacer». Si alguna vez no se le ocurre qué hacer, que eche un vistazo a las tarjetas. También puedes formar el hábito de que imagine lo que va a llevar a cabo antes de hacerlo. Esto puede servirle de motivación, como una forma de activar el centro del placer.

Formas fáciles y rápidas de animar a tu hijo:

- Haz el molino. Enseña a tu hija a mover los brazos y los pies y pídele que haga girar los brazos, para aumentar la circulación e incrementar su grado de energía.
- Invita a tu hija introvertida a que cante contigo todo lo fuerte que pueda, o si le gusta más estar a solas, sugiérele que cante en la ducha.
- Pon música y baila por el cuarto o junto a tu hijo. O pídele que te enseñe el último baile de moda.
- Haz el tonto y reíd juntos. Mirad una comedia antigua, como la película *Pistoleros de agua dulce*, de los hermanos Marx; la risa es un gran estímulo.
- Invita a tu hijo introvertido a columpiarse, dar vueltas o saltar en un pequeño trampolín. Ir en bici y patinar son actividades estupendas; a los introvertidos les gusta la libertad. El ping pong y el bádminton también son deportes que activan a quien los practica.

Resumen

- El juego es una actividad que ahorra energías y permite que los introvertidos prueben nuevas habilidades.
- Los introvertidos necesitan tiempo para rumiar el *input* complejo antes de tomar una decisión.
- Un tiempo diario dedicado a la charla los ayuda a encontrar un sentido a sus experiencias.

TERCERA PARTE

Variaciones familiares

> Tener hijos se parece mucho
> a hacer una película.
> Se presentan los mismos
> problemas. ¿Tendrá sentido?
> ¿Llegará lejos? ¿Cómo
> funcionará en casa?
> ¿Y si se va al extranjero?
>
> MERYL STREEP

CAPÍTULO 7

El tango del temperamento familiar

Aumenta la armonía familiar al validar
y apreciar el trabajo de cada miembro

> A los niños nunca se les ha dado bien escuchar a sus
> mayores, pero nunca han dejado de imitarlos.
>
> JAMES BALDWIN

Los niños introvertidos son gente de familia: les gusta tener una buena relación con su familia. Podríamos decir que tienen más que perder que otros; dado que su círculo social suele ser más reducido, pueden tender a centrarse más en su familia. A menudo me he dado cuenta de que los introvertidos, incluso los niños, son esas personas tras bastidores a las que acuden los demás miembros, ese núcleo no oficial en torno al cual gira la familia, y cuyas opiniones tienen un peso específico. A su manera, con frecuencia sutil, respaldan y animan a los miembros de la familia e intentan suavizar sus conflictos. Al final los demás acaban dependiendo de sus observaciones, fidelidad y sentido de lo que es correcto.

El círculo interno familiar es como una zona de entrenamiento para que tu hijo introvertido se sienta cómodo con las relaciones humanas. Los niños se fijan en cómo interaccionan los adultos. Aprenden de ti. Una relación sólida y positiva aumenta la idea que tienen los introvertidos de que relacionarse con otros compensa el gasto energético.

Anima a los miembros de tu familia a realizar el test de temperamento del capítulo 1 (pág. 39). Fíjate en lo que dicen sobre sus puntuaciones. ¿Qué piensan de los resultados de otros miembros de la familia? Las puntuaciones, ¿reflejan su forma de actuar? La evaluación del temperamento de la familia puede ser divertida y reveladora. Los niños, y en especial los introvertidos, pueden observar y decir las cosas que más duelen...

La gama de temperamentos familiares

> Creo que, básicamente, las personas son personas. Lo que nos encanta, deleita y asusta son nuestras diferencias.
>
> AGNES NEWTON KEITH

Tengo un amigo, un psicólogo introvertido, que está casado con una psicóloga que también es introvertida. Tienen dos hijas introvertidas. Randy se ríe cuando piensa en las salidas típicas de su familia. Hacen una excursión a su librería favorita y cada uno elige un libro. Entonces comen algo rápido y se vuelven a casa a leer junto a la chimenea. Emocionante, ¿no? No es muy corriente que todos los miembros de una familia sean introvertidos con intereses tan parecidos. ¡Pero lo que está claro es que evita muchas discusiones sobre qué hacer una tarde libre!

Cuando la gente comparte su temperamento con otros, disfruta de una comprensión especial, derivada de ver el mundo de una forma parecida. Esto crea un entorno predecible, amigable, y que forja fácilmente un sentido de pertenencia. Un niño y un padre que son iguales pueden desarrollar un vínculo especial. Sus objetivos son los mismos, y se comunican fácilmente. Sin embargo, un grado excesivo de similitud puede constreñir demasiado, reforzar debilidades o crear pautas rígidas. Las personas que son parecidas también pueden invadir el terreno de la otra. ¡Ay! A veces el parecido genera menosprecio.

Lo cierto es que mirar a nuestros hijos y vernos reflejados en ellos o detectar en su persona rasgos que nos son ajenos, puede afectarnos de distintas maneras. Hay una familia con la que estoy haciendo terapia que tiene tres hijos extravertidos y uno que es un típico introvertido. Son gente muy activa, y viajan a menudo. Cuando entran en una habitación de hotel nueva o visitan algún lugar interesante, el hijo introvertido se queda atrás. No corre de un lado para otro, manifestando el entusiasmo de sus hermanos. Sus padres piensan que no le gusta viajar. A veces se sienten frustrados y creen que lo están malcriando. Su madre me pregunta: «¿Por qué no está animado? ¿Por qué no se entusiasma como nosotros?». No hace falta decir que esto nos llevó a hablar de los temperamentos. Ahora saben que la forma que tiene su hijo de explorar no es la misma que la de ellos.

Ajusta las expectativas que tienes sobre la educación de tu hijo a su temperamento. Recuerda asimismo que tu cónyuge y tu tenéis temperamentos que producirán un efecto sobre vuestro hijo. Mantened los ojos abiertos para identificar los obstáculos que puedan surgir en vuestra relación con vuestros hijos, tanto introvertidos como extravertidos.

Padres introvertidos con hijos introvertidos

Un padre introvertido y un hijo que también lo sea pueden disfrutar de placeres sencillos, como echarse en el sofá a ver un vídeo, leer libros uno junto al otro o pasarse la tarde dibujando mientras escuchan cómo la lluvia repiquetea en el tejado. Sintonizan fácilmente. Es posible que valoren y compartan los intereses del otro, y que se conozcan bien. Pero esta agradable sincronía puede tener una desventaja: a veces les puede costar muchísimo salir de casa, y pueden quedar atrapados en una rutina. Entonces no amplían su círculo social ni descubren experiencias desconocidas.

Algunos padres recuerdan que cuando eran niños introvertidos también se sentían aislados. Como resultado, puede preocuparles que sus hijos sean introvertidos, y puede que intenten cambiarlos. Así es como lo describe un padre introvertido: «Me preocupa que Jordon se parezca tanto a mí. Sé que se guarda muchas cosas dentro. Intento darle espacio para que hable. Quizá debiera incitarlo a que se abra más. Cada vez que pienso esto, recuerdo cómo me negaba yo a hablar cuando, de pequeño, mis padres me presionaban. Intento transmitirle que ser introvertido está bien, que sé cómo se siente».

Los padres solteros

Si el padre o madre del niño introvertido no está casado, el niño puede convertirse en pareja en lugar de en hijo. Los introvertidos saben escuchar muy bien, suelen ser sabios y les gustan las relaciones íntimas. Esto puede darles problemas si se convierten en lo que se llama «niño paternal». Los niños a quienes empujan a adoptar demasiado pronto el papel de un adulto no tienen oportunidad de ser niños. Implicarse demasiado con un padre o padres erosiona la confianza del niño en sí mismo y refuerza sus dudas naturales. Más adelante, a esos niños les costará crecer y abandonar el nido. Si logran hacerlo y se casan —muchos no lo hacen—, les resultará difícil gestionar la vida adulta y la paternidad, debido a sus carencias infantiles. Si eres un padre o madre soltera, asegúrate de forjar tu propia red de salvamento adulta. No hables con tu hijo de muchos problemas propios de los adultos. Anímalo a que tenga otros amigos, sobre todo uno o dos de su edad. Disfruta con tu niño introvertido de la dinámica de padre-hijo, porque es lo mejor para los dos.

Los padres extravertidos con hijos extravertidos

A los niños extravertidos con padres que también lo son les encanta estar siempre en movimiento. Juegan duro, trabajan duro, se deleitan al ser el centro de atención y son siempre fieles a su clan. Les gusta tener gente alrededor, participar en debates animados y fluidos, y en discusiones educadas. Les gustan los estímulos externos, alcanzar metas y obtener recompensas, y por lo general son competitivos. La gente les gusta, y ellos suelen gustar a los demás. Hacen que la vida sea divertida. Tengo algunos clientes que son extravertidos y tienen hijos de ese mismo temperamento, y muchos de ellos tienen pases anuales para Disneyland. Sin embargo, pueden pasarse de rosca y perder de vista las facetas más enriquecedoras de la vida. Algunos no se detienen para escuchar a otros ni a sí mismos. Si no aprenden a equilibrar su actitud expansiva, su extraversión puede agotarlos con el paso de los años. Si en la familia no hay alguien (o no pasan por una crisis) que los frene, pueden padecer el «síndrome del quemado» cuando lleguen a la mitad de su vida. Tampoco desarrollarán necesariamente la introspección o la capacidad de disfrutar de los placeres lentos de la vida. Es posible que esperen que todos los que los rodean actúen como ellos. Un extravertido criado por extravertidos puede crecer sin disfrutar de un sentido de individualidad, y depender demasiado de las alabanzas externas.

Por eso es tan importante que los padres extravertidos ayuden a sus hijos a practicar el uso de la parte introvertida de su mente. Si aprenden a apreciar las diferencias ajenas y aumentan su capacidad de sentir empatía, sus relaciones íntimas mejorarán. Animar a los niños extravertidos a detenerse y reflexionar mejora su capacidad para tomar decisiones, y los ayuda a centrarse y alcanzar objetivos más a largo plazo. Construir sus recursos internos ayuda a los extravertidos a reducir su necesidad de aprobación externa.

Los padres introvertidos con hijos extravertidos

Un padre introvertido con un hijo extravertido se siente como si tuviera siempre un tigre pisándole los talones. Así es como se sintió Jacqueline Bouvier cuando se casó con alguien del alocado y caótico clan de los Kennedy y tuvo sus dos hijos. Tenía mucho en común con su hija introvertida, Caroline, pero su hijo extrovertido, John, le preocupaba. Varios de sus biógrafos cuentan que trabajó mucho para reducir el deseo que tenía el niño de buscar riesgos. Los introvertidos pueden considerar que sus hijos extravertidos son hiperactivos, gritones, exigentes, ruidosos, superficiales y agobiantes. Pueden sentirse presionados para empotrar en su agenda diaria más de lo que pueden digerir. Pueden tener problemas para marcar límites, porque se agotan mucho antes de que su hijo necesite descansar.

El impulso que siente el extravertido de estar activo, unido a la irritación que siente si se pierde algo, puede hacer que a un padre introvertido le dé la sensación de estar en un carrusel constante y acelerado: «Me has dicho que nos iríamos en media hora. ¿Aún no ha pasado? ¿Qué puedo hacer mientras tanto?». El aluvión verbal de un extravertido puede inundar el cerebro de su padre introvertido, que se cerrará en seco: «¡Calla, que no puedo *pensar*!». El progenitor, que desea disponer de más tiempo relajado e íntimo, puede acabar sintiendo que su hijo lo usa: «Irina sólo quiere mis servicios como taxi y mi eficacia como secretaria social».

A la inversa, un niño extravertido con un padre introvertido puede sentirse ahogado, un sentimiento que el padre puede detectar: «A mi hija extravertida le frustra mi personalidad relajada —me confiesa un padre introvertido—. Siente que soy muy distante. Le duele que no asista a todas sus competiciones de baile. Entre las cosas positivas, creo que le gusta la manera que tengo de confiar en ella y de escucharla, y que le concedo intimidad. A veces creo que no estoy a la altura, y me gustaría ser más activo, como ella quisiera. Me asusta cuando estoy con ella y siento que me absorbe la energía casi de la médula de los huesos. Intento ocultar mi irritación, pero a veces me pregunto si no se calla ni por un instante.»

Los padres extravertidos con hijos introvertidos

Un padre extravertido puede preguntarse qué problema tiene su hija introvertida. «Me preocupa mi hija Gaby —me comenta la madre de una niña de 11 años—. Parece que se siente a gusto con un par de amigas, pero me gustaría que fuese más popular. Se pasa mucho tiempo a solas. Cuando yo tenía su edad, era muy activa en deportes, clubes y actividades escolares. Me preocupa no estar siendo una buena madre. También pienso que quizá Gaby esté enferma, o deprimida, o que tenga un problema más serio, parecido al autismo. Me gustaría que hablase más conmigo.»

Los pacientes extravertidos pueden agotarse al invertir sus energías intentando convertir a su hijo introvertido en un niño extravertido. Es una causa perdida. Un niño introvertido también puede poner nervioso a un padre extravertido. Puede que sienta que el ritmo de su hijo, que es más lento que una tortuga reumática, le impide hacer las cosas que se ha propuesto. Puede sentirse incómodo con la profunda curiosidad que siente el introvertido, y con las preguntas desconcertantes que formula. Y es que los introvertidos repetirán preguntas sobre temas a los que los extravertidos no conceden importancia; preguntas que exigen una reflexión antes de responderlas, provocan sentimientos o exigen investigar. Esto puede intimidad o molestar al padre extravertido: «¡Venga ya! ¡No necesitas saber eso!», «¿Por qué no puede dejarlo correr?», «No tenemos tiempo de buscar información sobre eso».

Con la prisa que tienen por hacer cosas, muchos padres extravertidos no se toman tiempo para conversar con sus hijos. Pueden comunicarse a base de un parloteo que no concede tiempo para responder a sus hijos introvertidos. La niña introvertida acaba sintiendo que a sus padres no les interesa lo que tiene que decirles. Por lo general, los padres extravertidos son enérgicos, corren de un lado para otro haciendo cosas y divirtiéndose. Se sienten buenos padres: sus hijos «hacen» muchas cosas. Pero cuando sus padres no se ajustan a su ritmo, un introvertido puede acabar agotado.

Los padres extravertidos malinterpretan la necesidad de su hijo de procesar la información antes de tomar una decisión. «¡Cielo santo, decídete ya!» Las reacciones emocionales retardadas también les confunden. La lentitud de un introvertido preocupa a los padres extravertidos, que creen que rapidez es sinónimo de inteligencia. Si la niña no revela sus sentimientos, también pueden irritarse: «¿Por qué no me has dicho que no te lo pasaste bien en casa de Rut? ¡Es que nunca me cuentas nada!».

Sin saberlo, un padre extravertido puede invadir el espacio de su hija. Puede entrar de repente en su cuarto sin llamar a la puerta, o interrumpirla y empezar a hablar mientras la niña aún intenta aclimatarse a su presencia. Cuando se les saca súbitamente de una concentración profunda, los introvertidos se sienten confusos. Un padre extravertido puede tomarse como algo personal el hecho de que no entienda la forma de reaccionar de su hijo. A menos que entienda la necesidad que éste tiene de un espacio propio y una intimidad, puede sentirse rechazado o pensar que su hijo no lo quiere.

Dado que los introvertidos no manifiestan la misma energía, tristemente algunos padres extravertidos pierden interés en sus hijos introvertidos, prefiriendo a los extravertidos. «Enrique es muy divertido, me río con él»; «Pedro es muy lento, me hace sentir como si estuviera arrastrando un saco de patatas. No paro de decirle todo el día que se dé más prisa».

Pero toda cara tiene su cruz. Tal y como dice la madre de Gaby: «Creo que a ella le alivia que yo sea simpática y pueda buscarle contactos. Nuestras conversaciones son más fluidas cuando hacemos algo como dar un paseo, comer juntas, salir a dar una vuelta con el coche o trabajar juntas en el jardín. Entonces tolero mejor las pausas y los silencios».

Los padres introvertidos con hijos extravertidos e introvertidos

Tener niños con temperamentos distintos puede ser todo un reto, sobre todo para un padre o madre solteros. Puedes sentirte constantemente dividido e incapaz de satisfacer las necesidades de tus dos (o más) hijos. Es esencial que encuentres a adultos y amigos extravertidos para que tu hijo que también lo es pase tiempo con ellos. Tendrás que ayudar a tu niño extravertido a satisfacer sus necesidades de aventuras por el mundo.

Es probable que interacciones mejor con tu hijo introvertido. No tienes por qué sentirte culpable por ello; puede que conectéis sin necesidad de hablar. Tu hijo extravertido puede percibir la diferencia y preguntarse por qué su hermano/a habla más contigo. Puede sentir que te muestras distante y no muy divertido. Es importante que habléis en familia sobre estas diferencias de temperamento.

Alison, una extravertida de trece años que usa su hemisferio cerebral izquierdo, tiene una madre introvertida y una hermana menor. La hermana y el padre son introvertidos, pero usan más el hemisferio izquierdo, y les costaba mucho menos comunicarse sobre los conflictos molestos que tenían lugar en la familia. Alison también podía hablar sobre cómo a veces se sentía excluida de la relación entre su madre y su hermana. Afortunadamente, la madre, que se daba cuenta, benefició a Alison hablando este tema con su marido. Para ayudar a Alison a encontrar el equilibrio en su vida hogareña introvertida, la apuntaron a un equipo de fútbol y a las Girl Scouts, permitiéndole salir de excursión con sus amigos. También pasaba tiempo con un abuelo extravertido.

Los padres extravertidos con hijos introvertidos y extravertidos

En una familia cuyos padres son extravertidos y sus hijos tienen temperamentos distintos, el niño introvertido puede sentirse como «el rarito», el lento, el que prefiere quedarse en casa, el que necesita espacio y tranquilidad para recargarse. Esto no dará problemas si la familia comprende y acepta las necesidades de su hijo introvertido. De hecho, los miembros de la familia pueden llegar a depender del hermano introvertido como si fuera una isla de calma en medio de las turbulencias habituales de la familia. Dado que los introvertidos tienden a colaborar y les interesa mantener la armonía familiar, pueden convertirse en el punto de referencia de la familia, a la que escuchan e imparten sabiduría, y generalmente hacen el papel de brújula familiar.

Sin embargo, si la familia no percibe tanto o no acepta las diferencias, el introvertido puede sentirse aislado o ignorado. Muchos introvertidos que crecieron en familias extravertidas me han contado que se sentían excluidos, presionados para que fueran más extravertidos, o incluso acosados hasta el punto de convertirse en el cabeza de turco de la familia. En general, los introvertidos intentan adaptarse a otros miembros de la familia, y eso les puede hacer vulnerables a las burlas o a la explotación. Lamentablemente, a muchos de mis clientes introvertidos sus hermanos los maltrataron, sin que sus padres interviniesen.

Los padres son quienes marcan la pauta de cómo se trata a los introvertidos en la familia. No permitas que un hermano agresivo acose a tu hija introvertida. Descubre los talentos de la niña y asegúrate de que los demuestra ante sus hermanos. Por ejemplo, invita a tu hija introvertida a que hable de uno de sus pasatiempos al resto de la familia. Señala delante de ellos los valores positivos de esa actividad: «¡Caray! Lorena sí que sabe escuchar, ¿no?»; «¿Os habéis dado cuenta de la idea tan buena que ha tenido Claudia?». Reconoce y valora las contribuciones de esa hija al funcionamiento tras bambalinas de la familia. Una introvertida puede equilibrar a una familia de extravertidos, pero necesitará la ayuda de los adultos.

Las diferencias no son defectos

Cuando en una familia coexisten distintos temperamentos, hace falta ser consciente de ello y ser flexibles. Probablemente, un niño que sea distinto a ti requerirá que aprendas cosas nuevas y quizás inviertas más esfuerzo en su educación. Las diferencias sugieren que existen puntos fuertes que se equilibran entre sí, y puedes admirar los de tu hijo: «Andrés es muy abierto, yo nunca fui tan sociable» o «Raquel es capaz de distraerse sola con un libro durante todo el día. ¡Yo no aguantaba ni diez minutos!». Aprovecha la oportunidad de aprender de las diferencias de tu hijo. Por ejemplo, si eres extravertido, intenta desconectar del mundo y convierte tu lugar privado del hogar en un verdadero santuario.

Dentro de una familia, la diferencia de temperamentos aporta equilibrio, variedad y diversos puntos de vista. Sé que mi marido extravertido puede darme el empujoncito que necesito para salir de casa, de la misma manera que yo puedo (al menos durante un tiempo) hacerle reducir su ritmo. Pero las diferencias pueden provocar malentendidos. En una familia de extravertidos unos niños introvertidos pueden sentirse como un pez fuera del agua. En una familia de introvertidos, por el contrario, a los niños extravertidos puede darles la impresión de ser bolas de energía ruidosas y superficiales. Un extravertido que hoy día trabaja de cómico y creció en una familia de introvertidos me decía: «Siempre me pareció que era demasiado ruidoso y estaba siempre en medio». Si comprendes la situación y das ejemplo de tolerancia, concederás a tu hijo una herencia imborrable.

La educación de los niños cambia... según el temperamento

La educación de los hijos tiene obstáculos *sea cual fuere* tu temperamento. Éstas son algunas de las «vallas» concretas a las que se enfrentan introvertidos y extravertidos.

Retos para los padres introvertidos:

- Centrarse en demasiadas cosas: los niños, el trabajo, la casa, etc.
- Llegar siempre al límite de sus energías.
- Situaciones en las que son responsables de varios niños.
- Sentir que no hacen lo suficiente por su familia.
- No tener tiempo suficiente para meditar las cosas.
- Sentirse agobiado cuando hay que tomar una decisión.
- Derivar tanta energía emocional y cognitiva en las cosas de fuera que no haya suficiente para tus intereses propios.
- Entender a niños muy extravertidos.
- Estar rodeado de niños muy parlanchines durante mucho tiempo.

Retos para los padres extravertidos:

- Sentirse aislado al estar en casa con los hijos.
- No poder recurrir a las recompensas externas que motivan a muchos extravertidos.
- Preocuparse porque sus hijos no tienen bastantes amigos ni hacen muchas actividades.
- Ceder demasiado ante muchas exigencias externas.
- Prestar más atención a los de fuera que a su propia familia.
- Quedarse en silencio y escuchar mientras hablan los hijos.
- Entender la necesidad que tienen los introvertidos de momentos para recargarse.

La palabra clave es «disfrutar»

> La risa son los fuegos artificiales del alma.
>
> JOSH BILLINGS

La individualidad aporta chispa a la vida familiar. Cada miembro de tu familia venía envuelto en un paquete, como los regalos que abrimos en Navidad, y cada uno tiene dones que hay que descubrir. En gran medida, los niños aprenden sobre sí mismos según la manera en que los traten en su familia. Muchas familias intentan construir su identidad diciendo «Todos somos iguales», pero lo cierto es que ninguna familia está compuesta de personas idénticas. Intentar instituir un ideal de conformidad no fomenta el desarrollo individual sano. Es importante reconocer los talentos únicos de cada persona y qué tiene que ofrecer cada uno.

Una de las mejores maneras de hacer las cosas es mediante la diversión. La risa y los momentos divertidos unen a las familias, y enseñan a los introvertidos las ventajas de socializar. También crean un almacén de recuerdos positivos y cálidos de los que ir tirando. Intenta planificar salidas o actividades que disfrute tu hijo introvertido.

Los placeres sencillos

Éstas son algunas de las cosas que me gusta hacer con mi familia. A lo mejor te dan algunas ideas para la tuya:

- Llevarse un puñado de céntimos a un pozo de los deseos y dar unos cuantos a cada uno, para que pidan deseos. Anima a tus hijos a repartir algunas monedas a los otros niños que estén por allí.
- Dar de comer a los patos, los pájaros o las cabras (si hay alguna granja cerca).
- Dar una vuelta por la manzana y que cada miembro de la familia señale lo que más le gusta de las casas o del barrio. ¡Puede que descubráis lo variados que son vuestros gustos!
- Recoger hojas, semillas y ramitas y decorar la mesa para un almuerzo festivo.
- Ir de pesca. Cada niño puede hacer un pequeño reportaje fotográfico con una cámara de usar y tirar.
- Dedicar una noche a pasarlo bien fuera de casa, y luego hacer un collage centrado en ella.
- Dejar que cada niño se encargue de planificar y (si es lo bastante mayor) cocinar o ayudar a preparar la comida una vez por semana.
- Hacer máscaras de cartón piedra de otros miembros de la familia. Luego las pintamos y las colgamos en el vestíbulo o junto a las escaleras.

Ahora tengo a clientes introvertidos de 50 y 60 años que recuerdan cuando cocinaban con uno de sus padres, hacían manualidades con su madre o aprendían a hacer ganchillo ayudados por su abuela. Esos pequeños momentos significan mucho para los introvertidos, ¡aunque pueden pasar años hasta que te enteres! Llena el banco de memoria de cada niño con momentos divertidos, un espíritu de colaboración y el sentido de pertenecer al equipo familiar. Los introvertidos llevarán la identidad de tu familia como una etiqueta de la que sentirse orgullosos.

A menudo a los introvertidos les gustan los lugares que nosotros asociaríamos con los adultos, como parques tranquilos, jardines y parques naturales. A los introvertidos les encanta oír hablar de su genealogía; les gusta visitar la casa de un pariente, ver fotos antiguas y visitar los lugares donde están enterrados sus familiares. Les gustan los museos pequeños, tranquilos y a menudo peculiares, como los de coches o aviones antiguos, museos de historia locales, hogares de escritores famosos (como la Wolf House de Jack London, hoy en ruinas). Quizá les guste investigar en lugares históricos, como un museo de carrozas; pasear en barco por un canal; ver cómo trabajan las grúas y las excavadoras, o ir a un museo de arte a ver una exposición, sobre todo si hay cintas de audio que hablen del artista.

En ocasiones querrán quedarse en casa cuando toda la familia salga. Eso tampoco es un problema.

Todo el mundo cuenta

> Colaboración se escribe con ocho letras: nosotros.
>
> GEORGE M. VERITY

A los introvertidos les gusta que los aprecien y los necesiten. Si no se los trata mal, tienden a colaborar por naturaleza... la mayoría de las veces, claro. Fomenta la contribución a la familia de cada uno de sus miembros. Pide a tus hijos que te den sus opiniones e ideas, y busca maneras adecuadas a su edad para que ayuden. A todos los niños les gusta hacer trabajos de verdad, porque les hace sentirse mayores. Pide a tu hija introvertida de 2 o 3 años que vacíe la ropa de la secadora, le dé de comer al gato o limpie el polvo con una gamuza o un plumero. Emily, de 2 años, tenía la sonrisa más grande que he visto en mi vida cuando una mañana de domingo avanzaba a trompicones cargada con el periódico, que era casi tan grande como ella. El hecho de contribuir a la familia le dice a tu hijo: «Eres capaz. Puedes contribuir. Te necesitamos».

Nuestro nieto, que tiene 8 años, disfruta lavando algunos platos, porque es una experiencia llena de burbujas y agua tibia. Una de las últimas veces que vino a visitarnos, ¡se enfadó con nosotros por no haberle dejado algunos platos que lavar!

Algunas formas de que los introvertidos ayuden

Dale a un preescolar un trabajo que pueda hacer en casa: limpiar el polvo, cortar la lechuga para la ensalada, tirar la basura, poner la mesa o lavar las cucharas.

Los introvertidos de edad escolar pueden hacer tareas más complejas: cocinar, doblar la ropa y recogerla, reunir las prendas sucias, quitar las sábanas de la cama y prepararse las comidas. Valora el buen trabajo (no tiene por qué ser perfecto), y esfuérzate para que la experiencia sea agradable y participativa. (Tú lavas, yo seco; tú apilas los platos, yo los guardo.) Asegúrate de que tu hija introvertida aprueba las tareas que le encomiendas, y cámbialas cada pocos meses.

Habla con tu hijo de un problema que tengas, y pídele sugerencias: los introvertidos de todas las edades reflexionan sobre sus experiencias. Son observadores muy perspicaces, y saben resolver problemas con gran astucia. Pueden imaginar situaciones inminentes y reproducir sus experiencias pasadas. Pero esos dones del introvertido pueden quedar ocultos si nadie le pregunta lo que piensa. ¡Ni siquiera sabrá que tiene esta tremenda ventaja! Pregúntale por sus pensamientos y sugerencias sobre los problemas familiares cotidianos.

Empieza a preguntarle estas cosas a una edad temprana. Uno de mis clientes preguntó a su hijo de 6 años, Leo, si conocía algún secreto para dejar de sentir ese cosquilleo nervioso en el estómago antes de hablar en público. Leo le dijo: «Bueno, te puedo prestar mi piedra. Te la metes en el bolsillo. Cada vez que sientas hormiguitas en la barriga, la acaricias, porque es suave y fría. Ayuda un montón». La madre de Leo no tenía ni idea de que el niño estaba usando este recurso cada vez que tenía que hablar en clase. Recuerda que debes darle tiempo al niño para pensar en el problema. Agradece todas sus ideas, incluso las que no pongas en práctica. «Gracias, creo que la piedra me será útil, y me recordará a ti.»

Habla con tu hijo de un problema que tiene otro niño, y pídele consejos: a menudo pregunto a niños y adolescentes introvertidos con los que trabajo qué problemas han tenido o incluso aún tienen. Les pregunto qué creen que debería sugerirles a *otros* chicos o padres con un problema parecido. Por ejemplo, digo: «Devon tiene 7 años y es bastante callado. ¿Alguna idea que pueda ayudarlo?». «Yo tenía ese problema de pequeño —responde Jon, de 12 años—. Mi padre y yo empezamos a dar vueltas a la manzana cada noche, mientras hablábamos. Parece que eso de andar me ayudaba a hablar. Ahora me cuesta mucho menos.» Tras hacer una pausa para reflexionar, Jon prosigue: «Otra cosa que me ayudó de pequeño fue la "hucha de los pensamientos" que montó mi madre. Yo anotaba un pensamiento, una idea o una pregunta importante y la metía en la hucha. Más adelante mamá sacaba alguno de los papelitos y comentábamos el tema. De esa forma, yo me acordaba de esas cosas, y mamá me daba algo de dinero para la hucha de los deseos». «Gracias, Jon —contesto—. Hablaré de tus ideas con Devon.»

Pregunté a Trisha, de 17 años, algunos consejos para salir con chicos. «Sharat quiere ir a la fiesta de fin de curso pero no tiene pareja, y no quiere ir en grupo. ¿Alguna idea?» «Bueno —respondió Trisha—, estuve colaborando en el comité que preparaba los refrescos y la comida de la fiesta de fin de curso, y cuando llegó aquella noche ya conocía a tantos chicos que no me importaba ir sola. Hicimos turnos sirviendo las mesas. Era divertido formar parte de un grupo, pero no estaba atada. Al cabo de media hora nos sustituían, pero nos quedábamos juntos. Conozco a chicas que pidieron a sus amigos que fueran a la fiesta. Una de mis amigas invitó al amigo de su hermano, que era un universitario más bien callado. Como no había ido a su propia fiesta, le encantó ir a la de ella.» «Gracias —le dije—, son buenas ideas. Se las comentaré a Sharat.»

Comparte tus experiencias

> Planta magia en la mente infantil.
>
> Thomas W. Phelan

Ya hemos visto la importancia que tiene la conversación para el niño introvertido. Pero a veces olvidamos la importancia de hablar *a* nuestros hijos, de contarles cosas de nuestra vida, de compartir nuestras opiniones y pensamientos. Voy a poner un ejemplo de hasta qué punto puede desear un introvertido conocer algo más sobre las vidas interiores de otras personas.

He estado trabajando con Jennifer, de 12 años, durante casi un año. Siempre entra con aire apático en mi despacho y se desploma en la silla con ruedas, sin hacer ni caso de los materiales de dibujo que hay sobre la mesa. Se enrolla el cabello largo en un dedo, y de vez en cuando me echa miradas desafiantes. A cada pregunta que le hago responde con un «sí», un «no» o su favorita: «no sé».

Los padres de Jennifer quieren que sea extravertida, como sus hermanos y su hermana. «Lo que pasa es que es perezosa —me dice su madre—. No quiere hacer nada.» La verdad es que Jennifer, que es la única introvertida de la familia, necesita desesperadamente una interacción más profunda. Sin embargo, está tan a la defensiva que cuesta llegar hasta ella. Compro revistas para preadolescentes y comentamos las fotos. Le pregunto qué le gusta y qué no. Le pido que me enseñe a usar mi móvil. Sabe hacerlo muy bien (lo cual no es poca cosa, porque soy un desastre para la tecnología). Se muestra agradable y cordial, pero aun así me da la sensación de estar chocando con un muro.

Un día llevo un libro donde se recogen preguntas sobre historias familiares, que otra gente usó para entrevistar a sus familiares. Elijo dos preguntas que hacerle, y ella elige dos que me formulará. Me sorprende y elige la que dice: «¿Tus abuelos te contaban historias sobre la familia?». Así que se lo cuento. Le digo cómo mi abuela me describió la travesía agitada en barco desde Dinamarca a Estados

Unidos, a bordo del *Scandinavia*. Ella escucha y me hace más preguntas. Entonces me cuenta que cuando era pequeña le gustó leer los libros de Laura Ingalls Wilder. Estamos teniendo una verdadera conversación. Algo ha cambiado entre nosotras.

Al intentar que una introvertida reticente se abra, muchos padres cometen el error de pensar que lo más importante es que hable. Intentan sonsacarle información, como si abrieran una ostra a martillazos. Pero la comunicación siempre es bilateral. A menudo los niños introvertidos necesitan preguntar cosas *a su interlocutor*, en vez de que los sometan al tercer grado. Esto ofrece a la niña un camino para salir de su mente y entrar en las experiencias de otras personas. Y es que las vidas ajenas le interesan. Escuchar las historias de otra persona fortalece su confianza, de modo que se sienta más a gusto charlando.

Las anclas de los adultos

> La prueba última de una relación es discrepar pero sin soltarse las manos.
>
> ALEXANDRA PENNEY

Una familia funcional, como un jardín bien planificado, debería seguir una serie de principios básicos de diseño. Una es que todo jardín tiene un ancla: un punto focal que establece la armonía entre los diversos elementos que lo componen. Las relaciones familiares siguen unas reglas psicológicas de diseño parecidas. Innumerables estudios han demostrado que la relación entre los padres funciona como ancla para la familia, proporcionándole estabilidad.

La fortaleza del vínculo entre los padres es el fundamento sobre el que se afirman las demás relaciones familiares. Los niños, guiándose por el ejemplo de sus padres, aprenden sobre la compatibilidad, el cuidado y el respeto mutuos, y la resolución de problemas. Hoy día las familias son variopintas, pero hay una cosa que es cierta en todas. Lo que aprendan los hijos sobre las relaciones personales no se basa en *quiénes son*, sino en *cómo se tratan el uno al otro*. Todas las relaciones tienen diferencias. Lo que enseña a los niños a valorar a la familia es el modo en que se gestionan esas diferencias.

Nutre bien tu relación adulta, planificando citas con tu cónyuge y fines de semana sin niños, y saliendo con otras parejas. Aprecia los pequeños momentos que pasáis juntos, comentando algo gracioso que ha hecho un hijo, contando un chiste que habéis oído en el trabajo, o simplemente disfrutando de esos instantes pasajeros en que estáis solos. Recuerda que, en las relaciones a largo plazo, siempre hay días en que nuestro cónyuge nos cae mejor que otros. Abordar los desacuerdos con respeto, humor y una mente abierta es vital para una relación. Además, para conseguir esto no tenéis que separaros del resto de la familia. La negociación de las diferencias proporciona un gran ejemplo del que vuestros hijos podrán aprender. A menudo los introvertidos rehúyen el conflicto. Ver que sus padres pueden resolver sus fricciones sin dejar de disfrutar de su mutua compañía los ayuda a sentirse seguros.

Una relación sólida entre los padres crea un puente firme pero flexible que puede salvar el abismo entre temperamentos. Aquí caben todas las variantes familiares. Tu cónyuge y tú representáis puntos distintos del continuo de los temperamentos; incluso aunque los dos seáis introvertidos o extravertidos, vuestras personalidades tienen rasgos distintivos. Vuestro hijo introvertido, quizá más que vuestros otros hijos, se dará cuenta de cómo os comportáis. Los introvertidos observan cómo se relacionan sus padres, y llegan a captar las pistas sociales más tenues. Interiorizarán las habilidades relacionales que observen en su familia. Más tarde, podrán meterlas en su equipaje y llevárselas para usarlas en sus propias vidas sociales. Es un gran regalo que podéis hacerles.

Un tema familiar especial: la adopción

No hay nada que revele más el poder de la genética que la adopción. A menudo los niños adoptados tienen un temperamento distinto al de los miembros de su nueva familia. Por este motivo, es importante prestar una atención especial a los rasgos de tu hijo adoptivo. Lo curioso es que a los padres adoptivos suele resultarles más fácil apreciar los temperamentos diferentes. Los padres biológicos de hijos introvertidos pueden sentirse avergonzados o culpables al ver su naturaleza retraída. Por lo general, los padres adoptivos no se sienten responsables del temperamento. Una madre extravertida con la que hablé me dijo: «Si Dan hubiera sido mi hijo biológico, hubiera pensado que era culpa mía que fuese tan callado, pero como es adoptado veo que es su personalidad natural. Mi hija biológica es muy abierta».

En un estudio sobre gemelas idénticas que crecieron separadas, los investigadores descubrieron que una se crió en una familia de profesores, y era una lectora voraz. Cuando encontraron a su hermana, descubrieron que también leía constantemente. Lo sorprendente es que se había criado en una familia a la que no le gustaba especialmente leer. Sin embargo, cuando la niña estaba en la escuela primaria, por propia voluntad cogía tres autobuses para llegar a la principal biblioteca de la ciudad.

Algunos niños han sido adoptados por unos padres que tenían una visión particular del niño que llenaría lo que ellos consideraban un vacío en la familia. Esos padres se sienten decepcionados cuando crían a un hijo que tiene un temperamento distinto al que esperaban. Busca siempre pistas para conocer los intereses y los talentos innatos de tu hijo/a.

En las familias de adopción es frecuente que haya conflictos de energía. Los padres introvertidos pueden sentirse conmocionados por la personalidad abierta y el grado de energía de un hijo extravertido. Dejadlo con unos amigos o parientes movidos, a quienes les guste hacer cosas. Conozco a una familia a quien le encanta esquiar, y que adoptó a un niño a quien le gusta estar en casa. Ahora le permiten disfrutar de confortables fines de semana en casa de sus abuelos cuando ellos se van a la montaña.

En caso de divorcio

> Nos da miedo lo que nos hace diferentes.
>
> ANNE RICE

Aunque a la larga pueda ser lo mejor para unos padres, para todos los niños el divorcio es muy estresante. Conmociona su mundo —después de todo, es el único que tienen— como un terremoto poderoso. A los introvertidos les gusta la rutina familiar que no les exige demasiada energía. Incluso en familias con problemas graves, como abandono de los hijos, abusos, adicción y violencia, el alivio que pueda sentir un niño introvertido tras el cese de las peleas puede quedarse corto frente a la sensación de ruptura. La separación y el divorcio atacan su sentido de la seguridad. Adaptarse a la nueva constelación familiar exige toneladas de energías externas.

Entre tanto, los padres están preocupados, angustiados y, a menudo, viven con los nervios de punta. Los introvertidos pueden captar esta tensión y deprimirse, o llegar a la conclusión de que tienen la culpa de los problemas familiares. Hubo una época en que, en las minas de carbón, se usaban canarios para advertir a los trabajadores de escapes peligrosos que éstos no podían detectar. Los introvertidos son como los canarios de las minas. Perciben las dificultades inexpresadas mucho antes que los demás miembros de la familia. Es posible que una niña introvertida no manifieste su reacción a la conmoción familiar, o que ésta se demore, pero no lo dudes: experimenta la reacción.

Proporciona estabilidad durante el divorcio:

- No metas a tu hijo introvertido entre tú y tu pareja; él se identifica con ambos, y os es fiel a los dos.
- Entiende que los niños introvertidos tienen reacciones demoradas, y que pueden tardar mucho en procesar los cambios.
- No te líes en discusiones con tu ex: cuando sea mayor, tu hija te respetará por ello.

- Habla con tu hijo explicándole el divorcio (en los términos que pueda entender) y asegúrale que no es culpa suya.
- Pregúntale qué siente y qué le preocupa, y aborda esos problemas: «Esta noche, cuando vayas a casa de papá, podemos hablar por teléfono».
- Mantén las rutinas cotidianas todo lo que sea posible.
- Visitar dos hogares puede estresar a los introvertidos, porque tienden a ser territoriales. Pregunta a tu hijo cómo puedes ayudarlo a que ambos hogares sean de su agrado.
- Ten a mano un calendario con pegatinas —para los niños más pequeños— o con recuadros donde anotar —para los mayores— con detalle los días de la semana que estarán contigo. Incluye los viajes, actos escolares, citas con el médico y otra información de que deben disponer ambos padres.
- Admite que, aunque tu hijo introvertido quiere que volváis a estar juntos, eso no va a suceder.
- No hagas a tu hija espía de su otro progenitor, ni tampoco que libre tus batallas.
- Recuerda a tu hijo que, con el tiempo, todos os adaptaréis al cambio y os sentiréis mejor.

Los introvertidos valoran muchísimo la vida familiar. Un entorno familiar armonioso, donde los miembros de la familia reconocen y valoran las diferencias, constituirá un refugio para el niño, y le ofrecerá una estabilidad emocional que usará en sus exploraciones del mundo.

Resumen

- Los introvertidos valoran las relaciones familiares.
- Gestionar las diferencias y semejanzas de temperamento enseña habilidades valiosas.
- Admite y valora todos los temperamentos de la familia.

CAPÍTULO 8

Mejorar las relaciones entre hermanos

Fomenta la comprensión, establece límites y evita la rivalidad

> Si queremos que una planta desarrolle plenamente su naturaleza específica, primero debemos permitir que crezca en el suelo donde la plantamos.
>
> CARL JUNG

Las relaciones fraternales son, en muchos sentidos, un microcosmos del mundo social. Por medio de ellas, los introvertidos aprender a responder a los retos de las interacciones sociales, así como a recoger las recompensas. Si como padres conocéis los diferentes temperamentos, podréis contribuir a crear un entorno que deje espacio para las diferencias, de modo que las recompensas superen a las divergencias.

La lucha entre hermanos

La mayoría de nosotros tiene la expectativa —que a menudo incluso contradice a nuestra experiencia— de que los hermanos y hermanas deberían disfrutar de su mutua compañía. Las investigaciones demuestran que a menudo no es así. En realidad, sólo un pequeño porcentaje de hermanos mantiene una relación estrecha cuando son adultos. Esto, por supuesto, se debe a muchos factores aparte del temperamento. Pero éste tiene una gran importancia, y puede afectar al modo en que se relacionen los hermanos, la cantidad de tiempo que jueguen juntos, su necesidad de disponer de un espacio personal y la opinión que tienen unos de otros.

Aprender a ver a tus hijos por medio de la lente del temperamento te ayudará a tener expectativas realistas, las cuales a su vez te permitirán ser un árbitro más eficaz. Ayuda a tus hijos a entender y a apreciar sus temperamentos, centrándote en los puntos fuertes de cada niño. Intenta un enfoque lúdico: «Hola, Nate. Quería presentarte a tu hermana Judith. Le encantan los caballos y leer los libros de Junie B. Jones. Judith, éste es tu hermano Nate, y le encanta el béisbol y Superman. A ver, ¿a qué podríais jugar durante la próxima hora que os guste a los dos? ¿Qué tal si le ponéis una capa a un caballo?». La propuesta es broma, claro, pero lo que sí digo en serio es que ayuda a alcanzar un punto de vista neutral. No te metas en la refriega y te conviertas en otro hermano peleón. Constantemente veo a padres que lo hacen. Anima a los niños a encontrar cosas sobre las que estén de acuerdo. Lo cierto es que por lo general no resulta tan difícil que las encuentren.

Es enormemente importante enseñar a un extravertido cómo pedirle respetuosamente a su hermano o hermana introvertida un ratito para jugar. Recuerda a los extravertidos que los introvertidos son buzos: se sumergen en las profundidades de su mente, fascinados por su mundo acuático. Necesitan unos minutos para salir a la superficie, porque, si no, sufrirán el mal de la descompresión. Enséñale a tu hijo extravertido a preguntar: «¿Querrás jugar dentro de unos minutos?» o «Después de acabar los deberes, ¿quieres jugar a pillar?». Ayúdalo a entender que es más probable que consiga una compañera de juego adaptándose al ritmo más lento de su hermana que entrando a todo correr y asustándola. También es útil que los extravertidos, que siempre tienen montones de buenas ideas, aprendan a pedirle de vez en cuando a sus hermanos introvertidos que les digan a qué les gusta jugar. Sugiere que tu hijo extravertido invite a su hermana introvertida a contarle qué le interesa. Explica a los extravertidos que los introvertidos necesitan un tiempo para relajarse, y que es útil poner una hora de inicio y otra de fin.

Los introvertidos y los extravertidos no toleran el juego durante el mismo tiempo. A los introvertidos les suele gustar la personalidad espontánea y enérgica de sus hermanos extravertidos, que tienen patrones mentales diferentes a los suyos... pero en pequeñas dosis. Quizá debas intervenir para asegurarte de que a los introvertidos no les agota la relación excesiva con sus hermanos. Veo a padres que esperan que sus hijos jueguen juntos *constantemente*... ¡y encima compartan cuarto!

Incita a tu extravertido a desahogarse un poco, quizá jugando dentro o fuera de casa con una pelota blanda. Entonces enséñale a disfrutar de un momento relajado. Puedes sugerirle que lea, escuche música o haga manualidades no muy lejos del resto de la actividad familiar. Si está solo en su cuarto, quizá quiera tener la puerta abierta. Ayúdalo a disfrutar del tiempo y el espacio a solas, por ejemplo empezando con un cuarto de hora al día y aumentando el tiempo progresivamente. Esto forjará un patrón, de modo que, durante el resto de su vida, sepa valorar el tiempo que pasa a solas.

Recuerda a tu extravertido que los introvertidos necesitan intimidad. El extravertido debe saber si su hermana está enfrascada en un libro, proyecto o afición fascinante, porque entonces puede que ella ignore a sus hermanos. Enseña a tu hijo extravertido a no tomarse esto como algo personal.

Aprovecha las habilidades de los extravertidos

Explica a los introvertidos que los extravertidos se cargan cuando están rodeados de gente y haciendo cosas. Anima a los introvertidos a aprovechar la capacidad comunicativa de sus hermanos extravertidos. Si una introvertida se enfrenta a una compañera de clase agobiante y molesta, puede pedirle a su hermano extrovertido que le proporcione algunas respuestas rápidas. El extravertido puede ayudarla a ensayar esas respuestas. Por lo general, a los extravertidos les encanta ser los exploradores de la familia. Les gusta ser los primeros en subirse al regazo de Papá Noel, y hacer de guía de sus hermanos introvertidos en los lugares nuevos (como una casa encantada en

Halloween, por ejemplo); o, durante la adolescencia, ser los pioneros en todo tipo de aventuras. Los extravertidos también son buenos portavoces. De vez en cuando pueden hablar por sus hermanos introvertidos, como por ejemplo al devolver algo en una tienda o pedirle un favor a un adulto.

Invita a casa a los amigos de tu hijo extravertido; deja que la hermana introvertida decida si quiere estar o no con ellos. Busca un tiempo para que los extravertidos jueguen solos, de modo que puedan practicar y ampliar su capacidad de disfrutar de la soledad. Observa cómo funciona la dinámica del juego. Por ejemplo, puede que dos introvertidos necesiten un tiempo privado pero compartido sin que haya extravertidos cerca. Por lo general, a los extravertidos les gusta jugar en grupo y de formas más ruidosas. A menudo se «pinchan» más unos a otros. Los padres deben mantener el volumen adecuado para que los introvertidos no se agobien, se encierren en sí mismos o se vengan abajo.

Establece límites

> Hay algunas fuentes de las que bebemos sólo cuando estamos a solas.
>
> ANNE MORROW LINDBERGH

Uno de los regalos de tener un introvertido en la familia es que puede enseñar lecciones sobre la necesidad de respetar el espacio personal. Los introvertidos pueden ceder en muchas cosas... pero *no* en lo tocante a su espacio personal. Quieren, e incluso necesitan, un lugar donde haya pocos estímulos, que no engulla su energía y en el que sepan dónde están las cosas.

Constantemente me preocupa descubrir la ausencia de límites en muchas familias. Un cliente introvertido dice: «Mamá entraba en mi cuarto siempre que quería, nunca llamaba a la puerta. Nunca podía relajarme». En muchas familias no esperan que los niños o adultos llamen a la puerta antes de entrar. Tampoco esperan que guarden silencio si hay alguien estudiando. Una de mis clientes introvertidas me cuenta que su hermana gemela le toma prestados los zapatos siempre que quiere. Ella no se atreve a quejarse para no crear problemas... pero no soporta que lo haga. Puede que los padres se rían de esa conducta, pero es muy importante saber cómo se siente una hija introvertida. Si cree que no tiene control sobre nada, puede volverse más pasiva o cerrarse por completo.

La creación de límites familiares ayuda a que todos se sientan seguros. Deja claro que esperas que todos respeten la propiedad y el espacio ajenos siguiendo unas normas, como llamar a la puerta antes de entrar, tomar algo prestado sólo con permiso, y no interrumpir cuando otros trabajan o estudian. Esto, por sí solo, cortará de raíz muchas peleas entre hermanos; cuando los niños tienen la seguridad de unos límites, su relación mejora. Los niños también aprenderán a funcionar mejor en el mundo exterior.

Los padres pueden dar ejemplo de cómo salvaguardar la «burbuja» de un introvertido, la intimidad que necesita para procesar las cosas y recargarse. Dale un cartel que pueda colgar en su puerta y que diga: ¡RECARGANDO! o REGRESO A LA TIERRA A LAS..., con un reloj que indique la hora en que «aterrizará». Si no tiene un cuarto propio, deja que use el tuyo a ratos, o busca otro punto íntimo y acogedor. Si está cansado, estresado o hambriento, puede que necesite pasar más tiempo en su «tanque de descompresión». Si los extravertidos no paran de meterse en su cuarto y en su tiempo, habrá problemas.

Asegúrate de que los hermanos entienden las necesidades relacionadas con el temperamento. A menudo los extravertidos se frustran cuando los hermanos introvertidos quieren estar en su cuarto. Pueden sentirse heridos o rechazados, furiosos porque su «fuente de energía vital» no quiera conectarse. Una vez entienden que se trata de una necesidad física diferente, reducen su tendencia a tomárselo como algo personal. También puedes explicarles que, cuando una introvertida se siente más cómoda, se siente más impulsada a interaccionar con sus hermanos extravertidos.

La rivalidad y los descontentos

> El mejor método de tener un buen jardín es el de la pala y error.
>
> Anónimo

En materia de las diferencias de temperamento existen algunos aspectos espinosos, de los cuales no suele hablarse: la competencia, la dominancia y la sumisión. Vivimos en una cultura donde el pez grande se come al chico, y donde se espera que los niños sean competitivos. Hay algunos casos, como en el terreno de juego, donde la competitividad puede ser constructiva. Los deportes pueden ser una forma saludable de redirigir la agresión. Pero la competitividad, como forma de abordar la vida, considera que los demás son rivales. Divide a las personas en grupos, y fomenta la actitud de «sálvese quien pueda». La competencia reduce lo que crea relaciones de amor, admitir que estamos todos en el mismo barco.

Creo que la mejor manera de competir es *con uno mismo*, no *contra* los demás. Con la competición *externa*, el objetivo es ser el mejor o ganar. Como estímulo siempre será descorazonador, porque siempre habrá alguien mejor que tú. Sin embargo, la competición *interna* está bajo tu control. Va destinada a hacerte mejorar, y te estimula porque te retas a mejorar tus propias habilidades. Esto sí se puede conseguir. Una persona —niño o adulto— siempre puede aprender y mejorar. La competición interna se basa en la autoestima, y a su vez la fomenta.

La competencia entre hermanos puede ser destructiva. Hasta cierto punto es natural, pero los padres no deben comparar a los hermanos o enfrentarlos. Si los padres tienen un hijo perfecto e hipotético que los hijos reales intentan ser constantemente, todos sentirán que no alcanzan el blanco. Y si en algún sentido un niño cree que es el mejor, sentirá una tremenda presión para mantener esa posición. Esto es muy perjudicial para los introvertidos, que a menudo tienden a esforzarse mucho por todo.

A un introvertido nunca hay que presionarlo para que actúe como otro niño. Dado que con frecuencia los introvertidos interiorizan sus problemas, a menudo piensan que deberían ser mejores de lo que son. De entrada, es posible que se sientan inferiores debido a la presión de actuar según la norma de los extravertidos. Añadir más exigencias para competir con los hermanos puede resultar debilitador. Los introvertidos pueden tirar la toalla o plantarse. En lugar de eso, señala los puntos fuertes de cada niño y no crees la expectativa de que todos deben ser iguales. Fomenta la colaboración y el desarrollo de cualidades vitales para crear una vida adulta satisfactoria, incluyendo la generosidad, la actitud colaboradora, la sensibilidad, el humor, la adaptabilidad y el interés por otros. Tienes influencia —quizá más de la que piensas— sobre tus hijos introvertidos. Úsala para reconocer y fomentar sus ventajas innatas.

Aprovecha al máximo los puntos fuertes de tu hijo

Tal y como demuestran los estudios sobre aves, animales y seres humanos, los extravertidos tienden a ser más dominantes, y los introvertidos a ser más sumisos. Los extravertidos luchan más, y los introvertidos son menos propensos a hacerlo. Dentro de la seguridad de la familia, los niños de diversos temperamentos pueden aprender a valorar sus puntos fuertes y a encajar sus limitaciones. Por ejemplo, los extravertidos que usan el hemisferio cerebral izquierdo tienden a ver el mundo como bien o mal, blanco o negro. Todos sabemos que hay pocas cosas que sean tan simples. Esos niños suelen frustrarse y echar la culpa a otros. Sin embargo, cuando el punto de vista «todo o nada» se suaviza en matices grises, y cuando la agresividad del niño está bien dirigida, este temperamento puede convertirse en una gran capacidad de liderazgo. Puedes alabar los usos positivos de la dominancia, como la que usa un niño extravertido para conducir a otros. «James, ¡tienes tantas ideas buenas! Ya entiendo por qué todos quieren ir contigo. Me alegro de que les enseñes actividades constructivas.»

El corazón tenebroso de la envidia

> La envidia es un tipo de halago.
> JOHN GAY

Muchos introvertidos sienten que deberían ser extravertidos, y puede que envidien a un hermano extravertido que tenga muchos amigos y que «parece que todo lo tiene tan fácil». Una intravertida puede pensar que sus padres y familiares prefieren al extravertido. Resulta útil decirle que es normal sentir celos de un hermano. Dado que los extravertidos son más abiertos, puede que a algunos amigos y familiares les cueste menos relacionarse con ellos. Dile que puedes entender por qué le gustaría que las cosas fueran más fáciles... como parecen serlo para su hermano. Luego recuérdale las cosas que a ella le resultan más sencillas, porque a veces los introvertidos no perciben sus propios puntos fuertes. Habla con ella de lo que le cuesta a su hermano o hermana; y de que tampoco las luchas de éste o ésta pueden ser evidentes a veces. También puedes contarle lo que aprendiste de tus hermanos o de personas que estuvieron cerca de ti durante tu infancia. Es evidente que puedes mostrar empatía hacia sus sentimientos.

Por lo que respecta a los extravertidos, muchos envidian la capacidad de un hermano introvertido de no meterse en líos. Hace poco hablé con un extravertido de 12 años. Él piensa que sus padres son injustos con él. Entiendo por qué piensa eso, porque se mete en más líos que su hermano introvertido. Mientras hablábamos, pude indicarle qué opciones tenía para modificar su conducta. Había casos en que tomaba decisiones que le hacían transgredir normas. Si no quería meterse en tantos líos, podía optar por hacer otras cosas. Éste es el uso positivo de la envidia o los celos: puede motivarnos a tomar mejores decisiones.

Evalúate y comprueba que tú y tu pareja estáis mostrando un aprecio individual por cada hijo; ésta es la manera más segura de minimizar ese relumbre verdoso de envidia en sus miradas.

El temperamento y los gemelos

Los gemelos no tienen por qué tener necesariamente el mismo temperamento. Es natural comparar y contrastar a los gemelos, y sentirse tentado a dar por hecho cosas que no son así. Esta tendencia se exagera cuando los padres obligan a los gemelos a estar juntos demasiado tiempo; puede que ser exactamente lo opuesto a tu gemelo sea el único camino para sentirse un individuo. También es posible que la familia, sin darse cuenta, fomente los rasgos opuestos. A los gemelos se les etiqueta rápido: Brianna es la estudiosa, y Bethany la «polvorilla».

Equilibra tus reacciones ante tus gemelos para evitar que se conviertan en extremos opuestos. Si un niño es más introvertido, no dejes que su gemelo extravertido hable por él demasiado o lo anule. Destaca las ventajas de ser introvertido. Por ejemplo: «¡Caray, Jeremy! Has logrado tranquilizar a Jake. Se te da muy bien, ¿eh?». Los gemelos no tienen por qué estar siempre juntos. Los gemelos introvertidos pueden acabar demasiado unidos o depender el uno del otro; necesitan tener compañeros de juego, intereses e identidades distintos. Los padres deben mantener una relación individual con cada hijo. Lleváoslos por separado a hacer recados o haced cosas del tipo «sólo nosotros dos». Ayuda a tu introvertida a ampliar sus fronteras y desarrollar sus propias preferencias, intereses y aficiones.

Admite la capacidad silenciosa de liderazgo de tu introvertido. La mayoría de los introvertidos no manifestarán su capacidad de influir en otros a menos que tengan que hacerlo, es decir, cuando no funciona otra técnica. Los estudios demuestran que los introvertidos, incluso en preescolar, buscan soluciones para los conflictos. Para vencer en los conflictos, los extravertidos tienden a discutir. Señala los talentos ocultos de tu hija introvertida. «Rebeca, sé que no te gusta hablar en público, pero he oído lo que has dicho cuando Zach y Sam se estaban peleando. Has encontrado una manera estupenda de que cada uno obtuviera una parte de lo que quería. Ha sido muy hábil, y tu comentario ha ayudado a todos a recuperar la calma.» Hay muchos introvertidos que dirigen empresas, ¡lo que pasa es que nadie habla de ellos!

Evitemos las peleas

> Las diferencias son una fuente de fortaleza para no-
> sotros... siempre que no las usen en nuestra contra.
>
> JEAN BAKER MILLER

Recuerda que tu hijo introvertido depende del hogar para estar seguro. Es su santuario. Fomenta la armonía fraterna en casa atajando
los conflictos de raíz. Un exceso de tensión es malo para cualquier
niño, pero sobre todo para los introvertidos, que son muy sensibles
al ambiente. Incluso las disputas sin importancia, como decidir qué
comer, pueden desmadrarse. Piensa en las preferencias de cada
niño... y asegúrate de incluir también las tuyas de vez en cuando:
«Vale, Max. Hoy cenamos pizza. Pero mañana cenaremos pollo».
Los introvertidos se sentirán incluidos y animados, en vez de excluidos e invisibles. Además, aprenderán la lección importante de que
pueden expresar sus propios deseos y necesidades.

Todos los niños se sienten más seguros cuando saben que tú estás al frente y elaboras las normas familiares. Los introvertidos, sobre todo, se sienten más seguros dentro de un marco familiar en el
que los conflictos se resuelven de una manera razonable y justa. La
búsqueda de la armonía no significa que se metan los problemas debajo de la alfombra o que se espere que las irritaciones se esfumen
por arte de magia. Tampoco sugiere que debas ir al otro extremo y,
para sofocar las peleas entre hermanos, reaccionar con dureza. En
general, los extravertidos requieren más normas y unas consecuencias más estrictas que los introvertidos, dado que están menos inhibidos. Con los introvertidos puedes aflojar un poco las riendas,
dado que pueden quedarse bloqueados permanentemente si se los
somete a demasiadas reglas y restricciones. Hablad de estas diferencias para que los extravertidos no se sientan discriminados.

Es posible que los introvertidos, adaptables y evitadores de conflictos, se muestren reacios a defenderse. Francamente, les cuesta demasiado esfuerzo. Si ves que tu hijo introvertido se planta, refuérzalo.

«¡Matt, me ha gustado cuando Julie te ha pedido tu caramelo y le has dicho que no! ¡Bien hecho!» Sin embargo, hay momentos en los que deberás intervenir. Si tu hijo introvertido tiene un hermano o hermana extravertida, es posible que le siga la corriente: «No, tranquila. No me importa ver esos dibujos otra vez». Los padres deben fomentar el juego limpio y decir: «Me he dado cuenta de que Peter siempre cede cuando eliges una película, así que hoy elige él». «Hoy le toca a Brett elegir la película, y a partir de ahora elegiréis una vez cada uno.» De esta manera, los introvertidos sabrán que cuentan con un respaldo si deciden gastar ese combustible extra necesario y defender su territorio. Además, los hermanos más dominantes aprenderán una lección importante sobre escuchar a otros, el pacto y la negociación.

A veces los introvertidos se frustrarán cuando tengan que negociar con sus hermanos y hermanas su espacio y su energía. Pero los niños que aprenden a gestionar las diferencias con sus hermanos aportarán esa habilidad a sus relaciones personales durante el resto de su vida.

Resumen

- Prevé que habrá conflictos entre hermanos debido a sus temperamentos.
- Induce a los miembros de la familia a aprender de los puntos fuertes de cada niño.
- Nunca permitas que un hermano se ría de otro, lo hiera o acose.

CAPÍTULO 9

El crecimiento del árbol genealógico

*Cultiva las relaciones con abuelos, otros miembros
de la familia, amigos y cuidadores*

> Si tienes conocimiento, deja que otros enciendan en
> él sus velas.
>
> MARGARET FULLER

Los vínculos estrechos con los miembros de la familia extendida son enriquecedores para todos los niños, en especial para los introvertidos, que tanto dependen de la familia e invierten en las relaciones duraderas. La relación firme con abuelos, tíos y tías, padrinos y madrinas y los amigos íntimos de los padres pueden ofrecer un amor incondicional, un sentido del lugar que ocupamos, la sensación de pertenencia a una familia, y ventanas por las que mirar a otros tiempos y otros mundos. T. Berry Brazelton, en su obra clásica sobre educación infantil titulada *Momentos clave en la vida de tu hijo*, sostiene que los niños pagan un enorme precio por la pérdida de los vínculos intergeneracionales. Recomienda atesorar la continuidad y la tradición familiar que proporciona la familia extendida. Los niños introvertidos pueden crecer sintiéndose invisibles, y muchos de ellos se sienten forasteros en la actual cultura de las apariencias.

Esto no tiene por qué ser así. Una buena relación con familiares o amigos especiales puede asegurarle a tu hija que sí importa. Esas figuras pueden ofrecer amarras a los niños, que están creciendo y a quienes sacuden los retos de esta vida. Pueden transmitir la sabiduría familiar, contribuir a ampliar la visión de sus padres que tiene un niño, y demostrar que no hay una *única* forma de ser, sino *muchas*.

El regalo de los abuelos (y otros adultos especiales)

> Todo tiene su momento y todo cuanto se hace debajo del sol tiene su tiempo.
>
> Eclesiastés, 3,1

Hace algunos años, entrevisté a 30 adultos introvertidos sobre la relación con sus abuelos. Lo que pronto descubrí es que los introvertidos se basaban en esas relaciones, fueran buenas o malas, para ampliar su mundo. Como hemos visto, la investigación nos demuestra que los niños introvertidos aprecian las diferencias. La mayoría de personas a las que entrevisté valoró y aprendió de las posibilidades reflejadas en los gustos, intereses y formas de relacionarse de sus abuelos. Por ejemplo, una artista a la que entrevisté, Marcia, me dijo:

> Mi abuela cultivaba rosas rojas, que le encantaban. Decoraba con ellas toda la casa, incluso el suelo. A mí también me gustaban mucho. Los días calurosos solía tumbarme al sol sobre su suelo de parqué. Al fondo veía una celosía de rosas rojas como una manzana recortadas frente al azul intenso del cielo. En mi familia nadie amaba tanto sus pétalos gruesos como mi abuela y yo. Mi hermano y mi hermana se burlaban de mí porque quería que mi habitación estuviera decorada con un papel pintado con un motivo de rosas.

Este vínculo fue muy importante para Marcia. Se sentía distinta a los otros miembros de su familia, y su abuela le dio permiso para ser ella misma. Hoy día es la única artista de la familia y, claro está, su hogar acogedor está adornado con capullos de rosa rojos y asalmonados.

Los introvertidos consideran que los ricos tapices del mundo de sus mayores son fascinantes. En el mejor de los casos, los abuelos les ofrecen historia familiar, pasatiempos, intereses únicos, actitudes juguetonas y experiencias para que aprendan. Los introvertidos son pequeñas esponjas que buscan todo tipo de información para absorberla. Admiten el valor de la historia, la sabiduría y el conocimiento de sus abuelos. Para los abuelos de cualquier temperamento, compartirse a ellos mismos y sus dones con sus nietos les permite mantener joven el corazón. Pueden apreciar y desarrollar nuevos aspectos de su personalidad, porque se ven a través de un cristal de otro color: los ojos de sus nietos.

Los abuelos introvertidos y extravertidos tienen habilidades distintas, y ofrecen a sus nietos experiencias de crecimiento diferentes. Examinemos esas diferencias.

Los abuelos introvertidos: la libertad para ser uno mismo[1]

> Lo más importante es lo que aprendemos al vivir.
>
> DORIS LESSING

Los abuelos introvertidos dan al niño introvertido un espacio donde respirar. Los familiares más mayores pueden permitirse tener paciencia. A menudo están en posición de hacer lo que no pueden permitirse muchos padres ocupados: como decimos hoy, pueden «tomárselo con calma». Esto puede ser un salvavidas para los niños introvertidos: les gusta tener un ritmo más lento, valoran las pequeñas alegrías de la vida y, por lo general, son amables y comprensivos. Los abuelos introvertidos no se dan cuenta del excelente ejemplo que pueden dar a sus nietos.

Pide al abuelo introvertido de tu hijo que comparta con él un interés, una afición o algo que le guste. Siendo niña, a una de mis hijas le encantaba trabajar en el jardín con los padres de mi marido. Mientras quitaban las malas hierbas y regaban, se contaban experiencias y hablaban de los problemas que iban surgiendo. Si tus padres no tienen una afición concreta que compartir con tu hijo o hija, puedes

---

1. Por amor a la sencillez (y porque esta relación suele ser especial), en este capítulo me concentro en la relación entre abuelos y nietos. Pero buena parte de lo que digo es aplicable a otras relaciones estrechas, familiares o amistosas.

iniciar la relación contándoles algunas de las cosas que le interesan. «A Addy le encantan las sirenas. ¿Podrías llevarla a la biblioteca a ver si tienen algún cuento sobre sirenas? Le entusiasmaría.»

Los abuelos introvertidos pueden ofrecer un estupendo espacio para soñar, donde los introvertidos puedan jugar con su imaginación.

Recientemente, nuestro nieto introvertido y yo estábamos almorzando y conversando sobre dónde vive el ratoncito Pérez. Christopher acababa de perder su segundo incisivo, así que aquel tema era importante para él. Decidimos que el ratoncito Pérez vive en el País de las Hadas, con otros miles de ratoncitos como él. Llegamos a la conclusión de que era necesario un número muy grande de ratoncitos; al fin y al cabo, tendrían que atender a *todos* los niños que perdían *todos* los dientes en todos los países del mundo. Christopher se preguntaba cómo podía el ratoncito Pérez sacar en silencio el diente de debajo de la almohada y dejarle el dinero sin despertarlo. Quizá, reflexionaba, echándole imaginación, tenía algún poder especial y con sólo decir «¡Puf!» salía el diente y, con otro «¡Puf! se colocaba el dinero.

Tardamos varias horas llenas de hipótesis en crear tras bambalinas una narrativa que nos gustase sobre la vida del ratoncito Pérez. Hoy día hay poco tiempo para meditar. Dar una vuelta a la manzana, fijarse en las hormigas y ver la decoración de otras fachadas pueden ser todas ellas experiencias maravillosas, que enriquecen el alma del niño introvertido.

Los puntos fuertes de los abuelos introvertidos:

- Entienden las necesidades energéticas de los introvertidos.
- Se dedican a un nieto por vez.
- Ayudan al niño a valorar su mundo interior.
- Animan al niño a que explore sus intereses.
- Les gustan las conversaciones profundas.
- Le dan tiempo suficiente para tomar decisiones conjuntas.

Los abuelos extravertidos: resistentes y perennes

> Si no fuera por las actividades de ocio, la gente ten-
> dría más tiempo libre.
>
> PEG BRACKEN

A muchos extravertidos les encanta hablar con cualquiera, incluso con desconocidos. Son como las plantas resistentes y perennes del mundo social. Sin embargo, como dependen tanto del mundo exterior, son más sensibles a los rechazos. Como abuelos podemos tener dificultad en entender que los niños tienen temperamentos distintos, y por tanto sentirnos rechazados por ellos.

June, una de mis pacientes, tenía una nueva nieta, Karin. Un día, June me dijo: «A Karin no le gusto». Le pregunté qué había pasado para hacerle pensar eso. Me dijo: «Me giró la cara y no quiso hablarme». Para mí, eso significaba que Karin estaba pasando por esa fase típica en que los bebés desconfían de los extraños. «Entiendo que pienses eso, pero a los ocho meses es normal que lo haga —le dije—. Karin está demostrando que ha forjado una buena relación con sus padres. Ve que tu cara es distinta a la de ellos. Eso es buena señal. No te lo tomes como algo personal: pronto superará ese estadio.» Más adelante, Karin manifestó indicios de que era un tanto introvertida. Con el paso del tiempo, June aprendió a reducir sus expectativas y a esperar que fuese Karin quien se acercase. Cuando Karin se escondía detrás de sus padres, June ya no pensaba que esa actitud fuera una expresión de sus sentimientos hacia ella. A medida que Karin fue creciendo, aprendió a disfrutar del entusiasmo de June y de su personalidad amante de la diversión.

Los introvertidos pueden disfrutar de las ideas, actividades e intensidad de los extravertidos. Les gusta enterarse de cosas sobre las vidas de sus abuelos, y salir de aventuras con ellos... pero sin pasarse. Los abuelos introvertidos pueden enseñar a los extravertidos a reducir la velocidad y darse cuenta de las cosas. Los extravertidos pueden pensar que todo el mundo disfruta de la vida de la misma manera... o debería hacerlo. Puedes explicar que tu niño es diferente, y que un paseo relajado junto al lago dando de comer a los patos le gustará más. Si un abuelo extravertido quiere llevarse a su nieta introvertida a una actividad especial, sugiérele algo que interese a los dos, porque muchos abuelos extravertidos pueden elegir algo sin antes haberse informado de si a su nieta le gusta o no. Un cliente extravertido que tuve se llevó a su nieto a ver las ballenas sin informarse

Perdona a tus padres

A veces son los padres quienes se interponen en una relación intensa entre abuelos y nietos. Hay muchos motivos para esto. Puede ser doloroso descubrir que un padre es mejor *abuelo* que *padre*. He visto a adultos que siguen teniendo rencor hacia sus padres, en lugar de darse cuenta de que éstos tuvieron sus propios problemas; que se lamentan lo que perdieron durante su infancia y que no aceptan a sus padres como son ahora.

A menos que tus padres sean demasiado egoístas, tengan un problema mental (y no sigan tratamiento), sean alcohólicos o estén traumatizados por cualquier otra cosa, intenta perdonarlos por sus errores pasados. Muchos de nosotros tenemos padres para los que la crianza de los hijos fue decepcionante, estresante, agobiante o simplemente demasiado. Intenta cerrar las viejas heridas y aprecia el hecho de que hayan crecido como personas. Haz ese regalo a tu hijo. Recordarán el ejemplo que les des ahora cuando sean *ellos* los que crezcan y tengan hijos.

Una situación que he observado es la de padres celosos de la relación que sus hijos tienen con los abuelos y con otros familiares. Esto es una tragedia. A medida que el niño crezca, esto perjudicará la relación con sus padres. He oído decir a muchos clientes que sus padres les impidieron tener una relación con sus abuelos o con otros familiares, y aún están resentidos por ello. Pero es positivo «compartir» a tus hijos cuando son pequeños; de todos modos, a medida que crezca tendrás que irlo compartiendo cada vez más. Los abuelos y otros ofrecen a los niños otros modelos de roles de los que aprender. Conceden a los niños la oportunidad de amar *más*, no *menos*. Tus hijos te lo agradecerán.

de si el niño se mareaba en el barco. Digamos que nunca volverá a cometer el mismo error.

Los puntos fuertes de los abuelos extravertidos:

- Se les ocurren montones de cosas divertidas para hacer.
- Son amistosos y entusiastas.
- Son espontáneos.
- Pueden tratar con varios nietos a la vez durante más tiempo.
- Aprecian la chispa y la energía de los niños extravertidos.
- Muestran calidez y cariño, y hacen cumplidos.

Cómo establecer unos límites estables

> Me encantaba su hogar. Todo olía a viejo, gastado pero seguro; el aroma de la comida había barnizado los muebles.
>
> SUSAN STRASBERG

Por numerosas razones, algunos abuelos no quieren forjar una relación con sus nietos. Quizá cuando criaban a sus hijos tuvieron unos suegros que interferían, y no quieren que se repita lo que pasó con ellos. Pueden mostrarse vacilantes, tímidos o angustiados al enfrentarse a esa responsabilidad. Acaso piensen que los viejos conflictos siguen vivos, o no sepan que son necesarios o importantes, o quizá simplemente les desconcierten los aparatos modernos de que disponemos ahora. A pesar de que ya tengo cuatro nietos, aún tenemos problemas para saber cómo se monta y se desmonta el andador. Antes de iniciar una relación estrecha con sus nietos, algunos abuelos necesitarán que los padres muestren su conformidad.

Dado que, incluso en nuestros tiempos, las madres suelen ser quienes pasan más tiempo con los niños, es posible que los abuelos paternos no tengan el acceso fácil a los nietos de que disfrutan los abuelos maternos. Si la madre del padre tiene dificultades para dejar ir a su hijo, esto a veces causa problemas territoriales, y la nuera no se siente tan generosa con los niños. Las familias políticas aún complican más este asunto.

Una de mis clientes, Keri, se sintió muy herida cuando de repente su madre introvertida no quiso cuidar de sus tres nietos. Animé a Keri a que hablase con su madre sin ponerse a la defensiva, y le preguntase el porqué de su actitud. La madre de Keri le dijo que ella se sentía tranquila y segura con sus dos nietas introvertidas, pero que, cuando le dejaba a su nieto extravertido, Jake (que es demasiado para cualquiera), le entraba el pánico. Ahora sólo dejan a los tres niños cuando el padre de Keri puede echar una mano. También organizaron la agenda para que los niños visiten a su abuela de uno en uno. Los vínculos entre la madre de Keri y sus nietos se volvieron más fuertes.

Éstas son algunas de las forman como se puede fortalecer el puente que salva el abismo generacional:

- Date cuenta de que, cuantas más relaciones afectivas tenga tu hijo, mejor.
- Di a tus padres que aprecias sus esfuerzos para entender a tus hijos.
- Si haces las cosas de un modo distinto a tus padres, admite que las cosas han cambiado desde su época, y que valoras su capacidad de aprender nuevas técnicas.
- Habla con ellos del asunto del temperamento, concretamente de lo que tiene que ver con tu hijo introvertido. Diles lo mucho que significa para él su afecto y su interés. Anímalos a hacer el test de la página 39 y a compartir cómo creen que el temperamento ha afectado a sus propias vidas.
- Explícales que los introvertidos reaccionan de forma distinta cuando están con gente que no conocen o a la que no ven a menudo, y con los grupos. Puedes decirles lo que tu hija introvertida necesita para sentirse cómoda.

- Anima a tu hijo a enviar a sus abuelos postales, correos electrónicos y dibujos.
- Asegúrate de que agradeces los regalos: «A Andy le encantó el libro que le comprasteis».
- Mantén una comunicación fluida.

Añade un poco, crece mucho

> La clave para el cambio... es dejar atrás el temor.
>
> ROSANNE CASH

Miracle-Gro tiene un producto que se llama Shake'n Feed Continuos Release Plant Food (sistema de nutrición constante para plantas Añade y Alimenta). Su anuncio en la revista *Southern Living* incluye la frase «Sacude un poco, crece mucho». Recomienda echar los nutrientes a plantas y flores y, *voilà!*, crecerán hermosas. Esto también puede decirse de los abuelos.

En ocasiones es necesario enseñarle a un sabio mayor trucos nuevos. Si tienes abuelos u otros familiares que esperan que todos los niños sean expansivos, disfruten estando en grupo y, en general, se comporten como pequeños extravertidos, explícales que a los introvertidos se llega con las tres L: liberar, leer y ligar, como explico más adelante.

Hace poco estuve trabajando con Ellen y Dan, los padres de una niña introvertida de cinco años, muy lista y sensible, llamada Zara. Los padres de Dan esperaban que todos los nietos de la familia se comportasen más o menos igual. Debían ser locuaces, dar besos cuando se les saludaba, disfrutar de las reuniones familiares ruidosas, zamparse toda la comida del plato y dar saltos de alegría al recibir un regalo. Pero en realidad, en las fiestas, a Zara la superaba todo el ruido, los besos y la presión para ser social. Cuando visitaba a sus abuelos, a menudo sucumbía a una crisis. Los padres de Dan lo criticaban a él y a su esposa porque consideraban que estaban criando a Zara «como un bebé».

Acortando distancias

Hoy día, la mayoría de nietos —exceptuando los pocos que tienen suerte— vive alejada de sus abuelos. Aunque cuesta un esfuerzo, a pesar de la distancia geográfica, es posible mantener vivo ese vínculo. Una de mis amigas tiene una hija adolescente que vive en otra ciudad. Se envían correos electrónicos casi a diario, y mi amiga ayuda a su hija tímida e introvertida cuando tiene problemas de relación social. A la mayoría de introvertidos les gusta comunicarse con los abuelos que viven en otra zona. Éstas son algunas de las maneras en las que, como padre, puedes contribuir a que los miembros de la familia que están separados geográficamente sigan manteniendo una buena relación:

- Intenta montar un «kit de viaje circular». Un abuelo anota sus pensamientos en un diario o una carta y se la envía a su nieta. Ésta continúa la cadena escribiendo sus comentarios, preguntas o respuestas en el diario o en la carta. Entonces se la envía de nuevo a su abuelo. Se trata de un diario interactivo, una conversación escrita que documenta su relación a medida que pasa el tiempo.
- Da a los parientes mayores, que tengan ingresos fijos, una tarjeta telefónica prepago.
- Cuando venga algún familiar, cocinad algo juntos. Apunta las recetas y coméntalas con ellos o, cuando vuelvas a hacer ese plato, llámalos.
- Usa el correo normal. Aún funciona, y a todo el mundo le gusta recibir cartas.
- Envía correos electrónicos frecuentes, archiva los mejores para volver a leerlos luego y saca fotos digitales que pueden enviarse por Internet.

Ellen y Dan hablaron con los padres de él y les pidieron que liberasen sus expectativas. ¿Podían ampliar su punto de vista y entender que no todos los niños salen del mismo molde? Como las flores, los niños tienen formas y clases distintas. ¿Podían renunciar a las expectativas sobre su nieta introvertida, que no puede cambiar y convertirse en otra persona? Les detallaron los descubrimientos científicos que explican por qué y de qué modo están hechos los niños introvertidos. Una vez los abuelos puedan ver a cada niño como una semilla separada, esto ayudará a que todo el mundo crezca.

Dan y Ellen trataron de ayudar a sus padres a que aprendiesen a leer a Zara. ¿Tiene una mirada perdida, lo cual sugiere que está sobreestimulada? ¿Se está poniendo de mal humor? ¿Ha caído en picado su energía? ¿Quizás ha habido demasiadas actividades? ¿Pueden observar cómo accede a nuevas experiencias y analiza primero las cosas? Si logran empezar a formularse estas preguntas, es que están aprendiendo a leerla y están listos para relacionarse con ella.

La relación con los nietos no sólo consiste en hablar con ellos, sino también en desarrollar la capacidad de ser flexible y ajustarse a los niños. Si tu nieto está agotado, no añadas más estímulos (aunque hayas esperado todo el día para enseñarle un juego especial). Pulsa tu tecla Silencio (todo el mundo tiene una). Asegúrate de concederle pausas. No esperes poder relacionarte con los introvertidos en grupo tan bien como lo harías individualmente. Responderán mejor si les indicas que eres consciente de su presencia mediante un gesto con la mano, un guiño o un movimiento de cabeza. Más tarde ya encontraréis un rincón donde poder hablar a solas.

El centinela

> La persona que una vez ha tenido a un toro agarrado por el rabo ha aprendido unas sesenta o setenta veces lo mismo que la persona que no lo ha tenido.
>
> MARK TWAIN

La misión prioritaria de los padres es proteger a sus hijos. Hemos de ser centinelas, siempre alerta para identificar lo que podría perjudicar a nuestros hijos. Algunos de nosotros, de niños, estuvimos desprotegidos. Como no aprendimos esa técnica, es posible que no seamos muy competentes para proteger a nuestros propios hijos.

Los introvertidos en las grandes reuniones familiares

Las grandes fiestas familiares durante las vacaciones o para celebrar acontecimientos especiales pueden resultar estresantes para todo el mundo, pero especialmente para los niños introvertidos, a quienes apabulla tanta estimulación y atención. Aquí tienes unas cuantas pistas para ayudar a que las cosas vayan un poquito mejor:

- Antes de la fiesta, explica a los miembros de la familia que tu hijo es introvertido y que puede parecer arisco, pero que deben saber que no es nada personal: es fisiológico.
- Dado que el grado de energía de tu hijo introvertido afecta directamente a su capacidad de superar las reuniones sociales, asegúrate de que antes de la fiesta ha descansado y ha comido.
- A medida que crecen, anima a los introvertidos a saludar con la mano, con la cabeza, o a sonreír cuando entren en la reunión; más tarde ya hablarán.
- Puede que los introvertidos hablen más cuando hay menos gente, así que déjalos que busquen grupos más reducidos. Es probable que entre la multitud se muestren reservados, aunque conozcan a todos.
- Intenta que tu hija tenga espacio para respirar. La intimidad física puede agotar sus energías.
- Advierte a los miembros de la familia a que no esperen besos y abrazos hasta que tu hijo esté listo.
- No fuerces a los introvertidos a abrir regalos delante de la gente. Puede que les guste más abrirlos cuando haya menos personas a su alrededor.

Quizá nos vayamos al polo opuesto y los protejamos en exceso. Los niños introvertidos, en concreto, necesitan unos centinelas equilibrados, una mezcla de ánimo y seguridad.

Un paso de gigante que damos cuando pasamos de la juventud a la edad madura se produce cuando defendemos a nuestros hijos dentro de nuestra propia familia. En el mundo de la psicología se llama «diferenciación». Es como agarrar al toro metafórico por la cola y por los cuernos. Es tan difícil que mucha gente ni lo consigue. Puede que suponga enfrentarse al miedo de que nos den una cornada. Pero todos necesitamos defender nuestras creencias, separándonos psicológicamente de nuestra familia de origen para ser realmente adultos individuales. A menudo esto se consigue dando un paso al frente y diciendo que no para proteger a nuestros hijos aun dentro de nuestra propia familia. La ironía estriba en que muchas veces decir que no a nuestra familia de origen nos libera para apreciar y disfrutar lo que realmente nos gusta de ella.

En muchos casos, las normas familiares —explícitas o tácitas— no son adecuadas para un niño introvertido. Éstas incluyen reglas como: «Tienes que comerte todo lo del plato; debes besar a tía Edna (a la que no conoces mucho) para despedirte; debes jugar con tus primos, a los que hace un año que no ves; debes abrir los regalos delante de todo el mundo y demostrar lo entusiasmada que estás». En los casos pertinentes, y cuando no provoque muchos problemas, puede que quieras seguir las normas de otros. Pero en ocasiones las normas familiares pueden ser perjudiciales.

Mi cliente Milt creció en un hogar donde era inevitable acabarse lo del plato. A Milt no le importaba; de pequeño dejaba el plato reluciente como un espejo. Sin embargo, su hija introvertida, Sylvie, resultó ser remilgada para comer. Ya lo era de por sí en su casa, pero sobre todo cuando había reuniones familiares... que la enfrentaban a la brigada «limpiaplatos». Durante una comida de Acción de Gracias, el padre de Milt se enfadó al ver la falta de apetito de Sylvie. Le dijo a la niña que no podría levantarse de la mesa hasta que acabara su plato.

Milt vio que ninguna de las dos partes iba a ceder. Respiró hondo y cogió por los cuernos el «toro» del abuelo. Dijo: «Estamos encantados de seguir la mayoría de las normas que tenéis en esta casa, pero me temo que la regla de acabarse lo del plato no es buena para Sylvie. No tiene por qué acabarse el plato». En torno a la mesa festiva se produjo un gran silencio. El toro gruñó y resopló: nadie había desafiado nunca sus órdenes. Milt dijo a Sylvie que podía levantarse de la mesa. El abuelo estuvo un rato pateando el suelo. Nunca admitió plenamente aquel incidente, rato jamás volvió a decirle a Sylvie que se acabase toda la comida del plato.

Sylvie se sintió protegida por su padre. Le sorprendió ver que la defendiera delante de su abuelo. Además, le alivió saber que no tendría que seguir comiendo toda aquella salsa grasienta y el relleno especiado. También supo que tendría que seguir algunas otras normas en casa de sus abuelos que quizá a ella no le gustaran. Por su parte, la esposa de Milt se quedó sorprendida por la asertividad de su marido. Pensó que era positivo que Sylvie viera cómo se defiende a un hijo, y que posiblemente en algún momento de su vida adulta ese ejemplo le serviría. Milt se sintió más independiente y adulto porque había logrado sobrevivir en el ruedo de la familia.

Los introvertidos y el cuidado infantil

De la misma manera que los miembros de la familia pueden crear vínculos fuertes y valiosos con los niños introvertidos, las personas que los cuidan también pueden hacerlo. Esas personas pueden convertirse en amigos en quienes confiar, que a menudo ofrecen un punto de vista diferente al de la familia. Por tanto, te ruego que no dejéis que cualquiera cuide de vuestro hijo. Los niños introvertidos son especialmente sensibles a los adultos que los rodean; necesitan conectar. Vale la pena dedicar tiempo a encontrar una persona o un centro seguros, confiables, atentos y flexibles, que puedan cuidar de tu hija.

Lo ideal es que a los niños menores de 3 años los cuide una persona coherente, amable, cariñosa, que no sea irritable, nerviosa o impaciente y, si es posible, en tu propia casa. Esto resulta menos estresante para tu hijo y supone menos trabajo para ti. Si no te lo puedes permitir, asegúrate de que esa persona cuide sólo a unos pocos niños tranquilos.

Tengo muchos clientes que han recurrido a señoras de mediana edad cariñosas, que ya han criado a sus hijos, los cuales han abandonado el nido. Por lo general esas mujeres son flexibles, y les gusta recoger a los niños del cole, llevarlos a las actividades extraescolares, hacer recados y jugar con los niños introvertidos en edad escolar. Puedes compartir los gastos con los padres de otro introvertido compatible. Un alumno universitario que estudie desarrollo infantil (psicología, pedagogía u otra disciplina relacionada), o un ayudante de preescolar, pueden ser también buenos canguros para un introvertido.

Es útil hablar con el cuidador o cuidadora, o con el personal del centro, del temperamento de tu hijo. Esta conversación puede ahorrar mucho tiempo de prueba y error. Puedes aclarar que a veces tu hijo no es muy sociable, y que después de ciertas actividades puede necesitar un tiempo para relajarse. Cuanto más sepa el cuidador sobre la introversión, mejor podrá entender a tu hija. Incluso puedes facilitarle una copia del test de temperamento de la página 39. Apreciar la fuerza del temperamento ayudará a una cuidadora no sólo con tu hijo, sino con todos los que tenga a su cargo.

La conversación y el desarrollo del lenguaje

Los primeros tres años de vida son cruciales para el desarrollo del lenguaje. Creo que es esencial que el cuidador hable con fluidez la lengua materna del niño. Aunque contratar a una persona que habla otro idioma ayudará a tu hijo a ser bilingüe, no quieres que por ello el niño sea menos competente con su lengua primaria. Si la lengua materna de tu hijo no es la misma que la del cuidador o cuidadora, asegúrate de que esa persona no tenga demasiado acento, dado que éste podría interferir con el desarrollo lingüístico del niño. (Los introvertidos dependen sobre todo de la vía auditiva lenta, y los acentos marcados dificultan descodificar lo que se dice.)

Explica a la cuidadora que debe hablar con tu hijo introvertido. He visto muchos casos en que los cuidadores apenas hablan con los niños de quienes se cuidan. Como hemos visto, los introvertidos necesitan conversación.

La disciplina

Hablad de cómo abordar las cuestiones difíciles, como la disciplina. Fíjate en si la persona contratada es receptiva a lo que le cuentas de tu hijo. Te interesa disponer de alguien que sintonice con los intereses y preocupaciones de tu hijo. No permitas que a tu hijo le peguen, le griten o le avergüencen. Hablad en privado cuáles serán las pautas a fin de fijar límites prudentes para tu hijo en caso de que sea necesario.

Las oportunidades para socializar

Cuando el niño esté listo, apúntalo (junto con su cuidadora) a una clase de música, danza o arte. Asegúrate de que ella entiende que el objetivo de esa actividad es darle la oportunidad de interaccionar con tu hijo introvertido de una forma divertida y enriquecedora, y ayudar al niño a dar sus primeros pasos vacilantes en la socialización. Cuando participé con mi nieta en una de esas actividades, todos los demás adultos eran cuidadores. La mayoría prestaba poca atención al niño al que debía cuidar. Habían ido para socializar entre ellos. Los niños pequeños necesitan muchísima supervisión por parte de los adultos para poder socializar entre ellos.

No lo pierdas de vista

Siento decir que también recomiendo las cámaras ocultas de las que la cuidadora no sabe nada; cada día mira un trozo de la película para ver cómo interacciona con tu hijo. Lo cierto es que no todo el mundo está hecho para cuidar durante mucho tiempo de un niño pequeño, y tú quieres asegurarte de que esa persona tiene como objetivo beneficiar a tu pequeño. El hecho de cuidar a un niño, aunque sea tranquilo o pequeño, sobre todo si el cuidador está cansado o enfermo, puede hacer que reaccione con brusquedad. Las cámaras ocultas son una buena salvaguarda, porque tu hijo puede ser tan pequeño que no te pueda contar si le han tratado mal. Otra forma de mantener la situación controlada es dejarse caer por casa sin avisar, o hacer que un amigo o pariente se acerque por allí.

Mantén el contacto

Asegura a tu niño que piensas en él aunque no estés a su lado. Durante el día, mantente en contacto con él. Llámalo por teléfono y, cuando sea mayor, déjale notas o envíale correos electrónicos.

Las transiciones

Puede que a tu niño le cueste despedirse de ti por la mañana. (A menudo, los introvertidos tienen crisis durante las transiciones que les hacen perder energía.) Antes de irte, avísale con mucho tiempo, e intenta crear una rutina de la que pueda fiarse. A lo mejor quieres crear un ritual para despedirse (porque los actos conocidos reducen la

Señales de peligro

Pregunta a tu hijo siempre cómo fue su experiencia con la cuidadora. Cuando te lo cuente, estate alerta para detectar problemas. Si se queja sobre el cuidador o cuidadora, presta atención. Si de repente empieza a mostrarse distante o arisca con él o ella, o no quiere ir al jardín de infancia, investiga de inmediato su entorno. Si se queja de que tiene síntomas físicos como dolor abdominal, o de repente cambian sus hábitos de comer o dormir sin que nada más haya cambiado en su vida, investiga el asunto a fondo.

ansiedad del niño). Uno corto y divertido para los niños pequeños dice: «Adiós, arriba» (levanta las manos y da una palmada) y «Adiós, abajo» (bájalas y da otra). Para recibirte, indica a la persona que cuide del niño que le avise un poco antes de que llegues. Deja que el niño se ajuste a tu llegada. Puede que no manifieste lo contento que está porque sus sentimientos le bloquean. Asegúrate de que se alegra de verte.

Ten un plan B

Haz una lista de dos o tres canguros de emergencia, para cuando tu hijo esté enfermo o surja cualquier tipo de imprevisto. Cuando la niña sea lo bastante mayor como para entenderlo, dile que tienes ese plan B. Dile quién vendrá en caso necesario. Eso reducirá su ansiedad. Envía el historial médico de tu hija al menos a dos adultos cerca de su escuela o a la casa de quien la cuide, por si se produce una emergencia o una situación en la que tú o tu pareja no podáis llegar inmediatamente hasta ella.

Las tardes fuera de casa

Cuando salgáis de noche, aseguraos de que el niño conoce al cuidador. Si es posible, que venga de visita varias veces estando vosotros en casa, antes de dejarlo a solas con el pequeño. Prepara a tu hijo de antemano, diciéndole que lo vas a dejar con un familiar o un cuidador; dale tiempo para que piense en lo que podría necesitar. Dale tu número de teléfono y déjale una nota en la mesilla de noche. Como algo especial, puedes permitirle que duerma en vuestra cama o que monte una tienda de campaña con el cuidador en el salón. Haz que la noche en la que salís también sea especial para él. Recuérdale que volverás y que, si pasa alguna emergencia, puede llamaros. ¡Admite que él también podrá descansar un poco de vosotros!

Los cuidadores son adultos con quienes tu hijo o hija puede forjar una relación de confianza, importante, igual que con un abuelo o un amigo de la familia. En el mejor de los casos, estarás seguro de que a tu hijo lo cuidan bien, y él irá adquiriendo confianza y aprenderá más sobre el mundo.

Resumen

- Anima a los introvertidos a que hagan amigos dentro de su familia.
- Los familiares introvertidos y extravertidos amplían el mundo de tu hija.
- Los cuidadores cariñosos y comprensivos son esenciales para los introvertidos.

CUARTA PARTE

Sacar lo que hay dentro

Si encuentras un camino
que no tiene obstáculos,
seguramente es porque no
conduce a ninguna parte.

FRANK CAPRA

CUARTA PARTE

Sacar lo que hay dentro

CAPÍTULO 10

Los introvertidos en el colegio

Cuando entiendas cómo aprenden mejor los introvertidos, podrás ayudarlos a superar la etapa escolar

> Una vez ampliamos nuestra mente para incluir una idea nueva, nunca volverá a tener la forma de antes.
>
> OLIVER WENDELL HOLMES

La madre de Julianne no entendía qué estaba pasando. Cuando estaba en la guardería y en el primer año de colegio, a Julianne le encantaba ir a la escuela. Sin embargo, al empezar segundo, su hija se quejaba de tener que ir al cole, y sus notas empeoraron. Julianne llegaba cada día a casa con sus trabajos escolares, en los que, en vez de una carita risueña, habían dibujado un rostro triste. Lloraba por las noches, sabiendo que a la mañana siguiente tendría que volver al colegio. «No soporto que me pongan todas esas caras tristes», le dijo a su madre. Ésta se reunió con la maestra de Julianne, la señora Chan, que le dijo que su hija tendría que haber repetido primero. La madre de Julianne se sorprendió: ¿cómo podía pensar eso si a Julianne le había ido *tan bien* el año anterior? La señora Chan le dijo que pensaba que Julianne era lenta porque no participaba en las actividades de clase, no captaba rápido las instrucciones y solía formular preguntas sobre los deberes. La maestra hacía que Julianne se quedara en clase durante el recreo, porque tardaba mucho en acabarlos. La madre de Julianne salió del aula, conmocionada.

Lamentablemente, éste es un ejemplo sacado de la vida misma de la colisión entre una niña introvertida y una maestra con expectativas. La señora Chan se enorgullecía de empezar el año con un material totalmente nuevo. Valoraba la velocidad, y creía que las instrucciones debían darse sólo una vez. Si una niña no escuchaba algo la primera vez, era porque no había prestado atención. La señora Chan era bastante severa, y para rematarlo tenía un acento que dificultaba entenderla. Los profesores que Julianne tuvo antes encajaban mucho mejor con ella.

La madre de Julianne y yo planeamos una estrategia. El colegio no iba a pasar a Julianne a otra clase de segundo, así que su madre hizo que la señora Chan asignase a Julianne a un compañero que la ayudase. Ella podría formularle preguntas sobre instrucciones y deberes. La ayudante que colaboraba con la señora Chan también podía desempeñar un papel, dado que era más cariñosa y más sensible a las necesidades de niños individuales. La madre de Julianne le explicó a su hija cómo funcionaba su mente, y por qué necesitaba más tiempo para asimilar las cosas. Constantemente la animó a hacer todo lo que pudiese, y a que fuera consciente de que no pasaba nada si no era perfecta en todo. Durante el año escolar, la niña de 7 años fue avanzando a trompicones. Para su madre y para mí, que la observábamos desde fuera del terreno de juego, fue una experiencia angustiosa. Aunque la ayudaban, Julianne estaba desanimada y odiaba ir al colegio. Pensaba que era demasiado lenta en todo. Ella y su madre pegaban adhesivos en el calendario para contar los días que quedaban hasta el día V: las vacaciones de verano. En aquella época, Julianne tenía problemas de estómago y ojeras.

Durante el verano, Julianne se animó, pero a medida que se acercaba el tercer curso cada vez estaba más nerviosa. Su madre había solicitado una profesora que le pareció más compatible con su hija. Sin embargo, el centro escolar no le había garantizado que se la concediera. Todos soltamos un enorme suspiro de alivio cuando Julianne tuvo la suerte de que le asignaran a aquella profesora tan cariñosa, que entendía que no todas las mentes infantiles son iguales. Al cabo de un mes y medio en su nueva clase, Julianne le dijo a su madre: «Empieza a gustarme de nuevo la escuela».

Los retos y las ventajas de los introvertidos

Para cualquier niño, la escuela está llena de obstáculos. Pero los introvertidos se enfrentan a unas dificultades específicas. Primero, el mero hecho de estar ahí fuera, en el mundo, y concentrarse en algo fuera de ellos, agota su energía. A menudo trabajan fuera de la zona donde están a gusto, lo cual dificulta que den de sí todo lo que pueden. Las aulas típicas consumen montones de combustible, porque son lugares ruidosos, llenos de distracciones visuales, y exigen una proximidad estrecha a otras personas. Resulta difícil oír nada, sobre todo si la gente habla rápido o con acento. Para rematarlo, a menudo hay poco tiempo o espacio para recargarse.

Segundo, a los introvertidos se les presiona a procesar información, comunicarse y acabar pronto sus deberes. Además, a menudo se los obliga a estar en situaciones que son auténticas luchas, como hablar delante de sus compañeros, asimilar las expectativas y puntos de vista de otros, superar las interrupciones, pasar de un tema a otro y trabajar en equipo. Además, es posible que el profesor no les haga caso, porque tiene que concentrarse en los más revoltosos.

Los profesores, en especial los extravertidos, malinterpretan la conducta y las cualidades de los introvertidos. Dado que éstos tardan más en procesar la información, puede que no respondan a las preguntas del profesor si no se sienten cómodos. Si los presionan a reaccionar rápido o sienten cualquier otro tipo de presión, puede que los introvertidos no demuestren entusiasmo. Como resultado, puede parecer que no tienen interés o motivación; no muestran en público sus verdaderos sentimientos. Dado que, como ya he dicho, su procesamiento auditivo es más lento, puede que no capten las instrucciones la primera vez que las oyen, y por tanto queden rezagados. Por tanto, se puede pensar que el niño introvertido no tiene muchas luces, que no logra seguir el ritmo, le falta entusiasmo, es tozudo, demasiado independiente, poco sociable, o que hace demasiadas preguntas sobre las instrucciones o los materiales.

Ésos son los problemas potenciales. Pero la mayoría de los introvertidos están muy dispuestos a aprender, y los maestros suelen reconocer los puntos fuertes de este temperamento y fomentarlos. Esto es lo que me pasó a mí y a muchos otros introvertidos que me han contado sus experiencias. Algunos maestros se sienten atraídos por los introvertidos porque les gusta su capacidad de mantener conversaciones más complejas. Los profesores valoran sus observaciones agudas, su perspicacia. Es posible incluso que los alumnos introvertidos se conviertan en «mascotas» de los profesores, porque son útiles, se puede tratar con ellos en el aula e incluso algunos prueban a congraciarse con sus maestros. Mi nieto realmente *ha querido muchísimo* a sus maestros de primero a tercero. Las orejas de mi hija casi se le han caído de tanto escucharle hablar de la señorita McDonald, que ahora es la que más le gusta a su hijo. Muchos introvertidos descubren que les interesan más sus maestros porque tienen más en común con ellos que con sus compañeros de clase. Lo cierto es que, en general, a muchos introvertidos les gusta hablar con los adultos más que con los de su edad. Cuando los profesores extravertidos logran captar un atisbo del mundo interior de los introvertidos, los consideran unas personas fascinantes.

Para muchos introvertidos la escuela es un jardín en flor de conocimientos, a pesar de la energía que invierten en ella. Les gusta aprender. Para ayudarse a disfrutar de la escuela, algunos encuentran maneras creativas de enfrentarse a su exceso de estímulos. A menudo descubren lugares menos frenéticos en la escuela, donde pueden recargarse. Puede que pasen la hora de comer en la biblioteca, si es un lugar tranquilo. Un introvertido con el que trabajé iba a la clase de párvulos a leerle a otro niño durante una hora. Otro solía visitar a la enfermera de la escuela, y charlaba con ella durante su hora del almuerzo. Durante un tiempo yo estuve colaborando en la oficina trasera del instituto, un lugar relajado. Cuando una de mis hijas estaba en el instituto y tenía tiempo libre, iba a la escuela elemental local para desarrollar proyectos de arte y manualidades para los profesores.

Lo que cuenta es lo que está delante

Recuerda que los introvertidos están diseñados para usar una vía directa que va hasta el área ejecutora, situada en la parte anterior del cerebro, que integra y desarrolla las ideas y conceptos complejos. A medida que los introvertidos crecen y se desarrollan, sus pensamientos, emociones y experiencias se integran. Esto les da la capacidad de usar funciones mentales complejas. La parte anterior del cerebro, el *capó*, también dirige el juicio, la conducta social y ética, la creatividad y lo que bien puede ser nuestro mayor regalo, la *empatía mental*: la capacidad de conocer la mente de otra persona y comprender sus intenciones; es el tipo más sofisticado de inteligencia emocional.

Cómo aprenden los introvertidos

> Creo que en el aprendizaje de un niño todo está conectado: lo que ya ha pasado, lo que sucede ahora y lo que tendrá lugar en el futuro.
>
> FRED ROGERS

El hecho de que una niña sea introvertida o extravertida determina en gran medida su forma de aprender. Los extravertidos forman sus percepciones a partir de sucesos pasados *externos*, el capó del cerebro. Los introvertidos basan sus experiencias en pensamientos y sentimientos *internos*. Éstos los procesa la parte anterior —o *capó*— del cerebro. El aprendizaje es una función compleja que activa numerosas partes del cerebro en rápida sucesión. En cierto sentido, el aprendizaje requiere subirse a una vagoneta de montaña rusa que circula por diversas partes del cerebro. Veamos cómo se diferencia este proceso dependiendo de si el niño es introvertido o extravertido.

Los introvertidos prestan atención a lo que les interesa. Reciben la información de sus cuerpos y mentes por unas vías más lentas e inconscientes. Sus mentes trabajan por asociación, extrayendo datos de la memoria a largo plazo. Comparan y contrastan las experiencias con el pasado y el presente, en la zona frontal del cerebro. Mediante un procesamiento nocturno, construyen percepciones más complejas, a medida que los recuerdos del día se integran y almacenan mientras el niño sueña. En este punto, los pensamientos ya se habrán condensado, y podrán formar una idea o un plan de acción. Los introvertidos necesitan tiempo y ánimo para demostrar a otros su conocimiento interno. Para ampliar su conocimiento, deben probar sus ideas mediante su aplicación en el mundo real.

Los extravertidos se centran en lo que les llama la atención. La información sensorial penetra en sus cerebros mediante unas vías rápidas y conscientes. Comparan los datos con las experiencias pasadas, buenas o malas, para generar una percepción rápida en la parte posterior del cerebro. Puede que tomen una decisión rápida o hagan algo como hablar, escribir o intercambiar una opinión, todo ello basándose en pocos datos. La información entra y sale rápidamente de la memoria corta (ésta sólo conserva en torno a siete elementos al mismo tiempo), y puede que se pierda. A fin de ampliar sus conocimientos, los extravertidos necesitan ayuda para hacer una pausa, reflexionar y conectar más sinapsis en el área delantera del cerebro, para desarrollar percepciones, planes y actos más complejos.

La buena enseñanza se puede entender como el arte de mejorar el cerebro y su capacidad de aprendizaje. El cerebro está diseñado para aprender; a su vez, el aprendizaje modifica el cerebro. Cuando un niño amplía su conocimiento, aumentan las conexiones neuronales. Primero, el niño construye un cimiento de experiencias en casa y en el mundo. Luego, la información nueva se conecta con esas experiencias. El resultado es que una nueva información, con toda una constelación de asociaciones, pasa a formar parte del repertorio mental del niño.

Una de las mejores maneras en que aprende un introvertido es por asociación. Hablamos de la inclinación natural que siente a establecer vínculos, a unir los puntos. Los maestros proporcionan nueva información, que ayuda a los introvertidos a trazar líneas entre los puntos preexistentes de datos, contenidos en su cerebro. Ahora ya están conectadas. A medida que el niño va insertando la nueva información dentro del contexto de su experiencia personal, empieza a surgir el perfil de una imagen más general.

Cuando la señora Chan no repasó lo que se había aprendido en el primer curso, Julianne se quedó sin puntos a los que unir el nuevo material. Por tanto, no se formó una imagen coherente. Lo único que encontró fueron unidades de información inconexas. Unir los puntos significa que el niño percibe asociaciones (por ejemplo: «¡Ah! Si aprendo matemáticas, sabré contar el dinero» o «Si aprendo ciencias naturales, sabré cómo crece un girasol»). Los introvertidos tienen montones de puntos internos, un auténtico tesoro de «ganchos» en los que pueden colgar la nueva información. Pero, para poder conectar esos puntos, deben asimilar la información de forma secuencial.

En el aula, los niños aprenden mejor cuando se les presenta una información nueva con un estilo atractivo y práctico que, literalmente, estimule sus cerebros. Por ejemplo, las historias amenas conectan todas las áreas del cerebro infantil: la de las emociones, la de la cognición, la del significado y la memoria (experiencias pasadas). Aprender algo de memoria tiende a no generar conocimiento o pensamiento innovador. El verdadero aprendizaje resulta atractivo para todas las áreas cerebrales. Hace que el aprendizaje deje de ser una forma sencilla de recibir y archivar información en el cerebro y sea un proceso más complejo: recibir la información y luego *crear* conocimientos, enviándola por la vía introvertida hasta las áreas ejecutivas del cerebro.

¿Qué entorno educativo saca lo mejor que hay en los introvertidos?

Los niños introvertidos requieren tiempo y espacio, y marcar su propio ritmo: dado que los niños introvertidos buscan la energía, la seguridad y la satisfacción dentro de sí mismos, progresan en un aula bien ordenada y tranquila, donde se estudien a fondo las materias, y de una en una. Demuestran su atención al estarse quietos (no porque necesariamente deban estarlo, sino para conservar la energía cuando escuchan con atención). Se limitan a quedarse sentados, mirando, a menudo sin expresión (una vez más, para conservar energía). El ruido y el movimiento interrumpen su capacidad de concentración.

Los introvertidos progresan en un ambiente donde impere la aceptación y la paciencia: si a un introvertido le hacen una pregunta que deba responder de inmediato, normalmente la respuesta se les escapa de la mente. Pero esto no quiere decir que carezcan de esa información, sino simplemente que deben saber cómo recuperarla de la forma correcta. Si no los presionan, pueden responder voluntariamente. En un ambiente donde reine la confianza y donde dispongan de espacio, pueden sorprender a otros con la complejidad de esas respuestas. Por ejemplo, en la clase de cuarto de Jonathan, estudiaban la historia de la aviación. De repente levantó la mano, y aquel niño que por lo general era tan silencioso soltó un verdadero aluvión de conocimientos: «¿Sabíais que construyeron cien bombarderos B-1B? Son bombarderos "invisibles", que vuelan muy cerca de tierra para que no los detecten los radares. Son muy estilizados, y después del despegue las alas se pliegan. Pero cuatro de ellos se estrellaron porque se les metieron aves en el motor. Ahora ya han arreglado ese problema, y los están utilizando en la guerra de Irak». Después de un silencio asombrado, la profesora preguntó a Jonathan más cosas sobre los B-1B.

A los introvertidos les gusta la intimidad, y necesitan tener la sensación de propiedad sobre su espacio y sus bienes: cuando los introvertidos comparten espacio y objetos, pueden sentir que alguien les invade el terreno. En algunos distritos escolares, los alumnos comparten pupitre. Esto merma la energía de los introvertidos y reduce su capacidad de concentración. Tony, de 10 años, es típico en el sentido de que no es capaz ni siquiera de leer si alguien lee por encima de su hombro. Cuando siente que hay alguien cerca, ¡pierde hasta la capacidad de pensar! He trabajado con profesores que conceden a los introvertidos su propio lugar y espacio, y los niños funcionan mucho mejor.

A los introvertidos les gustan las instrucciones y la información claras: una vez saben con claridad qué deben hacer, se las arreglan

Elegir una escuela

> Lo mejor que les puedes dar a tus hijos, después de buenos hábitos, son buenos recuerdos.
>
> SYDNEY J. HARRIS

Los introvertidos necesitan escuelas que ofrezcan un entorno tranquilo, estimulante, flexible y cálido. He trabajado con muchos adultos introvertidos que fueron a colegios competitivos, críticos, rígidos, duros y humillantes. En ese tipo de entorno, es posible que los introvertidos no aprendan, se queden retrasados y, tristemente, piensen que no son inteligentes. Necesitan un entorno educativo a cuyo personal docente le guste los niños (lamentablemente, éste no es siempre el caso), y donde a los alumnos se los considere individuos. Necesitan profesores que puedan adaptarse a diferentes estilos de aprendizaje. Lo más importante es disponer de un entorno en el que los introvertidos puedan aprovechar sus dones. Necesitan un aula tranquila y estructurada, donde las expectativas se ajusten a cada niño en concreto. Cuanto más pequeña, mejor. Si los maestros están abiertos a aprender sobre tu hija y a concederle el espacio y el tiempo de reflexión que necesita su cerebro, será perfecto.

Muchos padres no pueden elegir la escuela de sus hijos. Si tú puedes, intenta encontrar una que fomente los puntos fuertes individuales y no someta a presión al niño. La educación en casa y las escuelas *charter*, que a pesar de ser públicas actúan con independencia de las normas de otras escuelas que también lo son, pueden ir bien a los introvertidos si se basan en un aprendizaje de persona a persona, diseñado individualmente. Sin embargo, los introvertidos necesitarán otros grupos y experiencias sociales para fortalecer sus músculos de extraversión. A menudo, las escuelas para los niños dotados en las letras y las ciencias suelen ser bastante útiles para los introvertidos, mientras no sean demasiado competitivas, rígidas o exigentes.

El entorno educativo ideal para los introvertidos incluye:

• Un aula tranquila y estructurada, con pocas sorpresas.
• Tiempo y espacio para reflexionar, procesar y preparar.
• Tener primero la imagen global, y luego relacionar las materias con la vida de los alumnos.
• Tener la opción de trabajar solo o en grupo; la opción de disponer de un compañero con quien trabajar o a quien preguntarle cosas; la evaluación individual, en lugar de en grupo, de los deberes.
• Tener un «centro de aprendizaje» concreto, una zona privada o separada con biombos, con auriculares incluidos.

solos. Muestran una motivación especial si descubren un modo de relacionarse personalmente con una materia. La clase de Hayden, de quinto curso, está estudiando Suramérica. A Hayden le gusta el alpinismo. Se pregunta: «¿Cuál será el pico más alto de Suramérica? ¿A cuántos ha escalado alguien?». Su curiosidad es tan grande que durante el recreo se va a la biblioteca y consulta un libro y páginas de Internet donde hablan de las cumbres suramericanas más altas.

Quien espera recibe su recompensa

El psicólogo Walter Mischel realizó un estudio longitudinal en la Universidad de Columbia con niños preescolares de 4 años, en el que medía su capacidad de esperar y resistirse a la tentación de comer un merengue. Los niños eran capaces de esperar entre pocos segundos y más de cinco minutos. A esos mismos niños volvieron a estudiarlos ya de adolescentes. Quienes aguantaron más tiempo sin comerse el dulce sacaron mejores notas en el SAT (Scholastic Aptitude Test, prueba de aptitud educativa). Gozaban de una capacidad social y cognitiva más avanzada. Además podían tolerar el estrés y la frustración mejor que otros chicos de su edad. Los investigadores llegaron a la conclusión de que existe un vínculo esencial entre la capacidad de esperar que tiene un niño y sus capacidades emocionales y cognitivas futuras. Lo que muchos padres consideran un defecto —la inhibición de los introvertidos— es también un gran instrumento, el autocontrol, la capacidad de esperar. Ésta ofrece a los niños introvertidos un fundamento sólido que de adultos pueden utilizar para alcanzar los objetivos académicos y profesionales en su vida.

A los introvertidos les gusta ir puliendo sus ideas e impresiones, dejando que vayan calándoles: si se quedan atascados con una materia, prefieren buscar información por Internet, ver un vídeo o leer un libro, o quizás hablar del tema con una persona de confianza. Antes de hacer esto en público —aunque se trate de una sola persona—, quieren prepararse y practicar. En la representación anual de una obra de Shakespeare de cierto colegio, Veronica, una niña introvertida de 12 años, estuvo genial en el papel de rey Lear. Hasta su madre se quedó sorprendida. No tenía ni idea de hasta qué punto Veronica se había estudiado el guión, porque lo había hecho completamente por su cuenta.

Los introvertidos aprecian el feedback *y el* input *de otros sólo cuando sienten que comprenden el concepto plenamente y por sí solos*: les gusta la estimulación de las ideas ajenas, pero el momento debe ser el adecuado. Un exceso de *input* en el estadio de formulación puede obstaculizar su proceso, arruinando su capacidad de reflexionar sobre algo hasta entenderlo. Los introvertidos son sensibles al *input* que sienten que pasa por alto o menosprecia el tiempo y esfuerzo que han invertido para llegar a sus conclusiones. Si sienten que los demás aprecian sus ideas, les gusta colaborar y ampliarlas o combinarlas.

Las trampas escolares para los introvertidos

En las aulas puede haber un exceso de estímulos: el entorno educativo tradicional, el aula, no está diseñado para sacar lo mejor que hay en los introvertidos. Muchas aulas están demasiado llenas de alumnos, son muy ruidosas: demasiada conmoción, demasiada luz brillante, demasiada presión y, según parece, demasiado de todo. Es posible que los introvertidos no tengan ocasión de recuperar el aliento y reflexionar, concentrarse en lo que están haciendo o prepararse antes de tiempo para someter su trabajo a la evaluación de otros.

Los profesores pueden malinterpretar a los introvertidos: la mayoría de profesores de primaria y secundaria son extravertidos; esto tiene sentido, dado que los maestros necesitan toneladas de energía para superar un solo día escolar. La mayoría de ellos no comprende a los introvertidos. Piensan que «listo» equivale a «rápido». Los estudios demuestran que los maestros tienden a formular unas cuantas preguntas y luego, si el alumno no le da una respuesta, pasar a otro. A menudo a los introvertidos les parece que están en una carrera donde no logran mantener el ritmo. Lamentablemente, en un entorno así sólo se percibe un fragmento minúsculo de los talentos y habilidades del niño introvertido.

Los profesores y alumnos que no entienden a los introvertidos pueden sentirse rechazados por ellos. Algunos maestros malinterpretan la conducta de un introvertido, pensando que el niño es rebelde, lerdo, apático o incapaz de comunicarse (o bien que no quiere hacerlo). Algunos profesores se frustran porque creen que no están haciendo una buena labor educativa con esos niños. Lo triste es el modo en que los demás entienden la tendencia de un introvertido a volcarse en su interior, considerándola algo negativo. En realidad, lo más probable es que ese niño esté intentando procesar e integrar el material que se le ha presentado. La conducta externa de un niño introvertido no refleja necesariamente lo que sucede en su mente.

Los profesores pueden ignorar a los introvertidos: a menudo los introvertidos son estudiantes modelo: tranquilos, concentrados y nada perturbadores, de modo que puede que reciban menos atención por parte del docente, pendiente de controlar a los niños más ruidosos.

El progreso escolar

> La curiosidad es la maestra original de la naturaleza.
>
> SMILEY BLANTON

Cuando pensamos en el colegio, nos vienen a la mente la lectura, la escritura y las matemáticas, quizá con una dosis de ciencia y de historia. Pero la escuela es algo más que un currículum. Tu hijo *completo* va a la escuela. Y son muchos los factores, aparte de lo que está escrito en la pizarra, que afectan a su modo de aprender: por mencionar sólo unos pocos, las subidas y bajadas emocionales, la sensación de encajar en su entorno, las amistades, los niveles de energía y las relaciones con los maestros. Éste es un esquema breve de cómo tu hijo introvertido va avanzando por el sistema educativo. Si conoces la situación, y lo que te vas a encontrar, podrás defender a tu hija introvertida.

Etapa preescolar

Para los introvertidos, esta etapa consiste en aprender a regularse a sí mismos, abriéndose a otros sin la ayuda de sus padres. Los niños introvertidos aprenden a manejarse en un territorio inexplorado, ampliando sus relaciones fuera de la zona segura de su familia inmediata, y descubriendo cómo regular su energía, sus emociones y su grado de estimulación.

Los niños introvertidos suelen empezar preescolar en torno a los 3 años. Empezar yendo a la escuela unos pocos días, como por ejemplo tres mañanas a la semana, va arraigando la rutina en el niño, pero sin arrebatarle mucho tiempo de tranquilidad en casa. Un centro preescolar funciona óptimamente cuando no hay más de 10 a 14 niños por clase, y al menos dos maestros. Un programa bien estructurado y predecible ayudará a tu hijo introvertido a adaptarse fácilmente. Resulta aconsejable que en el aula haya un rinconcito tranquilo. El personal cualificado de una guardería entiende los temperamentos individuales, y sabe qué necesidades de desarrollo tienen los niños en cada estadio de su crecimiento; están preparados para trabajar concretamente con niños de esa edad. Deben permitir que acompañes al niño hasta que se sienta a gusto. Un buen profesor sabe que algunos niños tienen que ir adaptándose poco a poco, aprendiendo lentamente a superar la separación, y te permitirán quedarte hasta que el niño esté cómodo. Normalmente, los introvertidos necesitan tiempo para adaptarse a las transiciones escolares, sobre todo si hay elementos de presión, como un hermanito nuevo. A algunos niños les cuesta una semana, y a otros varias. Incluso después de una pausa en su rutina, como por ejemplo la recuperación de una enfermedad o la vuelta de vacaciones, pueden necesitar un poco de ayuda para readaptarse.

Lleva a tu hija a la escuela antes de que empiece, quizá visitad la zona de recreo el fin de semana, y hablad de su aventura inminente. A lo largo del año, ayuda a tu hija a prepararse para cualquier transición prevista, como las vacaciones y el final del curso escolar.

Durante vuestra charla cotidiana, no dejes de hablar con tu hija introvertida sobre lo que pasa en el colegio. ¿Está preocupada por algo? Pregunta a tu hijo qué tal el día cuando esté descansado, y anímalo a que cuente al resto de la familia algo que le emocione: «¡Eh, me han dicho que hoy ha venido el domador de serpientes! ¿Nos puedes contar algo?». Permite siempre que descanse después de volver del colegio.

Mantén abierta la comunicación con los maestros. Pídeles que animen a tu hijo a jugar con otros niños si ven que juega mucho solo. Si te cuentan que tu hijo no se defiende cuando otro niño le quita los juguetes o le derrumba la construcción de bloques, monta en casa situaciones parecidas. Busca un momento en que tu hijo esté relajado y sugiérele jugar con los bloques de construcción. Puedes hacer un movimiento para derribarlos y sugerirle que diga: «¡Eh, no hagas eso!». Intercambiad los papeles, y luego dale ejemplo de cómo trasladar la situación al juego colectivo, invitándolo a que construya un puente de bloques al lado del tuyo. Cuéntale los problemas que tuviste tú en el recreo. Esto ayuda a los introvertidos a entender que otras personas han aprendido a superar esas situaciones.

A veces los introvertidos se frustran con otros niños que no saben jugar mucho rato y que actúan impulsivamente. Esto ofrece una buena oportunidad de comentar cómo cada niño tiene su temperamento único, y cómo se va desarrollando a su propio ritmo. Dile a tu hija que ella tiene puntos fuertes en esta área, igual que otros niños que ahora son más impulsivos tienen sus propios talentos especiales.

La guardería

La edad de 5 años es una época de socialización para todos los niños, y la mayoría de ellos son encantadores a esta edad. Los introvertidos están aprendiendo a comparar y contrastar su mundo interior con el exterior, luchando por encontrar sentido a los otros niños, a la maestra y a lo que están aprendiendo, y a poner por obra sus propios pensamientos y acciones. Están asimilando e integrando nuevas experiencias. Todo esto consume mucha energía.

Los introvertidos que no tuvieron uno o dos amigos especiales en preescolar suelen tenerlos en la guardería. Ahora que tu hija se ha aclimatado más a la escuela, puede concentrar en los otros niños su capacidad de observación. Ve que es divertido jugar con determinados niños, y con otros no. Conecta la conducta de un niño con sus intenciones, y aprende a resolver conflictos.

Muchos introvertidos, sobre todo los que tienen hermanos mayores, esperan el momento de ir al colegio «de los mayores». Lleva a tu hijo de visita a la escuela antes del primer día del curso. Recorred toda la escuela, incluyendo los lavabos, la cafetería y el *office*. Señala a los niños que se lo pasan bien en clase. Si un hermano mayor o un amigo de tu hijo asiste a esa escuela, que tu hija visite el centro durante una fiesta u otra actividad divertida. Anímala a saludar a la profesora durante la visita.

El mayor desafío al que se enfrentan los introvertidos es la presión creciente para aprender en un entorno que no encaja con su maquillaje mental. A veces quieren volver a su antigua escuela. Ayuda a tu hija a adaptarse admitiendo sus experiencias. «Ya sé que es un sitio ruidoso y que cuesta pensar.» Ayúdala a encontrar soluciones, y anímala a hacer «lluvias de ideas» contigo: «¿Qué crees que podría ayudarte?». A los introvertidos se les ocurren muy buenas ideas.

A medida que tu hija se vaya sintiendo más a gusto en su clase, sugiérele que le lleve un pequeño regalo a la profesora, como una flor o una tarjeta. (Si te pide que la acompañes, no pasa nada.) Si tu familia se va de vacaciones, traed algunos recuerdos bonitos del viaje, como conchas atractivas, para que tu hija las reparta a sus compañeros de clase. Esto le permite expresar que se siente parte de un grupo. Planifica citas de juegos con niños con quienes se sienta a gusto. Charla cada día con ella, de modo que pueda ordenar sus pensamientos y sentimientos sobre la escuela. Esto te permitirá al mismo tiempo interrumpir cualquier autocharla negativa. Aun a esta edad, los introvertidos tienden a interiorizar las cosas, y se culpan fácilmente de lo que va mal. Por ejemplo, puedes preguntar: «¿Crees que Nemo II [el pez mascota de la clase] murió porque hiciste algo mal?». «Sí, yo tenía que darle de comer, y creo que le di demasiada comida. «Cariño, me alegro de que me digas esto, porque no fue culpa tuya. La señorita Clark me ha dicho que era un pez muy viejo.»

La escuela de enseñanza primaria

Para los introvertidos, entrar en la ES supone un gran paso. La presión añadida y las materias nuevas pueden aplastarlos. Hay que asegurarles que la cosa irá siendo más fácil (como sin duda sucederá). Los introvertidos aprenden mejor si pueden vincular la información nueva a algo que ya sepan. Construyen sus cimientos de lecciones y experiencias anteriores. Los introvertidos aprenden bien cuando la materia se divide en secciones digeribles. Necesitan mucha práctica para aprender las cosas fundamentales de forma creativa: tarjetas recordatorias, dibujos, canciones, rimas tontas, repasos en el coche. Ayúdalos a forjar unas buenas habilidades fonéticas y de lectura, y un buen dominio de las matemáticas. Los introvertidos no tienen una gran memoria corta, que es la que se usa para la aritmética, así que necesitan mucha práctica para aprender a sumar, restar y dominar las tablas de multiplicar. Puede que sean más lentos para comprender estas cosas básicas, porque aún están aprendiendo a asimilar su entorno del aula. Pero una vez veas que empiezan a dominarlas, aléjate un poco (sobre todo en torno al tercer curso) y observa cómo despegan. Particularmente en esta etapa a bastantes introvertidos empieza a gustarles mucho aprender. Su reto principal es aprender a hablar en público y demostrar lo que saben.

Habla con tu hijo de sus preferencias de aprendizaje. Ayúdalo a ser organizado, de modo que no gaste sus energías en angustiarse, lo cual reduce más su capacidad de aprender. Muchos introvertidos mejoran su aprendizaje cuando tienen distintas cajas o cestas de colores donde guardar sus trabajos, organizados y a plena vista.

Si la profesora te comenta que tu hijo no presta atención, se pierde en sus pensamientos o no participa en la actividad de la clase, toma nota. Esto puede significar que está intentando sosegar su mente activa para escuchar mejor, o bien que está desconectando. Si lo está haciendo, será bueno que hables con él sobre lo que pasa: ¿no le interesa la materia? ¿Está confuso? ¿No logra dominarla? ¿Está retrasado? ¿Hay demasiado ruido en clase? Mantén un diálogo con él para ayudarlo a resolver los problemas.

La etapa de los 8 a los 13 años

Durante esta etapa de la educación, muchos introvertidos tienen problemas porque se sienten diferentes. Tu hija necesitará ayuda para reconocer sus puntos fuertes, dado que sin duda se estará dando cuenta de que no es el ideal de persona de éxito. Ayudarla a potenciar sus dones y sus intereses personales le facilitará aceptar que es diferente. Es un hecho que la mayoría de niños son extravertidos. Saber esto justifica que tu hija introvertida se sienta diferente, y le da libertad para ser quien es. Si se siente aceptada por la familia y unos cuantos amigos —y además descubre cosas que le resultan interesantes—, estará en el buen camino para compensar su conocimiento de que quizá no sea la alumna más abierta o popular de la escuela.

La *middle school* norteamericana, que se centra en los niños de esta edad, consume buena parte de la energía de los introvertidos. Tienen que enfrentarse a la creciente presión de los exámenes y de aprender varias materias a la vez. Éste es otro periodo para aprender nuevas habilidades básicas, que necesitarán para el instituto y la universidad. Una de éstas es la capacidad de tomar apuntes. La vía auditiva más lenta de los introvertidos puede dificultar esto. Un sistema que funciona bien para ellos es el de las tres columnas. Dobla una hoja de papel en tres partes. Enséñale a tu hijo a anotar las ideas principales en una columna, en la segunda más detalles sobre ellas y, después de clase, a anotar en la tercera otros comentarios que le parezcan importantes. También puedes ayudarla a dar prioridad a unos deberes por encima de otros, y a dividir los proyectos más amplios en pasos más breves.

El aprendizaje está unido con sentirse cómodo social y emocionalmente, sobre todo durante los años de la *middle school*. Los niños de esta edad pueden distanciarse un poco de sus padres si éstos no se esfuerzan por mantener un vínculo. Muestra interés por lo que está aprendiendo tu hija en la escuela. Por ejemplo, si está estudiando a los pintores famosos, llévala a un museo o saca algún libro de la biblioteca donde se hable de la vida de esos artistas. Da ejemplo de conductas amistosas que a tu hija le cuestan tanto, como sentarse a una mesa con desconocidos durante una actividad comunitaria. Puedes decirle a tu hija: «Vamos a sentarnos con esa gente». Luego puedes decir: «Hola, ésta es mi hija Gretchen y yo soy Lindsey. En este sitio se come bien, ¿no?».

Durante este periodo escolar, tu hija tendrá disponibles más actividades extraescolares, como las clases de danza, las actividades como clases extra de ciencias, deporte, artes y manualidades... y puedes animarla a sacarles provecho. Sugiérele que pruebe una cosa nueva cada semestre.

Recuerda que para tu hija introvertida es importante saber que estás cerca. Ten en cuenta también que el aprendizaje tiene lugar tanto dentro como fuera de la escuela. Los años de la *middle school* son especialmente difíciles porque, hasta cierto grado, *todos* los niños se sienten desenfocados en este periodo de la adolescencia. Recuerda sin cesar a tu hija cuáles son sus dones, y ayúdala a fomentar su autocharla para que no empiece a criticarse a sí misma. Aún está encontrando su lugar.

El instituto

Muchos introvertidos me cuentan que odiaban el instituto. Es un lugar ruidoso, atestado de gente y con muchas presiones sociales. A menudo los introvertidos pierden el compás porque, en este estadio, están listos para una experiencia de aprendizaje más rica. Lo mejor que se puede hacer es encontrar maneras de encajar que se adapten a los intereses de los introvertidos. Aprender el valor intrínseco de marchar al ritmo propio puede hacer que el instituto sea más tolerable. Además, siempre se sabe que la universidad será mejor.

En el instituto, probablemente los introvertidos se esfuerzan más que nunca para equilibrar su vida privada con la socialización, lo cual consume sus energías. Anímalos a buscar momentos de descanso, aunque no les parezca bien. El sueño es esencial; los investigadores del sueño han demostrado que los cerebros adolescentes necesitan dormir más para crecer.

Un adolescente introvertido puede ser sensible a que lo traten de empollón o de cretino. Sugiérele hacer algunas clases extraacadémicas, como teatro o fotografía, o que participe en actividades extracurriculares que le hagan entrar en contacto con más gente de su edad. Tocar en un grupo, trabajar en el periódico de la escuela o ser miembro de un equipo deportivo son cosas que pueden ayudar a tu hijo introvertido a conocer nuevos amigos, o presentarse bajo una nueva luz a los que ya conoce. A algunos introvertidos les gusta el debate, dado que les ofrece una manera estructurada de comentar cosas que son muy importantes para ellos. Anima a que participen en actividades de voluntariado fuera de la escuela, para desarrollar sus intereses y su sentido de la responsabilidad. Si les interesa una carrera en concreto, ayúdalos a encontrar una plaza de becarios donde puedan ayudar, mientras al mismo tiempo empiezan a conocer el terreno.

A veces los introvertidos se aburren en el instituto. Puede que quieran estudiar sólo las materias que les gustan. Mira a ver si puedes encontrar la manera de vincular la materia escolar con los intereses y experiencias de tu hijo introvertido. Habla con él de estas ideas, a fin de cambiar el marco de sus experiencias educativas. Un talento importante para la vida no es sólo saber qué nos interesa, sino también cómo hacer que un tema sea atractivo. A lo largo de la vida tendremos que hacer cosas que no nos resulten fascinantes. Si el tema que estamos tratando es una era particular en la historia, ¿hay alguna biografía aplicable, se pueden investigar las raíces genealógicas de la familia, o algún museo que pueda visitar tu hijo para dar vida a esa serie de datos fríos?

Hay otros dos factores que pueden obstaculizar el rendimiento de los introvertidos en el instituto. Uno es el temor de destacar. Sobre todo son las chicas las que, a menudo, ocultan sus talentos para no llamar la atención, o para que nadie se burle de ellas por ser listas. El segundo factor es la rebelión. Estas reacciones nacen de una mala autoestima y, en ocasiones, enfurecen a los padres u otras figuras de autoridad. También es posible que a tu hijo/a le dé miedo crecer, y que incluso llegue a sabotear su progreso escolar.

Recuerda que los introvertidos se sienten mejor cuando están preparados. Debes saber que tu hijo introvertido necesita practicar sus habilidades organizativas y de distribución del tiempo. Éstas le darán confianza en su capacidad de vivir independientemente. Mientras lucha por progresar en el instituto sé siempre su aliado, incluso aunque en ocasiones pueda rechazar tu presencia y tu ayuda. Aun así puede seguir necesitando tu ayuda para gestionar su agenda, planificar sus clases y montar una estrategia para realizar sus deberes. Tienes que caminar en el filo entre ayudarlo a resolver sus problemas y fomentar su sentido de la responsabilidad.

El bosque y los árboles

> Probamos con la lógica, pero descubrimos con la intuición.
>
> HENRI POINCARÉ

Como decíamos en el capítulo 2, a menudo los hemisferios cerebrales izquierdo y derecho funcionan independientemente el uno del otro. El hemisferio derecho ve el bosque; el izquierdo, ve y evalúa cada árbol individual. Pero los dos deben trabajar unidos para cohesionar las funciones de los pensamientos y sentimientos, así como del procesamiento inconsciente y consciente. Los niños en cuyo cerebro domina el hemisferio derecho son la minoría. La mayoría de escuelas de enseñanza primaria y secundaria están diseñadas para extravertidos que funcionan con el hemisferio izquierdo, dado que son la mayor parte de nuestra población. La mayoría de maestros también son extravertidos... hasta que llegamos a la universidad.

Un gran investigador del cerebro, el doctor Daniel Sieger, dice: «¡Alguien tiene que defender al hemisferio derecho! Recordemos que los procesos de este hemisferio son importantes para autorregularse, obtener un sentido de quiénes somos y mostrar empatía hacia los demás». Como los niños introvertidos, aquellos cuya mente domina el hemisferio derecho suelen tener problemas escolares. De hecho, algunos especialistas creen que el trastorno por déficit de atención (TDA) no es una disfunción, sino que refleja la dominancia del lado derecho. Creo que pudiera ser que el trastorno por déficit de atención con hiperactividad (TDAH) sea una extroversión donde domine el hemisferio derecho, y que el TDA sea una intraversión donde predomina este hemisferio. En este sentido, estos problemas sólo reflejan puntos fuertes mentales distintos, pero no son síntoma de disfunciones reales.

Las habilidades del hemisferio izquierdo se usan para aprender la lectura, la escritura y la aritmética, así como el pensamiento lineal, la lógica y el lenguaje. Pero esta orientación tiene sus limitaciones, como son: centrarse demasiado en los detalles; el pensamiento «o blanco o negro»; la resistencia frente a nuevas informaciones; y la incapacidad de captar la imagen global. Las habilidades del hemisferio derecho incluyen: reconocer patrones; percibir las sensaciones físicas y emocionales; comprender la imagen global; usar y comprender los símbolos; la creatividad artística; la receptividad a nuevas informaciones. Sin embargo, el hemisferio cerebral derecho tiene limitaciones en el campo del lenguaje oral, tiene problemas para concentrarse en algo específico y tiende a sentirse sobrepasado.

Conocer el hemisferio cerebral dominante en tu hijo lo ayudará a fortalecer sus puntos fuertes y puede explicar determinadas limitaciones. A continuación expongo algunas estrategias para niños dependiendo del hemisferio que más domine en ellos.

Los niños con predominancia del hemisferio derecho aprenden mejor cuando:

- Usas recursos visuales, metáforas y música.
- Buscas momentos no estructurados para hacer los deberes y las actividades escolares.
- Los ayudas para distribuir el tiempo y resolver conflictos.
- Permites las reacciones espontáneas y la información emergente.
- Les das flexibilidad para dedicarse a tareas distintas o adoptar enfoques creativos.
- Valorar su empatía y su punto de vista único.
- Vinculas la materia con otras personas y con la vida y la experiencia personal del niño.
- Los animas y usas las críticas sólo de vez en cuando y con cuidado.
- Admites y valoras los atributos propios del lado derecho del cerebro, como la curiosidad y la creatividad.

Los niños con predominancia del hemisferio izquierdo aprenden mejor cuando:

- Creas estructuras, expectativas claras y criterios de gradación.
- Usas razonamientos concretos de causa y efecto.
- Validas los atributos del hemisferio izquierdo, como la competencia con las palabras y los números.
- Ofreces oportunidades para el pensamiento crítico y la resolución de problemas.
- Creas oportunidades para tener debates e informes verbales.
- Amplías la capacidad del alumno de ser flexible y de reflexionar antes de tomar decisiones.

- Enseñas el valor de las diferencias entre los otros, y los beneficios de tomar decisiones en grupo.
- Ofreces la oportunidad de usar la capacidad investigadora para crear trabajos independientes.
- Reduces la admisión de faltas en las personas, cosas e ideas.
- Recompensas el éxito, y minimizas el énfasis en el fracaso.
- Equilibras la competición con la cooperación.

La educación no tiene talla única. Aún estamos aprendiendo sobre cómo los distintos entornos, estilos educativos y modalidades docentes afectan a distintos alumnos. Al entender cómo experimentan la escuela los introvertidos, podrás ayudar a tu hijo a sacar el máximo partido de su educación.

Resumen

- Por lo general, los introvertidos asisten a escuelas diseñadas para extravertidos.
- Los introvertidos progresan cuando sus padres y profesores entienden cómo aprenden.
- Los introvertidos tienen diferentes dotes de aprendizaje dependiendo del hemisferio cerebral dominante.

CAPÍTULO 11

Apoya a tu hijo introvertido en el colegio y en el terreno de juego

Échale una mano con los maestros, los estudios, los deberes, la preparación para la universidad y el deporte

> Un niño no es un jarrón que hay que llenar de agua, sino un fuego que hay que encender.
>
> RABELAIS

Los introvertidos tienen la capacidad innata de aprender; sus cerebros están preparados para ello. Son observadores silenciosos, a quienes les gusta trabajar independientemente, y que siempre están pensando. Necesitan una información estimulante para sus vías cerebrales. Si sus padres y sus maestros entienden el modo en que piensan, les irá muy bien en el aula.

Lamentablemente, como la mayoría de los entornos educativos tradicionales no están diseñados para niños introvertidos, éstos deben invertir muchas energías para funcionar dentro de ellos. A menudo no reciben mucho apoyo, dado que puede que los demás no los vean o que los malinterpreten. Los padres que entienden las diferencias de temperamento deben garantizar que a sus hijos introvertidos les enseñen de una manera adecuada y coherente. Esto supone adoptar un papel activo en la escolarización de tu hijo, lo cual beneficia tanto a los alumnos como a sus familias.

No dejes que los profesores sean unos desconocidos

Quizá te parezca bien hablar con el profesor (o profesores) de tu hijo sobre su temperamento y sus «conexiones» mentales. Si el profesor entiende ese temperamento, es más probable que se adapte al estilo de aprendizaje de tu hijo. Intenta aliarte con el docente. Háblale de las necesidades de tu hijo y de su conducta en casa, si crees que ésta arrojará luz sobre la situación escolar. Asegura al profesor o profesora que a tu hijo le gusta aprender, pero a su ritmo. Puedes ponerle ejemplos que demuestren el interés de tu hijo por los deberes, como alguna conversación animada que hayas tenido con él sobre un tema determinado. Puede que el profesor se sorprenda al oírlo, y también se anime. Si hay algún método educativo concreto que a tu hijo le resulte difícil, como el paso repentino a un tema nuevo, infórmate sobre él. A veces, comprender el motivo detrás de lo que hace el profesor te permitirá preparar mejor a tu hijo o buscar maneras de soslayar el problema. Pregunta al profesor qué puedes hacer *tú* para que la escuela sea más provechosa para tu hijo.

Mientras hablas con el o la docente, intenta averiguar si es introvertido o extravertido. Esto te permitirá hablar con él en su propio «idioma», y te ayudará a transmitir mejor las necesidades de tu hija. (Consulta el apartado: «Sé "bilingüe": cómo hablar introvertido y extravertido», en la pág. 293). ¿Tiene una energía controlada, organiza pocas actividades de grupo, espera que los niños tengan ideas creativas y mantiene una clase bastante organizada? Puede que sea introvertida. ¿Tiene montones de energía, fomenta muchas actividades grupales, espera los debates en clase y mantiene una atmósfera animada con muchas actividades? Puede que sea introvertido.

Piensa en el temperamento cuando hables con profesores de piano, entrenadores y otros educadores. Por ejemplo, ¡los entrenadores deportivos suelen ser extravertidos que piensan que todos los niños tienen el mismo grado de energía y motivación que ellos!

Consejos para hablar con los profesores:

- Desde el principio, desarrolla una relación con los profesores, el director y el personal restante de la escuela de tu hijo.

- Ayuda en el aula de tu hijo o busca alguna otra manera de contribuir a la escuela. Esto demuestra al profesor que tu hijo y su escuela son importantes para ti.
- Recuerda que la docencia es una profesión muy difícil. Evita echar la culpa o criticar al profesor. Envíale alguna nota ocasional o un correo electrónico de agradecimiento (o dale las gracias de palabra de vez en cuando).
- Planifica lo que quieres contarle sobre tu hija y la introversión. Por ejemplo: «A Pat usted le cae muy bien, y le gusta su clase. Tiene una mente activa, y el aula puede resultarle demasiado estimulante. Cuando ha tenido tiempo de desarrollar sus pensamientos, tiene mucho que decir. ¿Qué método cree que es el mejor para una alumna como Pat?».
- Muéstrate abierto al punto de vista del docente; quizá no conozcas toda la historia.

Saber que tiene un aliado en casa que puede hablar en su defensa si es necesario, ayudará a tu hijo introvertido a superar los constantes desafíos escolares. Puede pasar que un profesor no entienda a una alumna, como en el caso de Julianne, con cuya historia comenzábamos el capítulo anterior. También podría ser que al alumno siempre se le meta prisa y no se le dé tiempo para acabar su trabajo. O a lo mejor crees que a tu hija la están penalizando injustamente por una forma de trabajar relacionada con su temperamento.

La idea es que no puedes asumir que el profesor descubrirá la mejor manera de llegar a tu hijo. Un padre extravertido adoptará con más facilidad el papel de abogado. Uno introvertido puede que opte por enviar a su cónyuge o fortalecer los músculos de su propia extraversión. Cuando entiendes a qué se enfrenta tu hijo en el colegio, podrás ayudarlo a prepararse y a fiarse de las mentes de su familia para encontrar soluciones creativas. En lugar de ofenderse por tus sugerencias, el profesor debería estarte agradecido.

Los secretos del estudio para los introvertidos

Los introvertidos están diseñados para que se les dé bien estudiar, gracias a su tenacidad y capacidad de concentración. Sin embargo, como todos los niños, puede que necesiten ayuda para crear buenos hábitos de estudio. La capacidad de estudiar mejora mucho cuando el alumno aprecia su propia manera de aprender. Aquí van algunos consejos para estudiar que aprovechan los puntos fuertes de los introvertidos.

La memorización

Los introvertidos utilizan, principalmente, su memoria larga asociativa. Recuerdan mejor cuando pueden vincular la información nueva con el recuerdo personal, y cuando pueden usar sus sistemas de memoria visual y auditivo. Tienden a ser más débiles en su memoria corta, que influye en la búsqueda de palabras y en la capacidad matemática.

Éstos son algunos consejos para ayudarlos a sacar el máximo partido a su capacidad mental.

- Vincula el material nuevo a algo que ella ya sepa (aprender las fracciones mediante la cocina, el dinero mediante la paga semanal, etc.).
- Crea acrónimos, asociaciones entre palabras y frases tontas. A los introvertidos les cuesta menos recordar el material presentado de forma asociativa.
- Vincula la información nueva con las imágenes mentales visuales. Por ejemplo, si tu hijo aprende sobre Abraham Lincoln, enséñale ilustraciones de este personaje en diversas ocasiones.
- Repasa, repasa y... ¡ah, sí! Repasa.

Haz comentarios positivos

Fíjate en cómo habla tu hija de sí misma, y dale ejemplo de un diálogo interior positivo. Esto, que es importante para la autoestima de cualquiera, es vital para los introvertidos, porque su vía dominante pasa por el área del habla interna del cerebro.

Éstas son algunas cosas que puedes enseñar a tu hija introvertida para que pase del diálogo interior negativo a otro positivo:

1. Date cuenta de cuándo estás pensando: «Soy un caso perdido».
2. Analiza los sentimientos subyacentes en el pensamiento: «Estoy decepcionado y frustrado por no haber sacado mejor nota».
3. Hazte un comentario positivo: «No pasa nada porque me sienta decepcionado. Me he esforzado en ese examen. Quizá tenga que aprender algo para mejorar la nota. Siempre habrá otro examen que salga mejor».

Algunos otros comentarios positivos para diversas circunstancias son:

«A veces me siento frustrado, pero la vida no siempre es justa».
«Esto no me gusta, pero puedo superarlo.»
«Lo hago lo mejor que puedo.»
«A todos los humanos les pasan cosas desagradables.»
«Hoy estoy triste. Ya se me pasará.»
Y mi favorita: «Los humanos son raros, y yo también.»

El estudio

Siempre me choca oír a los niños decir que tienen que estudiar porque no son listos. Esta idea equivocada es un reflejo de las expectativas de nuestra cultura, que nos dice que lo rápido es mejor. No tiene por qué ser así. Aprender a estudiar es esencial para todos los niños, y para los introvertidos lo es más, porque necesitan aprender dando pequeños pasos, que van de lo sencillo a lo complejo.

- Fíjate en si tu hijo evita estudiar como un modo de reducir la sobreestimulación. Por lo general a los introvertidos les gusta estudiar y hacer los deberes sin que los obliguen. Sin embargo, puede que eludan entrar en la zona de concentración profunda si prevén que los van a interrumpir, porque les puede resultar angustioso dejar ese libro o tema tan interesante para volver al mundo exterior. Además, tienen unas mentes muy activas, y aprender algo nuevo puede resultarles demasiado emocionante. Para evitar esa sensación desagradable (de la que seguramente no son conscientes), puede que eviten estudiar para no forzar su cerebro. Es útil que le expliques a tu hija introvertida este curioso fenómeno, y le enseñes cómo mantener a raya el exceso de estímulos. Puede aprender a decir: «Muy bien, cerebro, frena el aluvión de pensamientos». Esto le da la oportunidad de distanciarse.
- Sugiérele ayudarla a comenzar, sentándote a su lado o dividiendo la tarea en otras más pequeñas.
- Recuérdale que es mejor dar pequeños pasos que intentar abarcarlo todo de golpe.
- Destaca la materia objeto de estudio usando rotuladores de colores y post-it. Las personas que aprenden por la vista recuerdan mejor el color, de modo que si subrayas una lectura con colores, mejorará su retención y comprensión. Los rotuladores de cualquier tipo dividen la materia en segmentos manejables.
- Los introvertidos aprenden mediante la vista y/o el oído. Pide a tu hija que escuche cintas o vea vídeos de los temas que estudia. Si la ayuda a relajarse y concentrarse, déjala que escuche música.

Los exámenes

Los introvertidos deben sentirse preparados y relajados para dar lo mejor de sí mismos en un examen. A los extravertidos les puede ha-

Ayuda a tu hijo introvertido en casa

En casa puedes potenciar la capacidad de aprendizaje de tu hijo o hija. Los introvertidos necesitan conversaciones animadas, experiencias artísticas y un entorno propicio a formular preguntas. También necesitan espacio para jugar con ideas, soñar, inventar y meditar. Las actividades que se correspondan con sus ideas y capacidades aumentarán la cantidad de «puntos» que pueden unir, y estimularán sus impresiones, ideas y percepciones. Puedes enseñar a tu hijo a comprender cómo estudia mejor. Además, el ánimo de la familia le hará aumentar su confianza en sí mismo y respaldará su tenacidad innata.

Éstas son algunas de las maneras en que puedes fomentar el amor por aprender que siente tu hijo y aumentar su capacidad mental:

- Lee a tus hijos en voz alta, sin importar su edad, y pon audiolibros en el coche. Busca rincones donde puedan leer. Cuando vayáis al médico o al dentista, llevad libros. Haz que tu lector incipiente te lea de todo, incluso etiquetas y recibos.
- Cuando leas en voz alta, haz que detenga la lectura cerca del desenlace y pregunta: «¿Qué va a pasar?» o «¿Qué te gustaría que pasase?». Esto abre la mente de tu hijo a distintas posibilidades y alternativas.
- Haz que el momento de almorzar juntos en familia sea un instante para hablar de las cosas cotidianas, y comentar lo que cada uno hace en el colegio o en el trabajo.
- Jugad a «¿Y si... ?». Cada persona escribe una tarjeta que empiece con estas dos palabras, como por ejemplo: «¿Y si viviera en la luna?» o «¿Y si tuviera un elefante de mascota?». Elegid una y hablad de lo que pasaría.
- Dejad notas, como en una especie de juego de pistas, que conduzcan a una pequeña sorpresa y animen a tu hijo a dejaros notas. A los introvertidos de todas las edades les gusta dejar y encontrar notas.

cer gracia sentir nerviosismo y estímulo, y es posible que incluso mejore su rendimiento. Pero la adrenalina y la dopamina reducen la capacidad de una introvertida para pensar y demostrar lo que sabe, así que es mejor evitar la descarga de estas sustancias.

- Asegúrate de que ha descansado y ha ingerido suficiente agua y proteínas.
- Enséñale a relajarse, hacer pausas y respirar hondo.
- Enséñala a usar su voz interna para que ésta la anime.
- Dile que se recuerde que no olvidará lo que ha aprendido.
- Haz que tu hija lea el examen, lea atentamente las instrucciones y responda primero a lo que sabe. Una vez encuentre la puerta a la memoria larga, todo irá bien.

La participación en clase

Durante los comentarios en clase los introvertidos tienden a estar callados, y cuando se le pide que digan algo se pueden quedar «helados». Las siguientes indicaciones darán a tu hija la confianza necesaria para levantar la mano por su cuenta.

- Haz que divida la lectura en secciones, y que localice la idea central en cada una. Esto la ayudará a estar lista para formular o responder a una pregunta, o hacer un comentario.
- Haz que se prepare para la clase eligiendo dos puntos principales, anotándolos y practicando la enunciación en voz alta.
- Pídele que busque una pregunta sobre el tema que quiera hacer en clase.

La dinámica de grupo

Cuando trabajan en equipo, los introvertidos suelen acabar haciendo la mayor parte del trabajo, porque les gusta analizar a fondo los temas y quieren hacer un buen trabajo. Si los demás no trabajan tanto, el introvertido se lleva la peor parte. He conocido a muchos introvertidos que han aprendido a negociar, de modo que preparan una cierta cantidad del proyecto y dejan que un extravertido lo exponga.

Reduce el mal trago de los deberes

> A los ordenadores personales se les exige que realicen muchas funciones nuevas, incluyendo el consumo de aquellos deberes escolares que antes se zampaba el perro.
>
> Doug Larson

Para que los deberes tengan un valor, tu hijo debe poder dedicarles tiempo y atención. Intentar comprimir doce problemas de matemáticas en los cinco minutos que le quedan antes de acostarse sólo conseguirá que todo el mundo se quede frustrado... y el trabajo incompleto o mal hecho. Busca con tu hijo el mejor momento para hacer los deberes. Ayúdalo a evaluar su nivel de energía y a conocer sus buenos y malos momentos. ¿Cuál es la materia que le cuesta menos? ¿Y la que le cuesta más? ¿Cuál debería hacer primero? ¿Cómo establecer prioridades? ¿Quiere recompensarse dejando el postre para cuando acabe los deberes? No sobrecargues a tu hijo de tal modo que tenga que hacer los deberes deprisa. Los introvertidos no funcionan bien bajo presión; se desaniman. A menos que estén cansados o no les entre la materia, los introvertidos suelen hacer los deberes rápidamente. Sé flexible siempre que puedas, y no conviertas los deberes en un ídolo; asegúrate de que tu hijo dispone de tiempo para jugar y para hacer actividades creativas.

Con respecto a los deberes, tu hijo:

- Puede querer que estés cerca.
- Puede necesitar comer algo y estar un poco a solas antes.
- Puede funcionar mejor si hace descansos. Empieza haciendo sus deberes de matemáticas, y luego que recoja a su hermana de la clase de música. Luego, que haga los deberes de ciencias...
- Quizá quiera hacer los deberes en el coche, de camino a casa después del colegio o de la actividad extraescolar.

- A lo mejor le gusta trabajar después de cenar o de bañarse.
- Es posible que necesite diseñar una estrategia o encontrar rincones tranquilos, sobre todo si después de la escuela está con un cuidador.

Cómo ayudarlo en casa

Puedes animar a tu hija introvertida a que divida los trabajos grandes en fases pequeñas, repartidas en varios días. Por ejemplo, el lunes lee las instrucciones y consigue los materiales necesarios. El martes, investiga sobre el tema. El miércoles, anota las ideas principales. El jueves, haz un borrador. El viernes, queda con uno de tus padres y revisadlo. Acábalo el fin de semana y entrégalo el lunes. Éstas son algunas otras maneras de ayudar a un introvertido a hacer los deberes:

- Buscad un espacio tranquilo a salvo de interrupciones. Que tenga a mano alguna bebida y tentempiés.
- No fomentes el perfeccionismo. Comenta que todo el mundo, incluyéndote a ti, comete errores.
- Recuerda a tu niño introvertido que necesita que lo que aprende repose por la noche. Si estudia esta noche, mañana lo sabrá mejor.
- Si tiene problemas, escúchale y pregúntale qué necesita. Sigue haciéndole preguntas para ayudarlo a aclarar sus pensamientos y sus sentimientos. No creas que sabes más que él, porque es tu hijo quien va a clase.
- Anímalo a usar imágenes mentales para activar su memoria.
- Ayúdalo a encontrar un vínculo personal con lo que estudia. «Esto nos dice cómo funcionan las células en el cuerpo. Empezarás con este tipo de célula, ¿vale? ¿No es impresionante que todas esas células diminutas se combinen para formar un órgano y luego a un ser humano entero?»

- Formúlale preguntas sobre el proceso, para ayudarlo a reflexionar sobre los problemas, pero no los resuelvas por él. Por ejemplo: «¿Cuál crees que es la idea más importante? ¿Por qué crees que tu profesor quiere que sepas esto? ¿Cómo crees que sucedió?».
- Fomenta el diálogo interior. «Puedo hacerlo.» «Lo haré paso a paso.» «Sé más de lo que sabía ayer.»
- Ayúdalo a conectar los deberes con su propia vida. Si aprende sobre el uso del dinero, dile: «¿Cuántas barritas de chocolate [o su golosina favorita] podrías comprar con este dinero?».

La introversión y los superdotados

> Sabes que tu niño es superdotado cuando llega su cumpleaños y te pide un diccionario.
>
> JUDY GALBRAITH

Hay algo muy irónico en el caso de los niños introvertidos. Los profesores que no entienden su psicología pueden considerarlos lentos, torpes o lerdos... como hemos visto. Esto puede suponer una gran pérdida para la sociedad. Al menos un 70 % de los superdotados son introvertidos. Cuando entendemos cómo funciona su cerebro, es fácil entender por qué.

Muchos extravertidos tienen una inteligencia global y amplia. Pero los campos como la ciencia, la informática, la medicina, la ingeniería, la arquitectura, la psicología y la educación superior están dominados por los introvertidos, gracias a su insólita capacidad de concentrarse profundamente en la información compleja. Tal y como dijo Albert Einstein: «Mi don más importante es mi capacidad de pensar en un problema durante mucho tiempo».

Una de las desventajas de ser introvertido y superdotado es que los niños pueden sentirse bastante aislados, dado que les cuesta encontrar a personas con las mismas emociones e intelecto que ellos (aun en su propia familia). Si nadie percibe su talento, también pueden desmotivarse. Si carecen de intereses complejos para alimentar su mente, puede que los introvertidos superdotados ignoren su propia capacidad mental. Así es como los chicos muy brillantes acaban consumiendo drogas, para combatir el aislamiento y la falta de estímulos. Por tanto, es vital comprender sus talentos, exponerlos a experiencias enriquecedoras y ayudarlos a encontrar a otros adultos y gente de su edad para compartir sus pensamientos.

Incluso cuando se reconocen los dones de los introvertidos puede haber algún problema. He trabajado con niños introvertidos asignados a lo que se llaman clases GATE, un programa destinado para niños «dotados y con talento« (*gifted and talented*, en inglés) de California, donde muchos acaban sintiéndose *menos* inteligentes. Eso se debe a que el programa presiona a los alumnos de modo que aprendan rápidamente un material concreto, para prepararlos a fin de que obtengan buenas notas en los exámenes estándar.

La bibliografía al final de este libro recomienda algunas obras sobre niños superdotados. Hojea algunas de ellas; puede que te sorprenda descubrir que los niños superdotados se parecen a tu hijo introvertido. También hallarás consejos para fomentar sus dones.

Cómo sobrevivir, desarrollarse y concluir una formación universitaria

Muchos introvertidos tienen éxito en la universidad. Empieza pronto a ayudar a tu hijo a elegir una universidad y una carrera que le interese. Los introvertidos también pueden empezar pronto a ahorrar dinero para su educación. Esta transición tan importante puede ser demasiado para un introvertido, de modo que lo mejor es ayudarlo a considerar todos los aspectos de la educación superior en cómodos pasos, a medida que vaya creciendo. Visitad diversos campus cuando estéis de vacaciones o de excursión. Yo he llevado a mis nietos a obras de teatro, planetarios y conferencias en universidades locales. Recorremos los edificios, y les cuento anécdotas sobre mis años de estudiante universitaria. Pide a amigos y familiares que compartan con tu hijo sus experiencias en la facultad. ¿Qué les gustaba y qué no? ¿Por qué eligieron esa universidad en concreto?

A medida que se acerque el momento en que tu hija tenga que elegir una universidad, haz que el proceso sea una aventura de descubrimiento. Ayuda a tu hija introvertida a usar su cerebro, que compara y contrasta, para explorar las opciones disponibles. Mantén abierta la comunicación, y habla con ella de todas las facetas de la próxima experiencia universitaria. Una adolescente introvertida tardará más en tomar decisiones sobre la universidad, así que empieza pronto.

Algunas de las cosas que deben considerar los introvertidos y sus padres a la hora de buscar una universidad es el tamaño de la misma, su atmósfera y su filosofía, la vida comunitaria, la situación y el número de estudiantes. Las universidades grandes pueden ser demasiado para los introvertidos, y no ofrecerles la zona de seguridad que necesitan. He trabajado con varios introvertidos que optaron por asistir a universidades grandes y competitivas, y lo pasaron muy mal. Después del primer año se pasaron a otras universidades más pequeñas donde encontraron alumnos que pensaban como ellos, se sentían menos agobiados y tenían un contacto más personal con sus profesores. La situación geográfica puede ser importante porque quizás al principio los introvertidos quieran volver a casa con más frecuencia. Una pequeña ciudad universitaria puede resultarle menos estresante a un introvertido que un enorme campus urbano.

Las instituciones grandes y competitivas que exigen estudiar en gigantescas salas o las escuelas que tienen fama por ser una fiesta constante no suelen ser las mejores elecciones para los introvertidos. A menudo las universidades más pequeñas ofrecen un entorno más tranquilo, con alumnos más serios y entregados. A veces me sorprende que los padres piensen que ir a un *junior college*, un centro universitario donde se imparten cursos de dos años, es menos prestigioso. Pero para muchos introvertidos (y ése fue mi caso), un *junior college* tranquilo puede ser un buen punto de entrada a la vida académica, y muchos de esos centros tienen una reputación excelente. Para los alumnos introvertidos, vivir en casa de los padres durante las vacaciones puede ofrecer una buena transición. Cuando ya tengan más experiencia para moverse en el *junior college* podrán pensar en trasladarse a una universidad más grande.

Para los introvertidos puede resultar difícil vivir, comer y estudiar con mucha gente. Es importante que dispongan de un compañero de habitación compatible, dado que estarán comprimidos en un cuarto pequeño. Necesitan disponer de lugares privados donde recargarse y estudiar. Quedarse en el campus durante el fin de semana, e incluso las vacaciones, cuando la mayoría de alumnos se van, es una buena manera de que los introvertidos recarguen sus baterías. Hoy día, muchas universidades asignan habitaciones emparejando a los alumnos basándose en todo tipo de cosas, incluyendo el temperamento. Un estudio demostró que emparejar a los alumnos con temperamentos parecidos aumentaba su satisfacción con la universidad y reducía en un 65 % la solicitud de cambio de habitación.

Los estudios demuestran que los introvertidos tardan más en elegir una carrera. A mi entender, esto sugiere que no han estado expuestos a las experiencias necesarias para conocer sus propios intereses. Una vez más, empieza pronto para ayudarlos a saber qué les atrae. Los estudios también indican que en la universidad los intravertidos socializan menos, y tienen menos citas, que los extravertidos. Por tanto, asegura a tu hijo introvertido que no tiene por qué ir revoloteando de una amistad a otra. Respalda su interés por ampliar su educación. El departamento de graduados es la tierra de los introvertidos, porque les encanta aprender y les interesa profundizar en áreas temáticas más especializadas.

El mundo del deporte

> Los deportes no crean carácter, lo revelan.
>
> HEYWOOD HALE BROUN

Mucha gente equipara el «atletismo» con los deportes competitivos de equipo. Pero hay muchísimas actividades deportivas al aire libre o en interior, y no todos los niños se sienten atraídos por las mismas. Según la American Academy of Pediatrics, los niños no deben participar en deportes organizados hasta que tengan al menos 6 o 7 años; esto les envía un mensaje equivocado, porque hace hincapié en el juego en equipo, muy estructurado, y en el objetivo de ganar. Pocas veces se tiene en cuenta el cuerpo del niño, en pleno desarrollo, y sus talentos individuales. Cuando son los adultos quienes organizan los deportes, se espera de los niños que jueguen en equipo mucho antes. Además, la participación en los deportes organizados consume el tiempo que el niño podría dedicar a jugar libremente, que es la verdadera misión del niño.

A menudo a los niños introvertidos les gustan los deportes individuales, como las artes marciales, el senderismo, el patinaje y el piragüismo. Trabajé con un introvertido que me dijo que ya había aceptado la idea de ser un empollón. Decidió unirse al equipo de natación para dominar un deporte. Así podría contrarrestar su gusto por los estudios. La verdad es que se sentía más incluido socialmente, y le encantaba el reto de mejorar sus tiempos en la piscina.

En esta época en que los padres discuten sobre el objetivo que debería alcanzar un niño en su juego, podría estar bien dar un paso atrás y preguntarnos: ¿Cuál es el propósito del deporte para un niño? Ten cuidado de no confundir tus intereses con los de tu hijo. Aprender un deporte y participar en un equipo debería ayudar a los niños a hacer ejercicio, aprender habilidades interpersonales y físicas, obtener experiencia del esfuerzo en equipo y tener la ocasión de descubrir qué les gusta y qué no. Todo se centra en la práctica, la exploración y la diversión; excepto en raras ocasiones, los deportes no se convierten en una larga carrera profesional y exitosa. Deja que tu hijo haga un par de clases de varios deportes para descubrir lo que le gusta. Puede que no sea lo primero que pruebe ni el mismo deporte que te gustaba a ti a su edad.

Muchos introvertidos aborrecen esos momentos en la escuela en que escogen a los niños al azar para formar un equipo, sin tener en cuenta quiénes son. Es buena idea hablar con ellos de esta experiencia y ayudarlos a encontrar una solución. Quizá tu hijo pueda empezar a practicar los deportes más populares (como el fútbol o el baloncesto) en casa, de modo que en el colegio le vaya mejor. El desarrollo de un deporte individual puede ayudar a los introvertidos a fomentar su fortaleza y su confianza en sí mismos. También se tomarán mejor que no los escojan para un equipo escolar.

Si tu hijo introvertido está en un equipo, debes conocer a sus entrenadores. Muchos de estos profesionales lo hacen bien, pero hay otros que son demasiado severos o se centran más en ganar que en participar. Los padres deben intervenir: ése no es el objetivo de un niño que hace deporte.

Una niña joven introvertida que conozco había hecho gimnasia durante varios años. A Mia siempre le había gustado, pero de repente dijo que lo dejaba. Lloraba y se negaba a entrar siquiera en el gimnasio. Su madre estaba confusa, y me preguntó qué podía hacer. Le dije que, simplemente, escuchase lo que la niña le decía. Más tarde, cuando Mia estuviera más tranquila, podía intentar descubrir los problemas subyacentes, reunir datos. Le sugerí que hablase con otros padres y con los entrenadores, y que buscase otros indicios de estrés en su hija. ¿Se había producido algún cambio, quizá la llegada de un nuevo entrenador? Durante la clase, ¿alguien se reía de Mia o la amenazaba? ¿Había demasiada presión? ¿La hacían sentirse aislada?

Luego resultó que la clase de Mia estaba practicando unos ejercicios más sofisticados. Dado que Mia es una introvertida que tiende al perfeccionismo, se sentía asustada y desanimada. No creía estar haciéndolo bien. No sabía que su entrenadora pensaba que se estaba adaptando estupendamente. Su madre habló con la profesora de gimnasia y le pidió que animase más calurosamente a Mia. También le pidió que juntase a la niña con otras alumnas de su edad que igualmente estaban nerviosas por tener que aprender los ejercicios nuevos, de modo que ya no fuera la única aprensiva... Mia sigue haciendo deporte.

Si tu hijo quiere dejar de realizar una actividad particular, intenta descubrir qué pasa. Si después de reunir la información crees que es razonable que deje de hacerla, pídele que elija algo que quiera hacer hasta el final de la temporada o del curso académico, y permite que deje las demás. Si aún no está claro qué está pasando, deja que se quede un par de semanas más y averigua cómo se siente.

Resumen

- Explica a los profesores de tu hijo introvertido cuál es su temperamento.
- Ayúdalo a estudiar conforme al funcionamiento de su cerebro.
- Recuerda que, en proporción, el número de introvertidos que asisten a la universidad y al departamento de graduados es superior al de extravertidos.

CAPÍTULO 12

La inteligencia social del introvertido

Qué significa la amistad para los introvertidos y qué podemos esperar mientras progresan por la infancia

La amistad multiplica las alegrías y divide las penas.

H. G. Bohn

Donde más se manifiestan las diferencias entre introvertidos y extravertidos es en el entorno social. A los extravertidos les gusta conocer y hablar con un montón de personas diferentes, y por lo general tienen una amplia gama de amigos. A los introvertidos les gusta otra gente, pero tienden a decidirse por grupos más reducidos y por quedar con los amigos de uno en uno. La idea general es que los introvertidos no son sociables. Sin embargo, como hemos visto, los introvertidos no son necesariamente tímidos, retraídos o silenciosos, sobre todo cuando están en un entorno cómodo, familiar. La confusión nace de la idea de que existe sólo *una* manera de ser sociable. Echemos un vistazo a nuestro concepto habitual de la sociabilidad, y veremos que usamos la lente extravertida. Los criterios incluyen, entre otros: esa persona, ¿es popular? ¿Tiene muchos amigos? ¿Le gustan las fiestas y las actividades de grupo?

Sin embargo, si miramos la vida a través de una lente introvertida, obtenemos una imagen distinta: tu hijo introvertido, ¿tiene uno o dos amigos íntimos? ¿Valora las amistades a largo plazo? ¿Le gusta hablar con otra persona de los temas que le importan? ¿Se preocupa por los sentimientos ajenos? La verdad evidente es que los introvertidos y los extravertidos tienen aptitudes e inclinaciones sociales distintas. Los extravertidos satisfacen los ideales culturales de Occidente de ser muy visibles y expansivos, y se sienten a gusto hablando con mucha gente. Los introvertidos destacan en esas capacidades de la intimidad cercana y personal, que suelen infravalorarse y que en apariencia son invisibles.

Tu hijo introvertido puede mostrar aplomo, confianza y agrado al interaccionar con otros niños y adultos, tanto introvertidos como extravertidos. Estas capacidades mejoran con la práctica y con la experiencia. Los introvertidos confiados en sí mismos se comprenden y saben que es correcto que se retiren cuando necesitan recargarse. Saben qué tipos de amistad y experiencia social valoran y disfrutan. Tienen unos pocos amigos íntimos, pero se muestran amigables con otros niños. Son tranquilos en la mayoría de circunstancias sociales y creen que caen bien a los demás. Tienen la capacidad de abrirse cuando es necesario en una reunión social. Sin embargo, lo hacen bajo sus condiciones.

Los sistemas de recompensa

> La cumbre de la felicidad se alcanza cuando una persona está lista para ser lo que es.
>
> ERASMO

Tal y como expliqué en el capítulo 2, los introvertidos y los extravertidos dependen de vías cerebrales que proporcionan recompensas distintas. Los niños extravertidos están diseñados para ser gregarios. Sus cerebros les proporcionan ramalazos de felicidad cuando bromean y juegan en grupo. Les gusta la charla rápida. Hablan abiertamente de casi todo, y les gusta saltar de un tema a otro. Las interrupciones no les molestan. Físicamente, a los niños extravertidos tiende a gustarles el juego más movido, más que a los introvertidos. Consideran que casi todos los niños son sus compañeros, y tienen un gran círculo de amigos.

Los niños introvertidos disfrutan de conversaciones íntimas que pueden abordar temas más complejos. Les gusta charlar, pero con momentos para hacer pausas y reflexionar. Cuando hablan de algo interesante, pueden recibir ramalazos de alegría suaves pero agradables. Sus cerebros están hechos para rumiar los pensamientos y sentimientos, y para comprender a fondo los temas. Hablan más lentamente y si les interrumpen pierden el hilo. Escuchan, formulan preguntas y toman en consideración las ideas ajenas. Para desarrollar estas habilidades innatas, los introvertidos necesitan relaciones de confianza, que los ayuden a practicar el arte de la conversación. Por lo general a los introvertidos los aprecian, pero antes de considerar que otro niño es su amigo, deben conocerlo bien.

Los caminos que divergen

La disposición cerebral de los introvertidos y los extravertidos da como resultado distintas necesidades interpersonales y habilidades sociales divergentes. Vamos a ver tres aspectos cruciales en los que se separan los caminos de los introvertidos y los extravertidos: su punto de vista sobre la amistad, su estilo de conversación y su energía para socializar.

¿Qué es un amigo?

Los introvertidos y los extravertidos no tienen el mismo concepto de la amistad. Para los niños introvertidos, el término *amigo* significa algo más profundo que un conocido. Un ejemplo de esto es Kathy, que a sus 8 años tiene una amiga íntima, Samantha. Les encanta fingir que están en la escuela y hacen turnos para ser la maestra y para hacer deberes. Son capaces de jugar durante horas, inventando situaciones y escenarios nuevos. Kathy y Sam son amigas desde que tenían 3 años. Kathy sabe qué esperar cuando Sam viene a su casa. Por lo general, les cuesta poco solventar las dificultades y llegar a acuerdos. Discuten poco. Pero si el hermano extravertido de Kathy, Noah, pincha a Sam —cosa que le gusta hacer—, Kathy interviene para defenderla. Lo curioso es que esto es algo que ella no siempre hace por sí misma. A medida que Kathy crezca, querrá tener amigos con quien poder hablar en profundidad sobre temas que le interesen. Ahora ya se da cuenta de que los amigos están bien para compartir los problemas y para resolverlos.

A los niños introvertidos les gusta tener muchos tipos de amigos. Pueden ser mayores o menores, chicos o chicas, y tener un trasfondo cultural, una religión o un temperamento variados. Un estudio realizado en 1999 y publicado en el *British Journal of Social Psychology* descubrió que los extravertidos rechazaban a los desconocidos que no eran como ellos más de lo que lo hacían los introvertidos. Kathy, por tomar el ejemplo de una introvertida prototípica, tiene muchos compañeros. A veces se pasa a ver a una vecina mayor que ella, Miriam, que vive en su misma calle. Miriam le ha enseñado a hacer punto. También le gusta visitar a su primito Zach. Le gusta ver cómo el bebé va descubriendo el mundo. El otro gran amigo de Kathy es Tom, un niño extravertido y amante de la acción. Es un chico alegre, divertido, y que hace sugerencias repentinas, como: «Vamos a imaginar que somos los Spy Kids, los de la peli. Podemos usar mi equipo de espionaje para ver qué hacen los chavales del barrio». La madre de Kathy ha visto que, después de jugar con Tom, su hija está molida, así que intenta que la sesión de juego sea breve. A menudo los introvertidos gravitan hacia los extravertidos, y se lo pasan muy bien juntos. Pero los introvertidos necesitan tener amigos que también lo sean, o pueden acabar cansados y presionados para ser como los extravertidos.

Los extravertidos usan la palabra *amigo* como los introvertidos usarían la de *conocido*. Por ejemplo, a Kim le gusta que su madre monte reuniones con compañeros de clase u otros amigos. Pero también le encanta jugar con niños a los que conoce en el parque o, ya puestos, con la cantidad de niños que se encuentra allí donde vaya. Los amigos de amigos, los primos de primos... todo el mundo le vale. A los extravertidos tienden a gustarles otros extravertidos; la mejor amiga de Kim es tan alegre y energética como ella. Montan en bici, juegan a pelota y patinan. Se lo pasan bien, pero a veces discuten para decidir qué van a hacer. («¡Tú elegiste la última vez!») Cuando vaya creciendo, a Kim le gustarán también las conversaciones largas, pero puede que no las busque hasta el punto en que lo hace un introvertido. A los extravertidos les gusta jugar al aire libre, practicar juegos de mesa, hacer el loco por casa y participar en numerosas actividades.

Los estilos de conversación

Cuando observamos a introvertidos y extravertidos conversando, sus diferencias son claras. Cuando se sienten a gusto con una persona, los introvertidos son conversadores excelentes. Paula, una introvertida de 4 años, me miró a los ojos y me preguntó si yo tenía un gato. «Pues sí», le dije. «¿De qué color es? ¿Es gato o gata?», siguió, y se detuvo para esperar a que le respondiera. Le hablé de Mocha, mi gato color chocolate. «Y *tú*, ¿tienes un gato?» Ella reflexionó, y luego respondió: «Sí, es un gato persa gris, y tiene 4 años, como yo. Le gusta dormir en mi cama y en lo alto de la nevera». Y luego me proporcionó algunos datos más sobre esa raza particular.

El objetivo de Paula en la conversación es comprender su propio mundo interior o el de otros. Le gusta charlar en un entorno relajado sobre cosas que le interesan. Escucha, reflexiona y recuerda lo que digo. A medida que crezca, apreciará las conversaciones que exploren sus intereses o los de otros niños. Valorará el hecho de conectar con otra persona y conocerla, hallando puntos en común (como el amor por los gatos) y diferencias.

A Hallie, una niña extravertida de 9 años, suelen reprenderla a menudo por mentir. En el fondo ella no entiende por qué su madre se enfada. ¡Pero si sólo estaba hablando! «¿Sabes una cosa? Me voy de acampada con los Andersen», le había dicho a su madre. «¿Ah, sí?», respondió su madre, sorprendida. «Bueno, la verdad es que aún no me lo han pedido, pero estoy segura de que lo harán», «*Si* te lo piden me lo dices, y *entonces* lo hablamos», contesta su madre. Puede que mañana Hallie ya se haya olvidado de que quería ir de acampada.

Los extravertidos hablan por que les diverte. Preguntan «¿Lo sabías?», y hablan de deportes, ropa, de lo que sea. Dicen lo que les viene a la mente, saltando de un tema a otro, interrumpiéndose a menudo pero sin ofenderse. Cuando era más pequeña, en cierta ocasión Hallie le preguntó a una mujer por qué llevaba un sombrero tan feo, y su madre no sabía dónde meterse. Pero, Hallie protestaba, ¡es que el sombrero *era* feo! Los niños extravertidos pueden parlotear sobre cualquier tema, ¡tanto si saben algo del tema como si no!

El gasto de energía

Piensa en esto un momento: *Todo lo que hace un introvertido en el mundo exterior requiere energía, y le aporta poca o ninguna a cambio.* Añade a esto el hecho de que los introvertidos tienen que gastar combustible extra para mantener a raya su estimulación interna, para poder concentrarse en algo externo a ellos. Los extravertidos, por otro lado, se adentran en el mundo exterior y disfrutan de su vitalidad. Como ya están concentrados en el exterior, no tienen que ajustarse. Esta diferencia ejerce un enorme impacto en el modo en que los introvertidos y los extravertidos experimentan las relaciones sociales y, a su vez, en cómo los ven los demás.

En casa, nuestra nieta Emily es un torbellino; no deja de moverse de un lado a otro. Una tarde, la llevé a la zona de juegos infantil de un centro comercial. Allí parecía otra. Durante cosa de un cuarto de hora estuvo sentada a mi lado como una estatua, con el rostro inexpresivo, limitándose a observar todo el movimiento. Contemplaba a los niños que corrían y hablaban alrededor del tobogán. «Dime cuándo estás lista para jugar con ellos», le dije. Ella los estuvo mirando fijamente y al final me dijo: «Lista». Mientras jugaba y exploraba, de vez en cuando me miraba para comprobar en silencio mi reacción y mi apoyo. Yo había llevado a la misma zona infantil a su hermana mayor, Katie, que es extravertida. Katie se metía corriendo en la actividad y apenas si miraba atrás.

Puedes ayudar a tu hijo introvertido a administrar y usar a fondo su energía social limitada. Enséñale a almacenarla antes de las reuniones sociales. Limita el número de éstas, y no te quedes mucho si empieza a mostrar indicios de cansarse. La mayoría de introvertidos es capaz de pasar mucho tiempo sentados, como durante un culto en la iglesia o una salida a comer fuera. Pueden jugar en silencio durante mucho rato. De vez en cuando, un introvertido se muestra más activo y se pone nervioso. Pero aunque puedan parecer satisfechos, necesitan espacio, paz y tranquilidad para recargar las baterías.

Ayuda a tu hijo a darse cuenta de qué es lo que le hace perder energía, como la presencia de demasiados niños, el ruido excesivo, el calor, la presión del tiempo, los conflictos o las decepciones. Puede aprender a hacer una pausa, mantenerse en la sombra, lejos del grupo, posponer enfrentarse a un conflicto hasta más tarde, hablar de lo que le inquieta o dar un paseo breve.

La socialización en la infancia: qué esperar

> Los amigos son parientes que elegimos solos.
>
> Eustache Deschamps

La socialización es esencial para el desarrollo infantil; los investigadores dicen que el cerebro infantil se desarrolla por medio de la relación con sus cuidadores primarios. El sentido social de la persona empieza en la familia, y se extiende al mundo exterior cuando el niño tiene entre 1 y 2 años de edad. Incluso cuando son muy pequeños, a los introvertidos —observadores natos— les gusta analizar a otros niños. A medida que crecen, practican y experimentan con sus incipientes habilidades sociales para forjar amistades. Hacer amigos es un proceso retador y sofisticado, que conlleva muchas pruebas, callejones sin salida y rechazos directos. La aptitud social tarda mucho tiempo en desarrollarse, apilando uno sobre otro los bloques de construcción. Los introvertidos empezarán poco a poco a hacerse hueco fuera de la familia. Dentro de la seguridad relativa del entorno familiar, pueden practicar el dar y recibir, compartir poder, mostrar empatía, ser asertivos, comprometerse y encajar los rechazos; y, cuando estén listos, empezar a usar esas habilidades en la carretera.

Analicemos con algo más de detalle qué pasa en las diversas fases sociales.

De 1 a 3 años

Los niños que empiezan a andar están probando su independencia. Luchan con los límites, y quieren explorar el mundo por su cuenta. Les interesan otros niños, pero en lugar de jugar juntos, juegan al lado de otros. Por lo general, los introvertidos se aferran a sus padres durante más tiempo que los extravertidos. A menudo no tienen tantas rabietas como los extravertidos de su edad. Pero, dado que ya tienen una mente propia, pueden volverse tozudos y montar un espectáculo si quieren tener o hacer algo.

Fomenta la habilidad social de tu niña organizando un grupo de juegos, apuntándola a una clase de cualquier cosa (música para niños, por ejemplo), o llevándola a un parque. Exponla a muchas experiencias diferentes. Id a jardines, subid en barco, súbela al carrito del supermercado, visitad el zoo y disfrutad del acuario y de otros lugares que les gustan a los niños. Pero no estéis mucho rato, y evitad el exceso de estímulos. Deja que tu hija vaya adaptándose a nuevos lugares o grupos. Son sus años de práctica.

Recuerda que los niños de esta edad necesitan a adultos que les allanen el terreno para que jueguen. Puedes ayudarla a saber cuándo necesita una pausa o tranquilizarse. Anímala a compartir un poco con otros niños. Recuérdala que se exprese con palabras, no agarrando cosas, mordiendo o pegando. Ésta es la conducta que puedes esperar si está cansada, hambrienta o sobrecargada. Si otro niño le quita los juguetes, anímala a no quedarse de brazos cruzados. La capacidad de defenderse sola la ayudará a sentirse más segura y menos vulnerable en sociedad. Cuando se acerque el final del periodo de juego, empezad alguna actividad tranquila, como leer o pintar, para que le cueste menos dejarlo.

Entre los 20 y los 24 meses se produce un gran cambio. Durante esta fase, los intereses sociales de los niños crecen a saltos. Empiezan a imitarse unos a otros. Si un niño salta desde una caja, el otro va detrás. Los investigadores piensan que éste es el principio de la interacción social, el movimiento de péndulo: tú haces eso, yo hago esto. Por lo general, los niños pequeños introvertidos se muestran más vacilantes que los extravertidos al encontrarse con niños, situaciones y grupos nuevos. Aunque tarden en participar, les gusta observar a los otros niños. Dejarles hacerlo es una buena introducción al entorno social. Pueden copiar conductas aun sin participar en ellas.

Hace unos meses fui a una clase de música con nuestra nieta introvertida, Emily. En el aula había unos diez niños con edades comprendidas entre los 18 y los 24 meses. A Emily le encanta la música y la danza. Mi idea es pasarlo bien con ella mientras entra en contacto con un grupo de niños de su edad, y ayudarla a tolerar su compañía. Al cabo de unas cuantas clases, cuando íbamos en el coche y Emily veía el edificio de las clases, gritaba: «¡Nenes!». Estaba ansiosa por entrar, quitarse los zapatos y aporrear el tambor.

Normalmente, durante la clase observaba a los otros niños con mirada de halcón, sentada en mi regazo o de pie junto a la pared. Participaba en alguna actividad, pero no con tanta frecuencia como la mayoría de los otros niños. De vez en cuando sorprendía a todo el mundo y era la única que quería cantar o decir algo. Su participación tenía altibajos, dependiendo de su grado de energía, el tamaño de la clase y la presión que le supusiera la actividad concreta. Si antes de la clase del lunes había tenido un fin de semana agitado, por ejemplo, solía mostrarse más reservada. Por lo general participaba cuando los niños cogían los instrumentos o los dejaban en su sitio, y cuando cantaban «A limpiar, a limpiar». Pero, como la mayoría de introvertidos, había algo que la fascinaba: ¡las etiquetas con el nombre de los niños! Le encantaba quitarle la etiqueta a otros y pegarla en la pared mientras sonreía satisfecha y se movía al ritmo de la música. Pronto quedó claro que había iniciado una moda, porque otros niños siguieron su ejemplo.

Entre los 2 y 3 años, los niños empiezan a mostrar preferencias sociales, que a menudo los llevan hacia un niño con preferencia a los demás. Busca algo que interese a tu niño y a sus compañeros de juego. Busca a niños a quienes les guste jugar a lo mismo. Quizá les guste jugar con los bloques de construcción, o adoptar papeles imaginarios. A los niños de esta edad les va muy bien jugar con otros niños en grupos reducidos, una vez a la semana, para empezar a aprender habilidades sociales. Organiza encuentros con sus compañeros, y tómate en serio su amistad. Dales dos tazas, dos pelotas o dos tambores pequeños para que jueguen, dado que en esta fase es más importante que aprendan a imitar que a compartir. Habla sobre el amigo de tu hijo. «Hoy vas a ver a Justin. ¿Quieres que guarde algunos de tus juguetes favoritos?» (Sí, está bien tener algunos juguetes que no se compartan.) los niños de esta edad, tanto introvertidos como extravertidos, necesitan la supervisión de un adulto para ir haciendo turnos y para que guíe sus interacciones.

Nota: No sobrecargues a tu niño con demasiados niños o reuniones sociales. Intenta que las sesiones de juego no se prolonguen demasiado, y que no haya transiciones aceleradas.

Entre los 4 y los 5 años

Normalmente, los cuatro años y medio es el periodo en que al niño se le enseña a hacer sus necesidades solo, cuando los peques empiezan a jactarse de lo que hacen, exageran y se vuelven impredecibles desde el punto de vista emocional. Los introvertidos pueden sorprender a sus padres con súbitos cambios de personalidad. Pueden hacer tonterías, o su tozudez convertirse en desafío. Al mismo tiempo, van adquiriendo un sentido de causa y efecto emocional: «Si le pego a mi hermana, ella y mi mamá se enfadarán». Este periodo intenso se reduce sobre los 5 años, cuando las relaciones infantiles se estabilizan. Aprenden a jugar a solas con otro niño y en grupo. Aunque todavía juegan con niños del sexo opuesto, sobre todo cuando adoptan roles y montan juegos imaginativos, empiezan a mostrar preferencia por jugar con niños de su mismo sexo.

Los introvertidos tienden a desarrollarse en esta fase de juego amistoso y cooperativo. Un estudio publicado en 2002 en la revista *Elementary School Journal* examinaba los comentarios que hacían los niños (palabra por palabra) cuando discutían sus diferencias de opinión. Los investigadores concluyeron que, cuando los niños discutían, los introvertidos hacían comentarios más cooperativos y que los de los extravertidos eran más adversativos.

Sigue ayudando a tu hijo introvertido a asimilar las circunstancias sociales. Establece citas de juego regulares con amigos conocidos, para darle experiencias lúdicas coherentes. Está bien incluir de vez en cuando a otros niños, siempre que tu hijo sepa de antemano que vas a hacerlo. Esto te ofrece la oportunidad de enseñarle que otros niños juegan de maneras distintas a la suya, y que puede intentar adaptarse poco a poco a niños desconocidos.

A esta edad, tu hijo se puede beneficiar de algunas citas estructuradas. Antes de que llegue su amigo, relaja su agenda. Escoge dos o tres juegos o juguetes con los que desea jugar cuando llegue su amigo. Dile que él y el otro niño tendrán que hacer turnos para usar los juguetes. Si empiezan a pelearse por un juguete, usa un reloj de cocina: cada uno podrá tener el juguete diez minutos. Si eso no funciona, quítales el juguete como si no pasara nada. Si el niño quiere, déjale meter algunos juguetes especiales en el armario, donde estén a salvo. Aún no está listo para compartirlo todo. Fomenta sus amistades incluyendo a un amigo cuando salgáis de excursión en familia.

Los grupos casuales empiezan a formarse en torno a los 4 años de edad. Si ves a varios niños corriendo juntos como grupo, verás que en esta fase el juego se vuelve más organizado. Pueden detenerse, llegar a acuerdos y salir pitando en otra dirección. El grupo no está cohesionado durante mucho tiempo, pero mientras dure será divertido.

Ahora los introvertidos empiezan a aprender cómo formar parte de un grupo. Suele tratarse de una integración física: entran en el espacio del grupo. Enseña a tu hijo a participar en un juego de grupo saludando con la cabeza o sonriendo a un niño que parezca amigable, y luego copiando lo que esté haciendo el grupo. Por ejemplo, si están corriendo en torno a un tobogán, que se una al grupo en plena marcha. Si los niños saltan desde una piedra, que salte él también. Anímalo a superar los conflictos aprendiendo a pedir lo que quiere.

Corolario: No invites a demasiados niños a jugar a la vez. Empieza con reuniones de pocos. Ve ampliándolas a periodos más largos, a medida que los niños aprendan a jugar mejor juntos. El objetivo es practicar las habilidades sociales de una forma agradable.

De los 6 a los 8 años

Cuando los niños llegan a esta edad, sus personalidades se vuelven más complejas. Aunque son entusiastas y cooperativos, también son exigentes y difíciles. Están practicando cómo tranquilizarse y prestar atención a las pistas sociales. Intentan descubrir roles, y se identifican cada vez más con el progenitor de su mismo sexo. Pueden resolver conflictos sin que medien adultos, pero recuerda que aún ven el mundo a través de una combinación de fantasía y realidad.

A los introvertidos en edad escolar les gustan otros niños que sean educados. Sin embargo, para bregar con un compañero más desigual necesitan grandes dosis de energía. Éste es un periodo de prueba y error para los padres, que intentan ayudar a los introvertidos a descubrir su ritmo social. A veces los niños necesitan que los animen a practicar cómo tratar con distintas personas y circunstancias. En otras ocasiones, los padres deben incluso rechazar una invitación para que el niño pueda disfrutar de un tiempo de descanso.

Apunta a tu niña a actividades que aprovechen sus dones, como trabajos manuales, danza, actividades sobre ciencia, artes marciales o música. Encuentra otros niños tranquilos con los que pueda jugar. Por lo general, los introvertidos tienen un amigo especial a la edad de 5 años, la «edad social». Si tu hija no tiene un amigo o amiga especial, pregunta a su profesora si hay alguien en clase con quien se llevara bien. Organiza una cita breve para que jueguen, y si sale bien haz que la siguiente sea un poco más larga. Busca señales de que la relación funciona. ¿Les gusta jugar a lo mismo y tienen un grado de energía parecido? ¿Se las ve alegres? ¿Saben solventar sus diferencias con éxito?

Empieza a ayudar a tu hija a evaluar sus amistades. A veces los introvertidos se sienten atraídos por extravertidos, pero juegan mejor con los que son como ellos. «A ti y a Anna os gusta disfrazaros e imaginar cosas. Pero a ti y a Stacy os cuesta más encontrar algo a que jugar. ¿Por qué crees que es así?» Formular este tipo de preguntas de esta manera ayuda a tu hija a pensar qué tipo de juego le gusta, y a qué tipo de amigo o amiga quiere invitar.

Con frecuencia, a los introvertidos siempre les cuesta pasar a formar parte de un grupo. Anima a tu hija a ver cómo actúan los niños en grupos cerrados y abiertos. En los grupos cerrados, los niños hacen piña. Sus cuerpos están tensos, no miran a los que están fuera del grupo y resulta difícil captar sus miradas. En un grupo abierto, los niños ríen y sonríen. Hay espacios entre los miembros; se afianzan unos en otros y están relajados. No es difícil captar la atención de sus miembros. Con tu ayuda, tu hija introvertida puede aprender a observar, copiar y participar. Puedes recordarle que a menudo hace falta más de un intento. Muchos intentos de socializar no salen bien a la primera, pero la próxima vez puede tener éxito.

Nota: No limites las amistades de tu hija a sus compañeros de clase, porque puede que le guste estar con niños más pequeños o más mayores. Tener compañeros de juegos de edades distintas puede ayudar a una introvertida a sentirse más competente socialmente hablando, y más cómoda con los niños de su edad. Esto le permite probar diversos roles, como los de líder, seguidor, experto y novato.

De los 9 a los 11 años

A esta edad la política del patio de recreo llega a su punto culminante. Los colegas adoptan una nueva importancia. Los niños luchan más con sus diferencias y con el comportamiento de los demás. Puedes ayudar a tu introvertido a comprender la dinámica social animándolo a reflexionar sobre sus sentimientos ambivalentes hacia otros niños. Por ejemplo: «Me gusta Mike cuando sigue las reglas del juego, pero no cuando coge la pelota y no la suelta».

Recuerda a tu niño introvertido que es normal que le guste estar solo más que a otros niños de su edad. Dile que es correcto elegir en qué actividades quiere participar y en cuáles no. Tampoco tiene que quedarse mucho rato. Comenta con él en qué cosas debe pensar cuando está decidiendo si quiere o no ir. ¿Ha tenido muchos compromisos últimamente? ¿Se ha quedado tanto en casa que se ha convertido en un hábito? Si decide no ir, ¿es posible que un amigo se sienta mal porque para él era una ocasión especial? ¿Le caen bien los otros niños que sí irán? Éste es uno de los aspectos más difíciles de ser padres. Tiene que existir un diálogo constante sobre los pros y los contras de salir y quedarse. Tiene que pensar: ¿estoy muy cansado? ¿Me gustan esos niños y esa actividad? ¿Decepcionaré a un buen amigo si no voy?

En esta etapa para los introvertidos es especialmente importante sentirse parte de un grupo y aceptados. Al adoptar un enfoque de día a día, tu hijo puede practicar su capacidad de aumentar su grupo de amistades. Un día sugiérele que intente sonreírle a un desconocido, pasarle una nota de ánimo a un amigo, decir hola a una persona nueva, felicitar a un amigo que ha jugado bien un partido, o guardarle el asiento a alguien. Pregúntale cómo fue todo, y dile que aprecias mucho lo que hace.

Los grupos siempre son un reto para los introvertidos, así que ayuda a tu hijo a comprender los patrones que los rigen. A los grupos extravertidos les gusta charlar sobre temas superficiales, y los niños pueden entrar y salir del grupo cada cuarto de hora. Esos grupos son muy cambiantes. Los niños empiezan a sentirse inquietos y quieren hacer otra cosa, o la conversación llega a un punto muerto; por tanto, no hay que tomarse mal si cuando uno llega la gente se va. Una buena elección es un grupo donde parece que los niños se lo están pasando bien, no discuten y todo el mundo habla. Desde una distancia de metro y medio más o menos, tu hijo puede sonreír y evaluar la reacción del otro. ¿Parece dar la bienvenida a un desconocido? Si tu hija se une al grupo, puede sonreír, saludar con la cabeza, reírse al oír una broma o, al cabo de unos minutos, hacer comentarios sobre el tema del que se hable. Puede intentar hablar según la «modalidad de fiesta»: frases cortas, sucintas y ligeras. «Sí, ya te entiendo»; «Eso me pasó también».

Preadolescentes y adolescentes

Éstos son los años típicos del movimiento en manada. Pueden ser despiadados. Existe mucha interacción dentro del grupo, y presión para ser como todos. Las amistades cambian de un día para otro. Esta fase puede ser dura para cualquier preadolescente o adolescente, pero sobre todo los introvertidos pueden sentirse heridos y desanimarse. Puede que no se den cuenta de que incluso a los chicos más populares les duele cuando en esa época no caen bien a alguien. Los introvertidos necesitan ayuda para entender la mentalidad de la manada; si no, pueden encerrarse en sí mismos. Anima a tu hijo a mantener relaciones amistosas con muchos chicos, pero en contactos cara a cara. Uno o dos buenos amigos fuera del grupo aliviarán los peores momentos.

A menudo los adolescentes introvertidos encuentran un modelo al que admirar fuera de la familia, como puede ser un profesor, un amigo de la familia o incluso alguien sobre el que han leído algo. Para los introvertidos que están creciendo es importante aprovechar todos los recursos posibles para forjar y mantener una conciencia de sí mismos y su autoestima.

Aquí tenemos a una adolescente introvertida hablando de su vida social:

Conversar con otros me agota las fuerzas, porque siento que debo esforzarme por llamar la atención de mi interlocutor. Si consigo coordinar lo que quiero decir y me preparo para decirlo... a menudo pasan de mí. Eso me desanima. Muchas veces los otros amigos o los adultos siguen hablando como si no hubiera abierto la boca. Más tarde alguien dice exactamente lo mismo que yo dije y todo el mundo reacciona. Me pregunto qué hice mal. Luego, mientras vuelvo a casa o al día siguiente encuentro una respuesta genial para algo que he oído o una respuesta para la pregunta que me hicieron en clase. ¿Dónde estaba cuando la necesité? No sé si es cosa de memoria o es que soy tonta perdida.

Mi amigo John que dijo que soy distante. No entiendo por qué dice eso. Sé que a veces soy callada. Cuando estoy ahí fuera a veces no me viene a la mente una sola palabra. Me gusta tener intimidad. Sé que soy inexpresiva y que me miro los pies cuando intento reunir mis pensamientos para hablar. Pero la verdad es que me gusta estar con otros. Me gusta charlar. Ojalá no pensaran que soy tan «misteriosa». ¡No creo que lo sea, para nada!

Esto da una imagen de qué aspecto tiene el mundo social para una chica introvertida. Tiene buena relación con sus amigos, pero a veces lucha por mantener su verdadera personalidad y la confunde que otros la consideren distante.

Tu hija puede sentirse independiente en muchos sentidos, pero aun así necesita tu ayuda para asimilar las conductas y actitudes de sus amigos. Anímala, indúcela a practicar sus habilidades sociales, y no la critiques, resulta útil explicar a los introvertidos más mayores que existen diversos tipos de relación, y que cada persona tiene un objetivo distinto para sus relaciones sociales. Esto les impedirá hacer una montaña de un grano de arena que surja en el camino de su amistad.

Muchos introvertidos tienen buenas intenciones, y creen que los demás comparten sus miras. Un buen amigo no es agradable un día y arisco el siguiente. Un buen amigo se preocupa de ti y es capaz de tolerar y debatir vuestras diferencias. Cuando los niños tienen buena voluntad y desean mantener una amistad, pueden llegar a acuerdos. Enséñale a tu hija introvertida a manifestar sus deseos y anímala para defenderse y que se los cuente a los demás. Fomenta su capacidad de escuchar los deseos de un amigo, y de llegar a acuerdos. Puede usar su don innato, su capacidad de escuchar, reflexionar sobre lo que dice un amigo y procurar encontrar una solución. Es muy importante que empiece a desarrollar ahora estas habilidades, de modo que, cuando empiece a salir con alguien, pueda reconocer a los adolescentes que tienen buenas intenciones.

Enseña a tu hija a fiarse de sus sentimientos. Si siente que debe protegerse o no lo tiene claro, debe de haber un motivo. Si se siente agobiada o ignorada, es posible que su amigo o amiga esté fingiendo que intenta llegar a una solución, pero que ésa no sea realmente su intención. Hablad de la importancia que tiene admitir los sentimientos. Cuando esté enfadada, enséñale a calmarse y entrar en el modo de resolución de problemas. Normalmente, los introvertidos encuentran sus propias soluciones una vez han admitido sus sentimientos. Entonces puedes ayudarla a clarificar el problema y entender qué quiere hacer tu hija. Puedes hacer comentarios que son neutros, pero que la ayudan a tener más claros sus pensamientos y sentimientos: «Me parece que te apetece que venga Andi»; «¿Te preocupa que ya haya decidido salir con otra persona?»; «Si ya tiene plan, ¿con quién más podrías quedar?».

Una motivación social especialmente destructiva es la venganza. Durante los años del instituto esta conducta empieza a asomar su horrorosa cabeza. La intención es perjudicar a la otra persona. Entonces la lucha es más grave que lo que la motivó. Los chicos que se sienten inseguros y asustados por otros pueden creer que el mundo es un campo de batalla. Intentan sentirse mejor contraatacando, en vez de gestionar los conflictos para encontrar un punto de acuerdo. Enseña a tu hijo a detectar a los chicos que buscan un contrincante y a alejarse de ellos.

Las interacciones y configuraciones de grupo se vuelven más elaboradas durante la adolescencia, pero se mantienen las mismas normas. Si tu hijo introvertido se siente como un forastero pero está dispuesto a participar, es mejor elegir un grupo abierto de los que mencionamos antes. Recuerda que los niños parlanchines necesitan oyentes. Apreciarán el interés que les muestre otro. Recuerda también que los grupos sociales no duran mucho. Es posible que se dividan en grupitos de conversación reducidos. Otro consejo que debes darle a tu hijo introvertido: cuando entre en un grupo nuevo, que evite discrepar, los comentarios categóricos, cambiar el tema de conversación o formular preguntas personales.

Nota: No presiones a tu hijo preadolescente o adolescente a que haga amigos en la escuela o no se pierda una sola reunión social. Un niño callado ya siente bastante presión social, y por lo general desearía no ser tan retraído. Los comentarios frecuentes sobre las amistades le harán sentirse aún más raro. Hay momentos en que le gustaría ser más extravertido. En ocasiones, a los introvertidos les cuesta alejarse de los amigos, pero saben que sus energías están disminuyendo. En otros momentos, pueden sentir la presión social de quedarse con el grupo por miedo a sentirse diferente. Asegúrale que tendrá mucho tiempo para volver a conectar con sus amigos.

Los introvertidos forjan relaciones basadas en los intereses compartidos y en la compatibilidad. Puedes animar a tu hijo a entrar en el entorno social dando valor a las amistades importantes, en lugar de optar por la actitud bromista y superficial que muchos consideran esencial para tener éxito en sociedad.

Resumen

- Los introvertidos y los extravertidos tienen talentos sociales diferentes.
- A los introvertidos se les da bien la intimidad, mantienen relaciones a largo plazo y les llenan las conversaciones más profundas.
- Enseña a los introvertidos que la socialización tiene unas pautas que pueden aprender.

CAPÍTULO 13

Ayuda a tu hijo introvertido a entrenar su musculatura social

La práctica fortalece la elegancia y la confianza, incluso en situaciones incómodas

> A un buen amigo le gusta tu nombre para poder escribirlo en letras de burbuja.
>
> EMILY BARNETT, 6 años

Aunque muchos padres creen que el territorio social escapa a su control, ten la seguridad de que puedes tener una influencia fuerte y positiva sobre las habilidades sociales de tu hijo o hija introvertidos. Después de todo, tu hija aprende a interaccionar con otros por medio de sus experiencias diarias contigo. Una forma importante de ayudarla a fortalecer sus músculos sociales es admitir y valorar sus dones sociales, y comprender los retos a los que se enfrenta en el entorno social. Por medio de tu propio ejemplo, puedes enseñarle nuevas habilidades y aumentar su confianza a la hora de abordar todo tipo de situaciones sociales. Con el paso del tiempo, ella se «apropiará» de esos dones.

La preparación para las transiciones

> Uno no hace amigos, los reconoce.
>
> GARTH HENDRICKS

Cuando los introvertidos tienen que entrar en el mundo social, la transición es un paso de gigante. Los niños introvertidos necesitan tiempo para pensar en los acontecimientos futuros a fin de adaptarse correctamente a ellos. Como decía en el capítulo 2, los introvertidos usan la vía cerebral que planifica de antemano el curso a seguir. Después evalúan la acción, analizando qué acaba de pasar dentro del contexto de un acto futuro imaginario. Puedes ayudarlos a allanar el camino preparando a tu introvertido para hacer las transiciones a las reuniones sociales. Tendrá que meditar sobre esa ocasión, almacenar energía y prepararse para concentrarse en el mundo externo. Cuanto más sepa lo que tiene por delante, menos energías le arrebatará. Si no lo preparas, puede gastar energías anticipando qué pasará, y se pondrá nervioso. También es posible que cree expectativas que, de no cumplirse, le harán sentir decepcionado: «Ben, ¿estás bien? Pareces un poco triste». «Pensaba que Noah iba a venir a nadar conmigo. No sabía que tenía entrenamiento de fútbol.» Si sabes lo que espera tu hijo introvertido, podrás clarificar los malentendidos y reducir las decepciones. «Es una lástima. Vamos a informarnos sobre la agenda de Noah, de modo que sepamos cuándo está libre para ir a la piscina contigo.» Si no le preguntas, no sabrás qué está pensando.

Avisa siempre a tu hija de cuáles son las actividades sociales previstas. «María, ¿sabes una cosa? Dentro de un par de días vendrán a vernos los abuelos.» Una niña introvertida responde de diversas maneras a los cambios en la rutina —como puede ser una visita—, dependiendo de su grado de energía, de lo cómoda que se sienta con las personas que vendrán, y con las otras transiciones que tienen lugar al mismo tiempo. Los visitantes suponen mucho ajetreo. Hace falta mucha energía para adaptarse a una visita, incluso de las personas que le gustan, a la cual se suma el gasto energético de tener más personas en casa.

Hablar sobre el programa reduce la ansiedad de la niña introvertida hacia lo desconocido. «Vamos a colocar pegatinas en el calendario para marcar los días hasta que vengan y los días que estarán aquí.» Una vez lo hayáis hecho, sugiere hacer una lista de lo que debéis comprar antes de la visita, o preparar algo de comer, como por ejemplo galletas de chocolate. Pide a tu hija que haga un dibujo sobre alguna actividad que le gustaría hacer con los visitantes. A menudo los introvertidos ven imágenes en su mente. Si los ayudas a trasladar esas imágenes a una nueva experiencia antes de que suceda, podrán superarla mejor. («¿Recuerdas qué hicimos durante la última visita? Fuimos al museo infantil. Veo en tu dibujo que esta vez te gustaría ir al zoológico, ¿no?») De vez en cuando, pregúntale algo sobre la visita. Una introvertida me dijo: «Me gusta cuando vienen mis abuelos, pero no me gusta no poder dormir en mi cama». Sabiendo esto, podrás evitar una rabieta modificando la distribución de las camas.

Establece una señal privada para que tu hija introvertida te avise de cuándo necesita una pausa. A veces la necesidad de descansar será repentina: su energía desciende como un ascensor sin frenos que baja al sótano. Ofrecerle una salida de emergencia es una buena manera de evitar las rabietas o los enfurruñamientos.

Puedes hacer más que simplemente alertar a tu hija sobre las actividades sociales futuras. Lo mejor es ayudarla a que asimile firmemente la situación venidera. Pongamos que se va a celebrar una boda en la familia. Cuéntale a tu hija un poco sobre los personajes principales y la relación que tenéis con ellos. Si tienes fotos, enséñaselas. «¿Ves a esta chica joven de aquí? Es mi prima Anne, la novia. Ella y yo solíamos escondernos debajo de las escaleras para comer helado.» A los introvertidos les resulta útil disponer de una imagen mental previa, e incluso les resulta más fácil formular preguntas sobre desconocidos cuando disponen de cierta información tangible sobre ellos. Los introvertidos gastarán menos energía y estarán menos nerviosos si conocen a los protagonistas de la acción.

Si las circunstancias conllevan la presencia de otros niños, una buena manera de que los niños introvertidos rompan el hielo es sacar unos cuantos juguetes y repartirlos. Unos pocos frijoles saltarines mexicanos, unas lagartijas de goma o unos pequeños aviones planeadores hacen que los niños se pongan a jugar en seguida, aliviando los momentos de tensión. Una estrategia parecida para las situaciones informales consiste en sacar lo que yo llamo «juguetes de miel», es decir, los que atraen a otros niños como las abejas a la miel. Ayuda a tu hijo introvertido a trabar amistad más fácilmente haciendo que sean los otros niños quienes se le acerquen. Cuando llevo a mis nietos a nuestra piscina comunitaria, hago pompas de jabón de esas que duran bastante, y las envío por encima de la superficie. En cuestión de segundos los niños se divierten intentando hacer explotar las burbujas que flotan sobre sus cabezas. También tengo una caja de plástico llena de «joyas» para que los niños vayan a buscarlas al fondo de la piscina. En cierta ocasión, Christopher (entonces tenía 6 años), que por lo general no congenia rápido con otros niños, empezó a jugar inmediatamente con otra niña a quien también le gustaba eso de encontrar tesoros. En poco tiempo se habían convertido en los piratas del Caribe, Jack Sparrow y su compañera. Se pasaron horas chapoteando y buceando.

Mirar atrás es esencial

Reflexionar sobre un acontecimiento pasado puede ser tan productivo como planificarlo de antemano. Hacedlo un día o dos después de una salida social importante; habla con tu hija cuando está relajada, para ayudarla a clarificar sus sentimientos y pensamientos sobre el tema. Sin esta oportunidad, puede sacar conclusiones negativas equivocadas, no aprenderá de sus experiencias y puede que en el futuro eluda los compromisos sociales. El sistema de retroalimentación de los introvertidos puede convertirse en un sistema *de reacción en contra*, que unirá sus fuerzas a la de su juez interior. Si el juez/crítico habla demasiado, la niña se puede desmoralizar. Esto le impedirá disfrutar de las experiencias en el mundo externo a ella. Durante tu charla cotidiana con tu hija introvertida, pregúntale: «Ahora que has tenido tiempo de pensar en ello, ¿cómo te fue durmiendo fuera de casa?». «Bueno —repuso Abby—, creo que quizás hablé demasiado.» «¿En serio? ¿Es que a tus amigas no les interesaba lo que decías?» «No, no es eso, pero me sentí un poco rara hablando tanto. Cuando todas me estaban mirando, me sentí incómoda.» Entonces puedes corregir su impresión: «Me parece que si las otras chicas te estaban mirando, es que les interesaba lo que les decías».

Rompehielos

Incluso para los adultos, uno de los mayores obstáculos para socializar es empezar una conversación. Enseña a tu hijo algunas preguntas de introducción. Son preguntas fáciles de responder que transmiten el mensaje: «Me gustaría conocerte mejor». Tienden a fomentar más respuestas afirmativas que negativas; el «no» suele acabar con una conversación. Lo mejor suele ser centrarse en el momento actual, preguntar sobre la situación en que se encuentra alguien, como «¿El agua está lo bastante caliente?». Lo siguiente es preguntar la opinión de un niño: «¿Qué prefieres, el tobogán o el neumático?»; «¿Por qué quisiste hacer kárate?»; «¿Qué dijo ayer la profesora sobre esa película? Es que no estaba atento». También es oportuno hacer un comentario sobre algo que tengáis en común: «¡Eh, yo tengo esa misma camiseta de Star Wars! ¿Dónde conseguiste la tuya?».

Los introvertidos tienden a centrarse en lo negativo, sobre todo en situaciones en las que se sienten asustados, expuestos o nerviosos. Esto forma parte de su sistema de aprendizaje auditivo, que los impulsa a marcar y almacenar las experiencias negativas. Como tampoco les gustan las reacciones emocionales retardadas, pueden malinterpretar las reacciones de otros niños en esos momentos en que están nerviosos o hiperestimulados. Puedes ayudar a tu hijo a reevaluar la situación cuando esté más tranquilo, de modo que tenga una visión más clara de la respuesta que obtuvo. He tenido sesiones con introvertidos que empezaban diciendo «Todo salió mal» y acababan con «No fue tan mal: ¡gané el primer premio!». Y no estoy exagerando.

Otras formas de ayudar

Una de las cosas más importantes que puedes hacer para ayudar a tu hijo a fomentar sus habilidades sociales es demostrar interés por otras personas. Muéstrate amistoso con la gente con quien te encuentras, sin excluir a los desconocidos. Practica para recordar los nombres de los amigos de tu hijo, y hazle preguntas sobre ellos. Habla positivamente de tus propios amigos, y que tus elogios sobre ellos sean adecuados y auténticos. Cuando vengan amigos de tu hijo a casa, da ejemplo de cortesía. Anima a tu hijo a que haga de anfitrión. Por ejemplo, puedes anotar algunas actividades que podrán hacer juntos y preparar algo de picar antes de que lleguen. Exponle el plan B: qué pueden hacer si el invitado no quiere hacer las actividades previstas o se aburren. A continuación expongo algunas otras formas de ayudar a que tu hijo se desenvuelva bien en sociedad.

Ayúdalo a no interiorizar

Los introvertidos tienden a interiorizar los conflictos y tomarse las cosas como algo personal. Por una parte, esto es una ventaja; los introvertidos tienden a no culpar a otros de sus errores, y por tanto pueden usar sus experiencias para crecer y cambiar. Además, esto significa que saben qué les gusta y qué suscita su interés. Sin embargo, vivir hasta ese punto en su propio mundo, y aguantar que les pasen cosas dolorosas, puede hacer que los introvertidos acaben pensando que esas desgracias sólo les ocurren a ellos. («Di la respuesta, pero la profesora no me hizo caso»; «No se me ocurrió qué decir»; «No me invitaron».) La mayoría de los introvertidos con los que trabajo creen que son los únicos niños que tienen problemas. Ésta es una impresión que puedes corregir.

Habla con tu hijo sobre qué aspectos de su vida social puede controlar y cuáles no. De entrada, no puede controlar la conducta ajena. Sin embargo, sí puede aprender a identificar algunos patrones y reacciones sociales frecuentes. Ayuda a tu introvertido a bajar el volumen de su crítico interno, de modo que no se culpe por esos rechazos sociales infantiles que todos padecen. Es de suma importancia decir a los introvertidos que pueden hacer elecciones sobre su propia conducta y tomar elecciones sobre en quién confiar. Pueden aprender qué tipos de amigos necesitan, y cómo elegirlos. Asegura a tu hijo que es un buen amigo. Algunos niños querrán tener otro tipo de amistades, pero eso no es culpa de tu hijo. Además, también podéis invitarlos a ellos.

Lo que *puede* hacer tu hija es elegir cuándo y cuánto quiere socializar. Por lo general, los introvertidos no sienten tanta presión social como los extravertidos para formar parte de todo lo que sucede. Para ellos es más importante gestionar su energía. El sábado, Olivia invitó a su amiga Ashley a su casa para jugar juntas, y esa tarde tenía un recital de piano. El domingo, Sarah invitó a Olivia a su casa para comer y luego ir a ver la nueva película de *Stars Wars* con la familia. Olivia no quería ir, y su madre le preguntó por qué. Olivia le dijo que la familia de Sarah era demasiado grande y que, si iba con ellos, temía no poder volverse a casa cuando se cansara. Su madre la ayudó a llegar a un compromiso: iría a comer con ellos, pero no al cine.

Hay que acabar con el «síndrome hogareño»

«Vámonos, Ryan. ¡Venga! Ryaaan... ¡Ryan! ¡Vámonos YA!» La madre de Ryan estaba perdiendo los nervios. «No quiero —dijo Ryan, de 11 años, mirando a su madre como si acabase de perder a su último aliado—. Tengo que leer el último libro que he comprado.» La mayoría de introvertidos son hogareños. El hogar es su refugio, su zona conocida. Estabiliza su energía, de tal modo que puedan profundizar más en sus intereses. El entorno afecta mucho a los introvertidos: su sistema no funciona igual de bien en lugares con demasiados estímulos. Dado que salir de casa les parece un cambio brutal, resulta útil avisarles de antemano: «Ryan, salimos dentro de un cuarto de hora». De vez en cuando, y siempre que sea adecuado, deja que tu hijo introvertido se quede en casa con una cuidadora o un familiar o, si es lo bastante mayor, solo.

A los introvertidos les cuesta motivarse para salir de casa, lo cual afecta grandemente a su vida social. Dicho en pocas palabras, hay momentos en que tu hija introvertida tendrá que forzarse a salir de casa a pesar de sus deseos. Éste puede ser un momento para negociar y llegar a un compromiso: «Esta mañana te has quedado en casa, así que esta tarde quiero que vengas conmigo a casa de tu tío John. Ya sé que no te apetece, pero seguro que te lo pasas bien con tu prima Libby». Fíjate en cómo va la reunión. Resiste la tentación de decir «Te lo dije», pero después de la cita puedes comentar en voz alta: «A veces cuesta decidirse, ¿no? Querías quedarte en casa, pero cuando saliste lo pasaste bien». La experiencia puede motivar a tu hija la próxima vez que no quiera salir.

A medida que tu hija crece, ayúdala a comparar el tiempo que ha pasado fuera de casa con el que ha pasado en ella, como en un cascarón. Demasiadas actividades sociales pueden provocar «resaca», pero, si ha pasado demasiado tiempo dentro de casa, incluso una introvertida puede aceptar el hecho de que ya le toca salir. Después de pasar demasiado tiempo metido en casa, todo el mundo se agobia, aunque a un introvertido haya que recordárselo de vez en cuando.

Enséñale a elegir a sus amigos

Los introvertidos pueden observar cualidades que les gustan y encontrar amigos que las tengan. Puede que quieran tener amigos muy diferentes. En diversas etapas, es posible que cambien el tipo de amigos que prefieren. Coméntale lo que piensas de sus amigos, y pregúntale qué opinión tiene él de ellos. «Veo que a Casey y a ti os gusta jugar a imaginaros cosas. Se le da muy bien eso de crear países imaginarios.» «¡Eh, menudas charlas tenéis tú y Kevin sobre naves espaciales! Se acuerda de muchas cosas que le cuentas. ¿Te has dado cuenta?» Este tipo de comentarios puede ayudar a tu hijo a evaluar a sus amigos y pone los cimientos para que encuentre lo que busca en sus amistades futuras.

Los introvertidos funcionan muy bien con uno o dos amigos. Para una introvertida, un buen amigo es alguien que tiene su mismo ritmo y con quien pueda mantener buenas conversaciones. Cuando se hace mayor, una amiga extravertida es genial para sacarla del cascarón y fomentar su espíritu aventurero. Sin embargo, con una amiga extravertida, una introvertida debe vigilar su nivel de energía, y estar preparada para decidir cuándo quiere terminar una cita. No es probable que una introvertida se sienta satisfecha rodeándose de demasiados amigos extravertidos; ellos no prestan atención durante mucho tiempo, es posible que no les gusten las conversaciones largas y tienden a discutir más.

Construyendo puentes

Iba en el coche con el hijo de unos amigos, Zane, de 8 años, al que llevaba a su casa después de haberlo recogido en la escuela, y tenía que pararme un momento a dar un regalo en la casa de otro amigo. Le expliqué a Zane que no íbamos a estar mucho tiempo allí, sólo lo suficiente para saludarnos. Él me dijo: «No se me da bien conocer a gente nueva. A lo mejor no parezco muy amistoso». Le aseguré que no pasaba nada, porque ya conocía ese rasgo de su personalidad. Luego Zane me sorprendió mostrándose muy sociable con mi amiga, preguntándole muchas cosas sobre sus perros, y mostrando un gran interés por las cosas que tenía en su casa.

Más tarde pensé en esto y me di cuenta de que el hecho de que Zane hablase de una situación que le incomodaba tenía el efecto paradójico de aliviar la presión y, por tanto, la incomodidad. Esto dotaba a Zane del espacio psicológico que necesitaba para sentirse a gusto. Él me expuso su inquietud, y yo la acepté. Su afirmación me sirvió como una especie de puente entre su reticencia frente a conocer a alguien nuevo y la realidad de la interacción.

Para los introvertidos, conocer a desconocidos puede ser un reto. Éstas son algunas de las maneras de construir puentes:

- Abraza a tu hijo (o dale la mano, o un codazo afectuoso, dependiendo de la edad) y acepta que esté nervioso. Asegúrale que no pasa nada.
- Habla con desconocidos de una forma amistosa, mientras mantienes contacto visual con tu hijo.
- A tu interlocutor puedes decirle: «A Tim le cuesta un poco conectar con alguien nuevo».
- Nunca lo presiones para que sea amistoso antes de que esté listo.
- Si es posible, limita el número de personas nuevas que conoce de una sola vez.
- Haz que tu niño se acostumbre al cartero, los dependientes de las tiendas, los vecinos y los conocidos.
- Haz que las interacciones con personas nuevas sean breves, optimistas y amistosas.
- No respondas demasiado rápido ni le interrumpas. Encuentra el equilibrio entre hablar en su lugar y darle ocasión de contestar por sí mismo. Dale entradas: «A ti también te gusta ese programa de la tele, ¿no?».

Valora su actitud social

La mayoría de introvertidos son oyentes natos. Éste es el talento más importante para forjar amistades. También explica por qué a menudo los introvertidos se dedican a trabajos que requieren una sólida habilidad de relacionarse con otros. Dile a tu hija que tiene buen «oído». Dile que te gusta el modo en que sabe escucharte. Admite lo que escucha y recuerda: «Veo que has recordado que Jack es alérgico a las fresas». Felicítala por su capacidad de conectar con otros: «Eres una buena amiga», o «Ya me di cuenta de que estabas pendiente de todo, que escuchabas muy atentamente. Eso me gusta». Presta atención a sus preguntas, porque a menudo los introvertidos son muy perspicaces.

En la conversación quedará claro en seguida si tu hijo usa más el hemisferio derecho o el izquierdo. Un niño en el que domine el derecho percibirá más los sentimientos y será más sensible a los sentimientos de otros. «¿Sabes qué le pasó al periquito de mi amiga Amber? —me pregunta Carrie—. Se murió por un virus que ya tenía cuando lo trajeron de la tienda de animales. Amber pensaba que a lo mejor era ella la que había hecho algo mal, pero el dueño de la tienda le dijo que no. Le regaló otro, pero echa de menos a Al, que es el nombre que le puso. Le dije que yo me sentí igual cuando se murió mi hámster.»

Los introvertidos que usan más el cerebro derecho pueden tener un coeficiente emocional (CE) alto. Son capaces de meterse en la piel de otro niño. A esto se le llama empatía. Desde ese punto ventajoso, al meterse en los zapatos de su amigo, el niño introvertido podrá reflexionar sobre los sentimientos y pensamientos del otro niño. Sus amigos se sentirán escuchados y aceptados. Para una amistad no hay nada más poderoso que saber que alguien entiende tu punto de vista.

Si tu hija introvertida no es tan buen oyente o no tiene tanta empatía, puede que use el cerebro izquierdo. Puede que le guste hablar de datos y cosas por el estilo. Puedes ayudarla a mejorar su capacidad emocional. Enséñale a que demuestre a sus amigos, mediante repeticiones que no sean como las de un loro, que los está escuchando. Enséñale a buscar las emociones del interlocutor y la idea central de su mensaje. Cuando estéis solas puedes indicarle cómo leer a las personas. «¿Qué crees que sentía Ashley?» «Me pareció triste.» «A mí también.» ¿Por qué crees que estaba así?» «Creo que su perro estaba enfermo.»

Los introvertidos están diseñados para usar el sistema emocional más avanzado, situado en el lóbulo frontal del cerebro. Ésta es la sede de la visión mental y de la inteligencia emocional. La capacidad de percibir lo que otros sienten y de intuir las intenciones son los pilares básicos sobre los que se sustentan los dones personales. Pero la disposición emocional de los introvertidos no se activará a menos que practiquen para conocer sus propias emociones y sentimientos. Los padres pueden ayudarlo a pulir este talento mediante juegos que activen sus antenas emocionales, como «Adivina ese sentimiento» y «Adivina la idea». «A ver si adivinas qué siento cuando te hablo del día que he tenido y cuál es la idea central, *para mí*, de lo que te cuento.» Haced turnos. Deja que tu hija te diga lo que estabas sintiendo y lo que fue importante para ti del día sobre el que le hablaste. Esto le dará lo que, en el mundo de la terapia, se denomina la «experiencia sentida» de ser visto y oído.

También puedes enseñarle a demostrar que capta los pensamientos y sentimientos de otros, haciéndolo en el momento con los miembros de la familia y los amigos. El amigo de Andrew, Ben, con los ojos brillantes de emoción, hablaba en voz alta y muy rápido sobre su nueva Game Boy. Sus palabras eran como una catarata incesante. Su madre le dijo a Andrew: «Si te fijas en los ojos de Ben y en la velocidad con la que habla sobre su nueva Game Boy te darás cuenta de que está muy emocionado. ¿Verdad, Ben?». «Sí, me gusta mucho», dice Ben, mientras da vueltas corriendo en torno a la mesa. Todos se echan a reír, y entonces Andrew y Ben se van a jugar. Un beneficio adicional es que probablemente Ben se habrá calmado un poco al sentirse escuchado.

Explica a tu hija que el temperamento afecta al modo en que actúan y hablan los niños. Entonces podrá aprender a traducir y adaptarse a cada «dialecto» particular, convirtiéndose, por así decirlo, en «bilingüe». Para los introvertidos es importante comprender a los extravertidos, dado que éstos son la mayoría. Aparte de esto, les confiere poder. Al aprender el otro idioma, los introvertidos pueden aprender también cómo piensan los extravertidos, y por tanto cómo interaccionar con ellos. En cuanto a los extravertidos, pueden aprender que otros niños son distintos a ellos. Ser bilingües ampliará su punto de vista sobre otros. También obtendrán las ventajas que es posible que pasen por alto en los introvertidos. Ayuda a tu hija a aprender los idiomas de los introvertidos y los extravertidos:

Sé «bilingüe»: cómo hablar introvertido y extravertido:

Cuando hables con un introvertido, prueba a hacer lo siguiente:

- Habla despacio, en voz no muy alta, y permite que haya pausas.
- Tolera los silencios.
- Usa frases más complejas.
- No lo presiones.
- No lo sobrecargues de emociones.

Cuando converses con un extravertido, puedes:

- Hablar más rápido.
- Usar frases más cortas.
- Inclinarte hacia él o ella.
- Hablar en voz más alta.
- Mostrar distintas expresiones.

Cuando escuches a un introvertido, lo mejor es:

- Prestar atención.
- No interrumpir.
- Demostrarle que le escuchas.
- Darte cuenta de que lo que ha dicho es fruto de la reflexión.
- Si lo necesitas, pide que te clarifique algo y luego espera que lo haga.

Cuando escuches a los extravertidos, lo mejor que puedes hacer es:

- Ofrecer un *feedback* inmediato.
- Asentir, sonreír y reír.
- Admitir que interrumpir no es un problema.
- Felicitarlos.
- No creer que lo que dicen es la última palabra sobre el tema.

Sigue los sueños de tu hijo introvertido

Respaldar los intereses de un niño hace maravillas para lograr que sienta confianza en un entorno social. A Jed siempre le han fascinado las películas y la cinematografía. A los 5 años, Jed escribió al director de la última película estrenada de Harry Potter y le dijo que, cuando crezca, quiere ser director. Su madre, con un Steven Spielberg incipiente entre manos, cuando Jed cumplió 7 años montó una fiesta muy especial. Hizo disfraces de pirata para todos los invitados. Jed escribió el guión de una obra de teatro, y todos los niños participaron en ella. Los padres de Jed la grabaron en vídeo, hicieron copias y las regalaron a los niños de vuelta a su casa. Como regalo, a Jed le dieron una videocámara económica. Jed me recordaba a Peter, el niño introvertido de la película *Descubriendo Nunca Jamás*, que había escrito una obra de teatro para él y sus hermanos. J. M. Barrie se quedó tan impresionado con Peter que lo usó para bautizar y crear su personaje de Peter Pan.

La verdad es que hacer todo esto supone más trabajo del que unos padres quieren o pueden tener para organizar una fiesta de cumpleaños. Pero la cuestión es que la madre de Jed aceptó la vocación de su hijo y le mostró cómo, por medio de sus *intereses*, puede relacionarse con otros.

Cómo aprovechar al máximo las fiestas

> Todo el que tenga un poco de experiencia de la vida
> preferirá tratar a una persona antes que a una multitud.
>
> P. J. O'ROURKE

Hace unos años, llevé a nuestra nieta Katie a una fiesta de cumpleaños en Chuck E. Cheese. Buscamos a la homenajeada, que cumplía 4 años. No se la veía por ninguna parte. Al final encontramos a su madre junto a una mesa, hablando con la persona disfrazada de Chuck E. Cheese. «¿Dónde está Brianna?», gritó Katie para hacerse oír por encima del barullo. La madre contestó: «Está debajo de la

El mito de la popularidad

Muchos padres se preocupan porque su hija introvertida sólo tiene uno o dos amigos. ¿No debería tener más? ¿No debería ser más *popular*?

Los investigadores han llegado a la conclusión de que muchas de nuestras ideas preconcebidas sobre la popularidad son incorrectas. Lo interesante es que los estudios han descubierto que ser apreciado y ser popular son cosas totalmente distintas. En algunos estudios repetidos, preguntaron a los niños quién era popular y quién era apreciado. A los investigadores *no* les sorprendió descubrir que los niños sabían identificar a sus amigos más populares. Lo que *sí* les sorprendió es que los niños populares no eran siempre los que caían mejor a los demás. En realidad, con frecuencia los niños populares eran temidos y se los miraba con rencor, porque parecían querer dominar a otros, no ser sus amigos. Se los consideraba malos, mandones y jefecillos de camarillas excluyentes. Esto respalda otros estudios que demuestran que a menudo los chavales más populares del instituto no aprovechan su potencial en etapas posteriores de su vida. A la gente cada vez le interesa menos dominar y más tener amigos. Cuando llegan a la edad adulta, los humanos necesitan algo más que deslumbrantes maniobras de poder para llevarse bien con otros; necesitan habilidades reales, como la capacidad de escuchar, mostrar empatía y respetar los puntos de vista ajenos.

Otro estudio examinó un mito distinto: si quieres caer bien, tienes que mariposear de un lado para otro. Los estudios demuestran que los niños que caen bien a los demás invierten *menos* tiempo en socializar que muchos otros. En lugar de la capacidad «desenvolverse bien», el rasgo que más valoran otros niños es la amabilidad.

Es importante saber cómo iniciar y conservar una amistad, y cómo relacionarse y jugar bien con otros. Pero eso no quiere decir que haya que ser el que más destaca o al que más inviten. No le des excesiva importancia a la popularidad. Apoya la existencia de unos pocos amigos y de unas cuantas actividades; lo importante no es la cantidad, sino la calidad. Muchos padres invierten en deportes, estudios y otros tipos de clase. Aunque no debemos quitarles valor, no olvides practicar en casa lo que más necesita tu hijo: la habilidad sólida y básica de forjar relaciones con otros.

mesa, y no quiere salir». ¡Oh, no!, pensé, ¡otra fiesta de cumpleaños que se va a pique!

Las fiestas de cumpleaños se han convertido en grandes ocasiones, muy estresantes. Algunas son muy divertidas, atestadas de niños y de adultos, y parecen prolongarse eternamente. Ayuda a tu hija a prepararse para una fiesta así. Cuando llegue la invitación, hablad del tema. Si hay varias fiestas seguidas, deja que se salte una o dos que no le llamen mucho la atención. Si quiere ir, coloca una pegatina en el calendario que indique la fecha. Cuando llames para confirmar la asistencia, pregunta cuántos niños habrá y qué actividades hay previstas. Luego transmítele la información a tu hija para que pueda prepararse mentalmente. Deja que sea ella quien elija el regalo y lo envuelva, y escriba la tarjeta de felicitación. Esto la ayudará a sentir que participa más en la ocasión. Por cierto, a muchos introvertidos se les da muy bien eso de elegir regalos y les encanta envolverlos.

El mismo día de la fiesta coméntala con tu hijo. Puedes decirle: «Casi es hora de ir a la fiesta. ¿Cómo te sientes? ¿Hay algo que te preocupe?» «Estoy contento, pero espero que no haya demasiados niños», dice Reese. «Bueno —puedes decirle—, si hay mucha gente no te olvides de hacer descansos.» Asegúrate de que el niño ha descansado y ha comido antes de ir a la fiesta. Recuérdale que las molestias físicas intensas, como las «mariposas» en la barriga o la tensión del tronco superior, se irán aliviando a medida que se sienta más cómodo. No lo presiones para que actúe antes de sentirse preparado. Deja que vaya adaptándose a la fiesta observándola junto a ti desde cierta distancia. Puede ser útil que lleguéis unos minutos antes, para saludar al niño anfitrión y aclimatarse antes de que lleguen los demás. Recuérdale que busque momentos de descanso, alejándose del tumulto, quizás ayudando en la cocina, entrando en un cuarto tranquilo donde no haya nadie o sentándose un rato en el porche delantero. Si es una fiesta larga, puede que no quiera quedarse hasta que acabe.

Si os quedáis toda la fiesta, puedes ayudarlo simplemente siendo abierto y amistoso. Si hablas con alguno de los niños, puede que tu hija participe al cabo de poco rato. Recuérdale que, cuando se sienta preparada, puede saludar con la mano o la cabeza a otros niños o decirles hola. A medida que crezca, podrá aprender a sonreír a alguien que parezca amistoso, y practicar una pregunta introductoria.

Cuando tu hijo introvertido muy pequeño celebra una fiesta de cumpleaños, haz que sea sencilla, corta y dulce. Deja que elija el tema y que participe en la elección de la comida, y anímalo a que se prepare para la fiesta. De hecho, es posible que de lo que más disfrute sean los preparativos. Los padres de Todd, de 7 años, habían planificado su fiesta de cumpleaños teniendo en cuenta que habría tanto introvertidos como extravertidos. Montaron un colchón elástico de Spiderman en el patio trasero. También colocaron dinosaurios de juguete y piezas de construcción Lego en el salón. Los niños que necesitaran un descanso, podían dejar de saltar y dar vueltas. Los niños entraban y salían de la fiesta. Dos niños introvertidos jugaron a solas un rato con los dinosaurios. Uno de ellos era Todd.

A medida que los introvertidos crecen, es posible que prefieran ir con uno o dos amigos al cine o a otra salida especial, como la playa o una excursión para esquiar. A los 8 o 9 años, puede que a tu hijo le apetezca ir a dormir con otros amigos a casa de uno de ellos. Puedes optar por celebrar las fiestas de cumpleaños en dos ámbitos distintos: uno para la familia y otro para los amigos. Normalmente, en nuestra familia, celebramos fiestas reducidas. Montamos una para unos abuelos y para unos pocos amigos. Otra fiesta, una semana después, es para la otra rama de la familia y algunos amigos más. Somos bastante flexibles con las fechas en las que celebramos los cumpleaños u otras ocasiones especiales.

Las citas: manual para introvertidos

Los introvertidos son personas reservadas que en seguida se sienten expuestas. Normalmente tardan más en pedir una cita que los extravertidos, en parte porque sienten menos la presión social. Esto es especialmente cierto en el caso de los introvertidos varones. Los estudios demuestran que, incluso en la universidad, los introvertidos tienen menos citas que los extravertidos. Pero, aunque tarden más en salir con alguien, los introvertidos están pensando en ello... y pueden estar enamorados sin decirlo. No hagas bromas sobre el tema ni avergüences a tu hija si te parece que le gusta a alguien del sexo opuesto. Mantén una actitud positiva. «Cuando estés lista, seguro que te gusta salir con chicos.» «¿Cómo crees que sería la cita perfecta?» Los introvertidos que tengan una buena confianza en sí mismos se sentirán mejor al pensar en el tema e ir avanzando. Mantén siempre un diálogo respetuoso. Responde preguntas sobre las citas y el sexo, y habla de tus propias experiencias. He trabajado con muchos introvertidos cuyos padres eran muy populares en el instituto. Seguramente esos padres piensan que, al fijar expectativas altas, están estimulando a sus hijos. Pero por lo general su hijo introvertido se desmoraliza al escuchar a sus padres jactarse de lo fácil que les resultaba conseguir citas.

A los adolescentes no siempre les gusta compartir sus experiencias con sus padres, pero es genial cuando lo hacen. Mi hija introvertida más joven siempre tuvo amigos varones mientras crecía, pero no pareció interesarle salir con nadie hasta que rondaba los 16 años. Un día me pidió que la llevase al centro comercial (ella no se sacó el carné hasta los 18). Quería que conociese al muchacho callado que le gustaba. No habían hablado gran cosa, pero se carteaban gran cosa.

Una dinámica posible entre padres y adolescentes

Dado que muchos introvertidos son personas con las que da gusto hablar, y parecen adultos, se convierten en los primeros conversadores a los que elige un padre. Este padre puede socavar la búsqueda de una cita por parte del introvertido porque, sin ni siquiera darse cuenta, no quiere perder a su interlocutor. Vigila para que no pase esto.

Pasamos junto a la parada de Orange Julius, y ella me dijo: «Trabaja en el mostrador, y es más alto que yo; es el que lleva una camisa marrón y la gorra naranja. Pero no te acerques: no quiero que nos vea». Una vez pasamos junto al lugar y me dolían ya los ojos de mirar sin que pareciera que miraba, mi hija no dejaba de preguntarme: «¿Lo has visto? ¿Lo has visto?». Le dije: «Creo que sí, pero había como cinco chicos que encajaban con tu descripción, ¡porque todos llevaban el uniforme de Orange Julius! Pero *creo* que lo he visto, y parece estupendo. Seguro que es una buena elección». Poco después, tuvieron su primera cita (¡qué nervios!), y ahora ya llevan casados quince años. *Fue* una buena elección.

Quizás el aspecto más difícil de una cita, incluso para los extravertidos, radica en tener el valor de pedírsela a alguien. Tu hijo puede practicar y practicar cómo invitar a bailar a una chica o a salir a tomar un refresco. Anima a tu hijo a invitarla a ver una película en vuestra casa, porque seguramente se sentirá más cómodo en su propio terreno. Puedes prometerle que desaparecerás. También puedes ayudarlo a buscar ideas y a planificar otras citas en lugares o de formas que le resulten más cómodas. Asegúrate de que activa a su animadora interna, no al juez. Recuérdale que alguna vez todos recibimos una negativa. También puedes animar a los introvertidos a quienes les da miedo pedir una cita diciéndoles que, aunque no se les dé bien charlar de cosas superficiales, son buenos conversadores. Poseen las cualidades necesarias que forjan relaciones perdurables. Si tu hijo habla contigo el tema de ser gay, date una palmadita en la espalda. Es que confía mucho en ti, porque es un tema difícil. Intenta ayudarlo a analizar sus sentimientos. ¿Es tan sólo una atracción especial por un amigo de su mismo sexo? ¿O lleva sintiendo lo mismo durante mucho tiempo? El 10 % de los adolescentes tienen tendencias gays. Para un adolescente, ser gay puede suponer que se quede solo, así que ayúdalo a conocer a otros gays. Anímalos a que vengan a casa. Es posible que no te guste nada que tu hijo sea gay, y participar en un grupo de padres con hijos o hijas homosexuales puede ayudarte.

Mi amiga mascota

Las mascotas pueden ser amigos importantes que proporcionen consuelo a tu hijo. Los animales le enseñan a dar y a recibir amor. Enseñan paciencia, responsabilidad, y demuestran cómo jugar y disfrutar de la vida. Las investigaciones muestran que acariciar a una mascota reduce el estrés, la ansiedad y las enfermedades. También enseñan lecciones valiosas sobre la pérdida. A menudo a los introvertidos les encanta la responsabilidad de cuidar a perros, gatos, pájaros, ratas, ratones, hámsters o peces. Además, está claro que los perros y los gatos son buenos compañeros, y pueden ser importantes para los introvertidos durante toda la vida.

Los padres de hoy día están tan ocupados que muchos consideran que las mascotas son una responsabilidad y un gasto extras. Por eso, muchos no compran mascotas para sus hijos, como se hacía antes. Pero los introvertidos *necesitan* tener una mascota; tienen mucho amor que dar. Los animales de compañía ofrecen a un niño confianza en sí mismo; tener una mascota les enseña que otro ser confía en él. Elige una mascota que sea una buena contrapartida relacional; que no sea demasiado indiferente, bulliciosa, temperamental o nerviosa. Obtendrás tu recompensa cuando veas a tu hijo introvertido jugando con su mascota y cuidándola. Te sorprenderá lo cariñoso que será tu hijo introvertido con su mascota.

Los adolescentes introvertidos consideran que las citas son un asunto serio, y no les gustan las relaciones superficiales. Dado que las relaciones son tan importantes para ellos, las rupturas pueden ser devastadoras. Respeta los sentimientos de tu hijo o hija, y admite lo doloroso que es perder a la pareja. Recuérdale con cariño que se irá sintiendo mejor, y que tendrá otras relaciones. Busca indicios de una depresión prolongada. Si ves que está afectado más de uno o dos meses, haz que hable con un psicoterapeuta profesional. Otro problema que he visto con los introvertidos, tanto chicos como chicas, es *evitar* una ruptura que debería tener lugar porque su novio o novia es la persona central de su vida. Anima a tu hijo o hija a que tenga otras relaciones mientras sale con alguien.

La socialización tiene muchas facetas, y hay muchas formas de socializar. Al conocer los intereses sociales y los reparos de tu hijo, puedes ayudarlo a que disfrute de las amistades y aumente su comodidad al estar en un grupo.

Resumen

- Enseña un buen comportamiento social mediante tus interacciones en el hogar.
- Señala los puntos fuertes de los patrones sociales de introvertidos y extravertidos.
- Ayuda a los introvertidos a prepararse para las transiciones, las fiestas y las citas.

CAPÍTULO 14

Las relaciones sociales espinosas

*Ayuda a tu hijo introvertido a superar los conflictos,
a los acosadores y otros retos*

> Hay gente que siempre se queja de que las rosas tienen
> espinas; yo me alegro de que las espinas tengan rosas.
>
> AMBROSE KARR

La amistad enriquece sobremanera nuestras vidas, pero ninguna relación carece de espinas. Siempre surgen diferencias y, aunque son estresantes, pueden ayudar a que una relación crezca. Pero cuando esas diferencias no se gestionan bien, pueden dar lugar a conflictos. A menudo esto sucede debido a las presiones, malentendidos, expectativas incumplidas, sentimientos no admitidos, necesidades incompatibles o la incapacidad de hallar una solución. Resolver las diferencias y los conflictos ayuda a los introvertidos a aprender cómo moverse por el mundo. Aprenden a apreciar y a gestionar sus diferencias, lo cual amplía su capacidad de cooperar con otros.

Los introvertidos y los extravertidos tienen reacciones fisiológicas distintas al conflicto. Cuando un extravertido se enfrenta a un conflicto, su parte del sistema nervioso le dice *lucha*. Quiere discutir o actuar inmediatamente. Interpreta el silencio de su adversario como un acuerdo. Los extravertidos sacan de los conflictos descargas de adrenalina y dopamina, de modo que algunos niños extravertidos originan discusiones sólo para sentirse vivos.

Cuando hay problemas, el sistema nervioso de un introvertido dice *retirada*. Antes de hablar de un desacuerdo, quiere reflexionar sobre él. Es posible que se calle porque no esté listo para manifestar su opinión. Los estudios muestran que los conflictos consumen mucha energía de los introvertidos, y exigen un tiempo sustancial de recuperación. Es fácil entender por qué los introvertidos y los extravertidos, cuando tienen conflictos, se enfrentan a algunos retos.

Es muy importante que le cuentes a tu hijo las cosas como son. Algunos niños no son buenos. Los introvertidos, amantes de la paz, creen que todos los niños buscan la armonía. Incluso de adultos a menudo les cuesta darse cuenta de que otras personas tienen motivaciones agresivas. El hecho es que la vida entre otros no siempre es tan idílica, y que no todo el mundo juega limpio. Algunos niños son buenos amigos, otros no. Además, las amistades son de todo menos estáticas. Cambian con el paso de los años y a veces (sobre todo en la infancia), con el paso de las semanas y los días. De vez en cuando un amigo se alejará de ti o incluso te rechazará. A veces una amistad se apaga de forma natural.

En uno u otro momento, todos nos enfrentamos al rechazo. La relación con las personas siempre conlleva un riesgo, que puede resolverse bien o no. Los introvertidos necesitan saber que el rechazo es una experiencia social normal y frecuente. El rechazo tiene su cara positiva; motiva a las personas a dar una buena impresión y a intentar mejorar sus relaciones y carreras profesionales. Algunos introvertidos (sobre todo los que usan el cerebro derecho) pueden ser especialmente sensibles al rechazo. Pueden ceder terreno para no rechazar a otra persona, incluso cuando lo correcto en estos casos sea no tener amistad con ella. Es posible que a algunos introvertidos que usan el cerebro izquierdo (no todos) no les preocupe el rechazo, hasta el punto de parecer arrogantes o distantes. Los extravertidos tienden a ser muy sensibles al rechazo, pero puede que no les importe tanto cómo afectan sus actos a otras personas. Comparte con tu hija algunos de los rechazos que experimentaste. Esto le demostrará que se puede sobrevivir a un rechazo, y que por tanto ella también logrará hacerlo.

Es esencial explicarle a una introvertida que si un niño la insulta o la provoca, no es culpa de ella. Dado que los introvertidos tienden a interiorizar y a tomarse como algo muy personal todo lo que les pasa, su primera inclinación es pensar: «Debe de haber hecho algo». «Quizá no he sido lo bastante amable, y ahora se burlan de mí.» «Me tratan mal porque ven en mí algo malo.» La mayoría de los introvertidos puede preocuparse mucho por su relación primaria con sus amigos y familiares, de modo que el rechazo, las provocaciones y los insultos son verdaderos aguijonazos. Puedes decirle: «Algunos niños se enfadan rápido, y actúan así. Es desagradable». O bien: «Sé que te sientes herido, pero se te pasará». Nadie nace sabiendo cómo comportarse con todo el mundo. Todos cometemos errores sociales mientras aprendemos las normas. De hecho, precisamente así es como aprendemos.

La lamentable realidad es que los introvertidos viven en la cultura de la extraversión. Como he dicho antes, los extravertidos tienden a preferir a otros extravertidos, porque les proporcionan el combustible que necesitan. Por lo general, los introvertidos no les ofrecen interacciones de alto octanaje. Sin saber muy bien por qué, los extravertidos pueden irritarse al ver cómo se comportan los introvertidos, y por tanto evitarlos o rechazarlos. Por otro lado, los extravertidos se sienten rechazados cuando un introvertido se encierra en sí mismo o cuando sienten que se aparta de ellos con mala intención; puede que no inviertan el tiempo necesario para conocerlo. Esta dinámica coloca una valla más en el camino social de los introvertidos.

La superación del desacuerdo

> Un amigo es alguien que no es mandón.
>
> CHLOE CRAVENS, 7 años

Los vínculos sociales son frágiles. Cuidar las relaciones es la hebra más resistente que afirma esos vínculos, y por eso los introvertidos suelen caer tan bien a otros. Se preocupan por los demás. Una parte de su naturaleza altruista se manifiesta en la tendencia inherente a ser adaptables. A veces se los considera pasivos porque prefieren retirarse a luchar. Puede que tu hijo introvertido necesite ayuda para saber que en algunos momentos hay que ser flexible, y en otros conviene mantenerse firme, y para conocer la diferencia. Incluso de muy pequeños, los introvertidos suelen reaccionar de una forma distinta a los extravertidos cuando otros les quitan los juguetes o les muestran cierta agresividad. Puedes recordar a tu hijo que es correcto que se proteja a sí mismo y a sus cosas. Por ejemplo, un compañero de clase agresivo le dio a Jared, un niño introvertido, un empujón violento. El padre de Jared ya le había prevenido antes contra estas situaciones, y le había dicho qué debía decir: «¡Déjame en paz!», con voz alta. Jared sabía que el profesor le oiría y, si era necesario, intervendría, así que se defendió. El otro niño dejó de darle empujones.

Los introvertidos necesitan aprender que ser amables no funciona con todos los niños o en todas las circunstancias. Los niños tienen distintas intenciones y motivaciones. Algunos quieren ser buenos amigos, otros sólo compañeros de juegos, otros conocidos, y hay unos pocos que quieren contar con una banda para sentirse poderosos.

Típicamente, el juego se vuelve agresivo cuando no hay adultos cerca, o cuando los que están no prestan mucha atención. Entre un juego enérgico y un verdadero combate cuerpo a cuerpo, motivado por el deseo de dominar, a veces hay una línea muy fina. En un momento dado, un grupo de niñas pueden estar charlando muy a gusto y, antes de que nos demos cuenta, ya han echado a una del grupo. Ayuda a tu hija a leer el sentimiento que la invade cuando el juego se vuelve violento. La discordia amarga puede presentarse rápidamente y sin explicación. El sentimiento dice que es el momento de pasar a jugar con otro niño o cambiar de grupo.

Recuerda a los introvertidos que, incluso aquellas veces en que se relacionan de persona a persona, los conflictos forman parte de la vida. Hallar soluciones puede ser divertido, como resolver un misterio. El primer paso para resolver un desacuerdo es escuchar el motivo de queja del otro niño. «¡Ah! ¿Que quieres ser el capitán Hook?» Muchos introvertidos pueden ceder demasiado y decir: «Vale, puedes ser el capitán Hook». De vez en cuando esto es correcto, pero ceder *siempre* puede que consiga que a un niño lo acosen. La mejor manera de construir la asertividad de tu hijo durante una disputa es

Formas prácticas de solucionar un conflicto

Enseña a tu hijo introvertido estos sencillos pasos para frenar a un niño más agresivo:

QUÉ HACER:

1. Admite las quejas del otro, mostrando empatía sobre lo que le molesta.
2. Intenta ponerte en el lugar del otro: «¡Ah, sí! ¡Querías ver mis cartas de Yu-Gi-oh!».
3. Ofrece un punto medio para calmar la tensión: «Te dejo ver mis cartas, pero pídemelas en lugar de quitármelas de la mano».
4. Debes saber que no sólo está bien, sino que es una idea estupenda, hablar de la discusión más tarde, cuando los dos niños se hayan tranquilizado: «El otro día estabais muy enfadados. ¿Queréis hablar del tema?».

QUÉ NO HACER:

1. Intentar razonar con un niño agresivo, sobre todo cuando está enfadado.
2. Contradecirle o intentar convencerlo de que está equivocado.
3. Quitar importancia a sus quejas o reírse de él.

dar un buen ejemplo en tu familia de cómo se resuelven los conflictos. Las investigaciones demuestran que los niños que confían en sí mismos en sociedad pueden aceptar tanto sus intereses como los ajenos, y son capaces de explicar su razonamiento. La solución: «Déjame que acabe de echar por la borda a este marinero traidor. Entonces tú serás el capitán Hook. Pero, si quieres, mientras esperas puedes hacer el sonido del reloj que lleva el cocodrilo en la barriga».

Habla con tu hijo de los conflictos que tiene en la escuela. «Megan no quiere que Jade siga en el grupo con nosotras. No me gusta nada excluirla.» Admite los sentimientos de tu hija. Habla sobre cómo arreglar el conflicto, de modo que todos los implicados en él obtengan parte de lo que quieren. Ayúdala a practicar qué debe decir, recordándole que explique sus pensamientos a las otras niñas. Éste es el paso que los introvertidos se saltan a menudo.

Nerviosos y estresados

> La locura consiste en hacer lo mismo una y otra vez y esperar resultados distintos.
>
> RITA MAE BROWN

Multitud de situaciones, incluyendo los conflictos y los desacuerdos en el terreno social, hacen que los niños se estresen. Los introvertidos y los extravertidos tienen respuestas distintas al estrés. Presta atención a estos marcadores para ver si tu hijo necesita ayuda para resolver un conflicto u otro tipo de problema.

Si tu hija introvertida está estresada, puede que notes que:

- Se encierra en sí misma o elude los problemas.
- Deja de hablar.
- Se resiste a hacer cosas o se vuelve pasiva.
- Se pone rígida.
- Se irrita.
- Se culpa de todo.
- Se agota físicamente y aumenta su tensión muscular.

Si tu hija extravertida está estresada, puede que veas que:

- Echa la culpa a otros o a las circunstancias.
- Quiere hablarlo *ahora*.
- Se vuelve obsesiva y compulsiva con su trabajo.
- No se detiene a pensar las cosas.
- Se enferma o tiene problemas físicos.
- Se pone a la defensiva o se enfada.
- Se angustia o se preocupa.

Ayuda a los introvertidos y a los extravertidos a recuperar su equilibrio cuando les estresa hablar del problema. Cuando descubras señales como el hecho de que tu hijo se enfade, se aflija, actúe de forma obsesiva o rehúse hablar, y pierda su sentido del humor, pregúntale si algo lo está estresando. Esto lo ayudará, porque al menos entonces sabrá que está nervioso. Admitir la irritación es la manera más rápida de ayudar a los niños a reducir el estrés; entonces los extravertidos pueden silenciar el modo *lucha*, y los introvertidos *salir* de su refugio. Una vez tu hijo haya recuperado su equilibrio, habla con él sobre lo que lo estresó. Averigua si es capaz de detectar esa sensación de estrés antes de que lo derribe, cuando aún puede hacer algo al respecto. También puedes usar las siguientes pistas para ayudarlo a relajarse.

Cómo ayudar a tu hija introvertida a encajar el estrés:

- Dale tiempo para pensar en el conflicto.
- Ayúdala a ser consciente de que si se siente molesta y fatigada esto se debe a un conflicto no resuelto.
- Dale espacio para que hable libremente de sus pensamientos y sus sentimientos. Puede que prefiera expresarlos por escrito.
- Sé paciente. Puede que tarde en expresar sus sentimientos.
- Ayúdala a relajarse. Es posible que su cuerpo y su forma de hablar estén demasiado tensos.

Cómo ayudar a tu hijo extravertido a encajar el estrés:

- Deja que hable del conflicto.
- Debes saber que quizás él vea varios conflictos, no uno solo. A medida que hable irá destacando los más importantes.
- Muéstrate dispuesto a escucharlo, porque querrá hablar del asunto ahora mismo.

- No te sorprendas si, a medida que habla, sus pensamientos cambian. No consideres nada de lo que diga como la última palabra sobre el tema.
- Dale espacio para que se mueva. Lo ayuda a pensar.

Los patrones de las personas

Es importante empezar pronto a enseñar a los niños introvertidos que las personas vienen en diferentes modelos, y ayudarlos a reconocer algunas de esas variantes. Los introvertidos pueden aprender a ser detectives y usar su capacidad de observación y su persistencia para comprender los diversos patrones de la conducta humana. Esto fortalecerá su musculatura social. Ayuda a tu hija introvertida a pensar sobre lo que supone estar con un compañero de juegos. ¿Es una niña divertida? ¿Es digna de confianza? ¿Puede compartir cosas la mayor parte del tiempo? ¿Colabora? ¿Sabe guardar secretos? ¿Hace que tu hija se sienta bien consigo misma? Después de jugar con ella, ¿tu hija se siente cansada, pero feliz, o realmente agotada?

Habla siempre con tu hija sobre el modo en que se comportan niños y adultos. A menudo los adultos sienten que no deberían hablar del modo de actuar de las personas, porque eso siempre es una crítica o un chismorreo. Por tanto, actúan como si todo el mundo fuera igual o como si todas las conductas fueran aceptables. Sin embargo, los niños introvertidos captan matices en la conducta social de las personas. Para encontrarle sentido a la gente, necesitan que otros corroboren su punto de vista. Ayúdalos a escuchar, validar y debatir lo que perciben en las comunicaciones tácitas, como la expresión facial, las vibraciones emocionales y el lenguaje corporal. Esto aumentará su capacidad de evaluar a las personas.

Reflexiona sobre las reacciones de tus amigos y de los miembros de tu familia: «Hoy la tía Edna debe de estar enfadada por algo. Está muy seca». Luego di cómo reaccionas tú: «Por lo general me gusta venir a verla, pero hoy me parece que será mejor irse pronto». Concede a tu hija introvertida el permiso para que hable de su experiencia: «Ashley es muy simpática, pero me parece que hablar con ella es agotador. Parece que le cuesta escuchar, habla muy alto y te interrumpe cada dos minutos. ¿Eso te molesta?». Si la reacción de tu hija es distinta a la tuya, respétala. No pretendes influir en sus opiniones, pero sí quieres ayudarla a aprender a darse cuenta de qué le gusta y qué no de la conducta de otros.

También puede ser útil decir a los introvertidos cómo reaccionan otros niños frente a su temperamento: «Como no le respondiste en seguida, no creo que Brad supiera que tenías una respuesta a su pregunta. ¿Cómo crees que podrías transmitirle que sigues pendiente de lo que dice?». Los introvertidos tienden a habitar dentro de sus mentes. Jugar a detectives los ayuda a salir de ellas y a adoptar un modo cómodo de observación.

Hacer frente a los acosadores

> Quien se respeta a sí mismo está a salvo de otros,
> porque lleva una armadura que nadie puede traspasar.
> HENRY WADSWORTH LONGFELLOW

No cabe duda de que los acosadores son la maldición del entorno social educativo de la infancia. Están, ¡ay!, por todas partes, y no siempre donde era de esperar. Pueden ser el acosador estereotipado: niños grandes y malos con genio vivo y puños rápidos, o pueden ser solitarios callados. Pueden ser gordos o flacos, niños o niñas, listos o lerdos. A todos nosotros nos han amilanado en algún momento. En tercer curso yo era pequeña para mi edad, y una niña llamada Audrey —fíjate que recuerdo su nombre— solía acercárseme corriendo, agarrarme por la cintura y levantarme del suelo. En un intento de humillarme, gritaba a los demás niños del patio: «¡Mirad qué fuerte soy!». Una de las veces pateé, grité y la arañé hasta que me dejó en el suelo. Ella esperaba que no hiciera nada, pero me resistí más de lo que había previsto. Eso le quitó gracia a su demostración de fuerza. Nunca volvió a intentar convertirme en una mancuerna humana.

Tu hijo debe sentirse a salvo en su casa, en la escuela y en el camino entre ambos lugares. Los niños introvertidos pueden convertirse fácilmente en blanco de los acosadores, porque es más probable que estén solos que en grupo. En el pasado, decíamos a los niños que tenían que ignorar a los acosadores o ser amables con ellos. Ésa no es una buena manera de tratar a un acosador. No funciona. Tu hijo introvertido necesitará ayuda para dominar a esos individuos. No te quedes de brazos cruzados: si a tu hijo lo acosan, haz algo.

Como padre, puedes hacer varias cosas para ayudarlo. Primero, darle un buen ejemplo. Los niños que ven agresión y violencia en su casa pueden volverse acosadores o ser la víctima de uno. Nunca insultes ni hables con sarcasmo a tu hijo. Segundo, explícale que no puede resolver este problema por su cuenta: la solución número uno es la autoridad de un adulto. Si tu hija se siente amenazada por un abusón o abusona, dile que pida ayuda a sus profesores, entrenadores, ayudantes o a otros padres. Tercero, si ves a un matón en acción, intervén y detenlo.

En Estados Unidos hay un buen método para evitar el acoso escolar llamado McGruff Safe Houses. Determinadas personas y tiendas se inscriben y dejan que los chicos se refugien en sus casas o negocios si los molestan cuando van o vienen al colegio. Si donde vives no hay un programa como éste, plantéate empezar uno en la escuela de tu hijo. La formación del personal escolar y de los docentes también es importante, porque muchos profesores ignoran el perfil del matón. Las escuelas deben transmitir a los alumnos el mensaje de que deben mostrar respeto por todos, y respaldar a los niños acosados. Hay que animar a los alumnos para que defiendan a las víctimas de esas actitudes. Lo ideal es que los centros educativos establezcan pautas conductuales claras y castigos para quien se las salte. En la Bibliografía de la página 329 encontrará libros específicos sobre el acoso escolar.

Indicios de que a tu hijo lo acosan

> Uno de mis problemas es que lo interiorizo todo.
> No logro expresar la ira: la convierto en un tumor.
>
> WOODY ALLEN

Muchos niños no dicen a sus padres que los están acosando. Consideran que es una vergüenza (y aquí tenemos al crítico interno del introvertido, trabajando horas extras). A menudo se culpan a sí mismos: «Creo que dije lo que no debía, no estoy seguro de qué fue, y entonces Jimmy y sus amigos me empujaron y me quitaron el dinero. Será mejor que cierre el pico». Éstas son algunas pistas de que tu hijo es víctima de un acosador:

- Está deprimido o atípicamente irritable.
- No rinde en la escuela.
- Pierde cosas o vuelve a casa con la ropa rota.
- No almuerza (le pueden haber robado el dinero).
- Tiene pesadillas y moja la cama.
- Vuelve a casa con magulladuras inexplicadas.
- Se pone enfermo a menudo.

Los abusones chupan la autoestima como los vampiros la sangre. Se sienten mejor cuando consiguen que otros se sientan peor. Sus tácticas son variadas: pueden pegar, dar patadas, insultar, empujar, arrastrar, agobiar, vacilar, provocar, criticar, crear tensiones mentales, asustar, interrumpir, molestar, chismorrear, herir, amenazar, atormentar, iniciar rumores humillantes, ridiculizar, poner zancadillas, pellizcar, actuar con violencia y/o intimidar. Los matones se enfadan rápido. Interpretan la conducta ajena como algo hostil y personal, cuando en realidad no lo es.

Hoy día disponemos de evidencias científicas de que algunos niños están predestinados a ser matones. Tienen un alto grado de agresividad y un bajo grado de miedo. Si a los niños con esta psicología se los trata mal, pueden volverse abusones. Contrariamente a lo que suele pensarse, los acosadores sí tienen amigos; de hecho, a menudo son líderes populares. Los otros niños los consideran divertidos y llenos de grandes ideas. Normalmente controlan un grupo, que suele ser el más popular, lo cual aumenta su influencia y dificulta pararles los pies. A pesar de eso, existen estrategias que puede usar tu hijo introvertido para evitar ser una víctima.

Cómo hacer que tu hijo haga frente a los acosadores:

- Enseña a tu hijo a detectar a los acosadores. Pistas claras: un acosador intenta intimidad mediante la proximidad física; habla en voz alta y arrogante; se burla de otros; un día puede ser agradable y al siguiente un incordio.
- Explícale que entiendes que algunos niños son abusones, y que no tiene por qué tener amistad con todos.
- Explícale que no se debe tolerar ningún tipo de acoso. *Siempre* debe decírselo a un adulto.
- Asegúrate de que tu hijo tenga al menos uno o dos amigos: los acosadores «huelen» a los niños solos.
- Explícale a tu hijo o hija que los acosadores pueden sentir envidia si se le da bien algo. Su éxito hará que el matón se sienta un fracasado.
- Enseña a tu hijo cómo se comportan los buenos amigos, y que los abusones quieren ser quienes manden, no amigos de nadie.
- Enseña a tu hija a que le ignore las palabras crueles, las miradas o los gestos del matón, de modo que no afecten a su autoestima. Recuérdale que la conducta abusona es inmadura, y preséntale la imagen del abusón como un bebé grande con pañales. No se pueden herir los sentimientos de un introvertido. Dile: «Los acosadores quieren que te sientas mal, así que no les des esa satisfacción». Ella puede practicar su voz interior: «No puedes herir mis sentimientos. No me sentiré pequeña

Los introvertidos en la gran pantalla

Las películas pueden plasmar las luchas sociales y los éxitos de los introvertidos de una forma poderosa y entendible. Si tu hijo ve películas donde aparecen niños más mayores que él, puede tener una idea de lo que le espera a la vuelta de la esquina. Hace poco vi con mi nieto de 8 años la película *Cuenta conmigo*, un reflejo auténtico de los retos a los que se enfrentan cuatro preadolescentes mientras crecen. El personaje principal es Gordie, un introvertido que es un gran observador, inteligente y culto. Aporta al grupo buenas soluciones y sugerencias prácticas. Gordie y Chris, un extravertido que es un poco duro pero buen líder, hacen turnos para guiar al grupo por sus aventuras, resolviendo discrepancias y manteniendo unido al grupo a pesar de las situaciones peligrosas y los matones despreciables.

Otra buena película para niños más mayores (tiene algunas partes tristes) es *Mi perro Skip*. Willie Morris, un introvertido sin amigos con un padre que no lo entiende y una madre que sí, recibe un perro como regalo de cumpleaños. El perro Skip enseña a Willie cómo hacer amigos, aunque haya algunos matones. Otra película, *Mi chica*, es un relato emotivo sobre una niña, Vada, y un niño, Thomas J., introvertidos que son amigos. Se entienden incluso sin palabras. Vada es una chica inusual, que ha perdido demasiado en la vida. Expone abiertamente sus sentimientos, como por ejemplo que está enamorada de su profesor de redacción. Intenta gestionar sus sentimientos de una forma muy personal. También en esta película hay partes tristes. *Mi amigo Ricky* es una estupenda película sobre una introvertida, Harriet, que tiene una vida muy desordenada junto a su madre alcohólica y su hermana adolescente en un motel destartalado. Harriet es una chica precoz y rebosa creatividad, pero le faltan amigos. Hace amistad con un chico cariñoso y retrasado, Ricky, y los adultos malinterpretan su amistad.

Una vez empieces a buscar, te darás cuenta de que muchos personajes centrales de cine son introvertidos. Como pasa en la literatura infantil, los guiones suelen escribirlos introvertidos. Es posible que en las películas se plasmen los retos y resoluciones frecuentes entre los introvertidos, de modo que pueden ser un buen modelo para ellos. Las películas también llevan a los introvertidos a los mundos interiores de otros niños y adultos. Quienes aprenden por la vista tienen una capacidad especial para asimilar las ideas nuevas que ven en las películas.

Está bien comentar una película con tu hija, quizás unos días después de verla. Esto es especialmente cierto en el caso de esas películas, como las que hemos mencionado antes, que abordan temas dolorosos, como problemas de relación, la pérdida, el hecho de ser distintos y la crueldad. Mi nieto ya ha tenido su dosis de burlas y abusos. Hemos tenido conversaciones interesantes sobre los matones, hemos hablado de por qué algunos niños son líderes, cómo se relacionan los miembros de un grupo y qué hace de alguien un buen amigo. Después de ver *Cuenta conmigo*, me dijo: «Son amigos porque se apoyan mutuamente. Si se pelean, saben arreglarlo».

para que tú te sientas grande». Cuando su voz interior es un aliado, los niños parecen más fuertes.

- Dile a tu hijo que evite los grupos de abusones.
- Si alguien la acosa, enséñale a acercarse a una comisaría, oficina de correos, biblioteca o cualquier otro lugar donde haya adultos.
- Apunta a tu hijo a hacer kárate o algún otro tipo de defensa personal, para disfrutar de la confianza que esto proporciona. Los introvertidos que caminan erguidos, tienen un aspecto confiado y paso firme, y miran a los ojos a los niños agresivos, son menos blanco de los abusones.
- En casa, adoptando papeles, practicad cómo enfrentarse a un acosador. Enseña a tu hija a mirar a los ojos de un abusón y decirle con firmeza: «¡Para ya!» o «No hagas eso. Si no me dejas en paz, se lo diré al profesor». Dile que no le asuste gritar. Recuerda: en caso de duda, chilla.
- Comunica al director de la escuela que a tu hija la molestan. Muchos centros tienen programas antiacosadores.
- Dile a tu hijo que está bien comentar estos problemas, porque así se reduce el poder de quien abusa.
- Dile a tu hija que es normal estar asustada y molesta, pero que intente no llorar delante del abusón (eso es lo que él quiere). Es mejor mantener la calma y alejarse.

El acoso virtual

El acoso por Internet cada vez es mayor y afecta a un número sorprendente de niños, en especial adolescentes. Trabajé con una niña pequeña, Tiffany, que iba a sexto en una escuela privada y a quien acosaban por Internet. Cuando ella y su amigo Nic discutieron, él aireó su resentimiento creando una página web sobre ella, con fotos y rumores sobre su conducta alocada, entre otras afirmaciones igual de crueles. Envió correos electrónicos anunciando la existencia de la web a todos los conocidos de la escuela. Tiffany se moría de vergüenza, porque pensaba que su pelea con Nic era culpa suya. Al final, cuando los chicos de la escuela empezaron a eludirla porque creían lo que decía la web, se lo contó a su madre. Ésta habló con los padres de Nic, que no pensaban hacer nada al respecto. Tiffany se angustió tanto que su madre la trajo a verme.

Lamentablemente, el acoso virtual cada vez es más frecuente, pero se puede hacer algo al respecto. Tómatelo en serio e informa al servidor de Internet y a la policía local, que está preparada para responder ante estas situaciones.

- Acércate a los niños que siguen el mismo camino que tu hijo y dales alguna chuchería cuando vuelvan a casa o se bajen del autobús escolar, y habla amistosamente con ellos. Si un acosador ve que los padres de un niño se han portado bien con él, es menos probable que lo molesten.

La luz al final del túnel

> Un traspié en el momento correcto es mejor que una habilidad en el menos propicio.
>
> CAROLYN WELLS

Las diferencias y los conflictos son inevitables. Sin embargo, toda colisión entre dos mentes ofrece la oportunidad de aprender algo nuevo. Aprender a buscar maneras de gestionar los conflictos sin evitarlos ayuda a los introvertidos a desarrollarse y convertirse en adultos más capaces y con más confianza en sí mismos. Es enormemente beneficioso enseñar a los introvertidos las técnicas necesarias para superar los malos momentos, sobre todo cuando ves que son conscientes de que encuentran soluciones creativas para problemas sociales complejos. Los introvertidos aprenderán que algunos conflictos merecen que inviertan energía: las rosas compensan las espinas.

Resumen

- Donde hay gente habrá conflictos.
- Los conflictos son oportunidades para mejorar las relaciones.
- Los introvertidos pueden aprender a usar su energía para los conflictos y para desarmar a los acosadores.

Reflexiones durante el desembarco

El mundo puede ser un lugar diferente porque fui
importante en la vida de un niño.

FOREST E. WITCRAFT

El temperamento de cada niño presenta unos dones que a los padres
les cuesta en mayor o menor grado cultivar. Los dones de un extravertido puede ser más visibles: con un poco de luz del sol, agua y un
puñadito de fertilizante, florecen pronto. El mayor reto a la hora de
criar a un extravertido es la necesidad de «podarlo» con precisión y
de forma coherente. Por otra parte, los niños introvertidos son exactamente lo contrario. A veces cuesta más ver sus dones. Los padres
deben aprender a sacarlos a la luz. Los introvertidos necesitan un
cultivo preciso para madurar y florecer. Y más vale tener mucho cuidado con la poda.

Puede que te haya sorprendido descubrir, a lo largo de este libro,
que los temperamentos tienen más de lo que se ve a simple vista.
Criar a un introvertido puede suponer unos retos especiales, dado
que primero los padres deben superar los prejuicios que les ha in-
culcado su crecimiento en una cultura extravertida. No es fácil criar
a un niño que rompe moldes. En particular, los introvertidos requieren tiempo, comprensión y paciencia. Los capítulos anteriores te
han proporcionado las herramientas que necesitas para ayudar a tu
hijo introvertido en todas las facetas de su vida. Lo que es más, te he
ofrecido estrategias para fomentar los dones de tu hijo introvertido
y para desarrollar su autoestima. El temperamento es para toda la
vida; no es un atributo del que podamos librarnos o perderlo al de-
sarrollarnos. Por tanto, ayudar a tu hijo introvertido a aceptar su
propio temperamento y aprender a asimilar las exigencias sociales y
energéticas del mundo exterior lo ayudará a que su futuro sea más
prometedor.

Tu hijo introvertido TE necesita

> Para el mundo puede que seas una persona, pero para
> una persona eres el mundo.
>
> MAC ANDERSON Y LANCE WUBBELS

En nuestro mundo moderno, frenético e impersonal, a veces puede que te sientas insignificante. Si tienes la suerte de tener una hija introvertida, recuerda que, al menos para ella, tú eres el mundo. Si bien esto pasa con todos los niños, con los introvertidos pasa el doble porque, aunque no lo demuestren, dependen mucho de las relaciones emocionales intrafamiliares. Te necesitan. Para desarrollar sus dones, los niños introvertidos deben tener relaciones plenas de sentido. Una buena relación contigo es la clave para descubrir sus puntos fuertes ocultos.

Nunca lo olvides: Para tu hija introvertida eres muy importante.

La trampa para padres

Tanto si eres introvertido como extravertido, ser padre requiere mucha energía. Déjame recordarte que debes mantener llenas tus reservas de energía. Buscar tiempo para ti no es egoísta. De hecho, si no puede recargar sus baterías de vez en cuando, un padre o una madre no pueden funcionar bien. Planifica cuidarte de las siguientes maneras:

- Mantén un cuerpo sano.
- Aprende alguna forma de relajación física y mental.
- Asegúrate de que no te estás privando de compañía adulta.
- Aclara tu mente. Prueba a descansar diez minutos en una habitación a oscuras; medita; lee una novela u otro libro que te guste; toma un baño caliente o escucha música relajante.
- Organízate. Sé que no siempre es fácil, pero el desorden te hace perder energía.
- Mantén encendido el fuego del romanticismo en tu vida.

¿*Qué necesita* realmente *de ti tu hijo introvertido?*

Si tienes claro qué necesita tu hijo introvertido, lo cuidarás con una mayor confianza. Saber dónde centrarte y dónde concentrar tus esfuerzos te ahorrará energías y aumentará tu satisfacción. También te proporciona una base sólida sobre la que tomar decisiones cotidianas. En el sentido más general, lo que necesita tu hijo es tu amor y tu apoyo. A continuación examinaremos más a fondo a diez métodos para asegurarte de que tu hijo introvertido progrese adecuadamente.

1. *El tiempo*: para un niño, el amor tiene seis letras: T-I-E-M-P-O. El tiempo que pases con tu hijo introvertido es el material básico con el que se construyen vínculos fuertes entre ambos. No le reserves un tiempo esporádico: debes planificar conscientemente un tiempo para estar juntos. Hacer esto mantiene firme el vínculo que necesita un introvertido. Por supuesto, hay miles de cosas que exigen tu atención y, como la mayoría de los padres, sin duda desearías que los días tuvieran más horas. Pero, si te pierdes esos momentos preciosos con tu hijo introvertido, nunca los podrás recuperar. Haz que ese tiempo con él o ella sea una prioridad, tanto para su beneficio como para no perder la ocasión de conocer a una persona tan especial.

2. *La confianza*: da miedo pensar que influyes en tu hijo por el mero hecho de ser como eres, pero es así. Tú eres el modelo primario de tu hijo. Si no eres honesto, no esperes que tu hijo lo sea. Si no cumples las promesas que le haces a tu hija, puedes esperar que ella haga lo mismo. He trabajado con muchos padres a quienes no les importa mentir, pero que se quejan muchísimo cuando lo hacen sus hijos... y además no se plantean que ambas cosas estén relacionadas. Para los niños introvertidos lo que dices es más importante que para los extravertidos. No sólo detectan las mentiras, sino que también recuerdan las promesas, de modo es que enormemente importante ser sinceros con ellos. La mentira erosiona una relación e imposibilita la confianza.

3. *La estabilidad*: los introvertidos necesitan constancia. La vida cotidiana exige menos energías a un introvertido cuando éste vive en un entorno predecible y estable. Su mundo será tan seguro y estable como tú quieras. Si eres impredecible, su vida será un caos. Si tiene que preocuparse por tu estado de ánimo o por tu paradero, no tendrá la energía o la atención necesarias para concentrarse en su misión principal: crecer. La estabilidad que le das le permite poner unos cimientos firmes.

4. *La confianza en su potencial*: conviértete en estudiante del mundo de tu hija introvertida. Aprende a observar, escuchar y anotar. ¿Eres capaz de saber cuándo está enfadada o agotada? ¿Sabes si la semana que viene tiene que entregar un trabajo en el colegio? ¿Sabes lo que le gusta y lo que no? Ayúdala a descubrir sus intereses y sus talentos. Los introvertidos tienen un elevado potencial; ayuda a tu hija a sintonizar con el suyo por medio de tu conocimiento íntimo de ella.

5. *Un ritmo lento*: por amor a tu hijo introvertido, *aminora el ritmo*. Los introvertidos no pueden pensar o hablar a menos que sientan que pueden acceder a una zona libre de presiones. Necesitan que su ritmo sea todo lo lento y paciente que sea posible. Vivir en una atmósfera de prisa y tensión los priva de oxígeno. No permitas que el estrés gobierne tu vida. Cuando reduzcas la velocidad, te darás cuenta de que tu hijo introvertido te hará más partícipe de su mundo.

6. *La perseverancia*: los introvertidos están hechos para ser persistentes. Puedes dar ejemplo a tu hija introvertida de este rasgo tan valioso. «¡No sabes cómo me agobió mi jefa! Tuve ganas de tirar la toalla. Dos días más tarde nos relajamos y hablamos del tema. Entendió mi punto de vista. Me alegro de haber descubierto otra forma de relacionarme con ella.» Señala y alaba la resolución de tu hijo: «Me ha gustado que le pidieras tres veces al otro niño si te dejaba subir al columpio. Y al final te ha dejado».

7. *El coraje frente a la adversidad*: ayuda a tu hija introvertida a entender que los problemas forman parte de la vida. Ayúdala también

a enfrentarse a las consecuencias de sus decisiones equivocadas. Guarda siempre el equilibrio; no la protejas de las consecuencias de sus actos, pero tampoco permitas que se venga abajo ni la trates con dureza. Comentad los obstáculos que habéis encontrado, y cómo os las habéis arreglado para saltarlos, pasar por debajo de ellos o rodearlos. Los introvertidos aprovechan bien las historias tipo «yo también» si se les cuentan con una actitud «estamos en el mismo barco». Si te repones bien de los problemas, tu hija introvertida también lo hará.

8. *La aceptación de los errores*: estoy segura de que sabes que nadie es perfecto. Tu ejemplo a la hora de admitir los errores y disculparte por ellos es un enorme legado para cualquier niño. Pero los introvertidos, en particular, se toman las cosas a pecho y a menudo se culpan por lo que sale mal. Tiene una importancia vital que respaldes a tu hijo cuando él no tiene la culpa. Admitir tus errores, fracasos y decepciones enseña a tu hijo que todo el mundo se equivoca; así es como aprendemos.

9. *El ánimo*: una introvertida necesita saber que siempre estás a mano, no sólo cuando las cosas van bien, sino siempre. Entérate de qué objetivo valora mucho y ayúdala a alcanzarlo. Muestra interés por sus luchas, y respalda sus éxitos. Ayúdala a reconocer sus opciones y a establecer prioridades. La satisfacción en la vida es algo que se gana a pulso. Por tanto, ayúdala a descubrir qué activa su mente y fomenta las relaciones que contribuyan a su desarrollo. Mantén la vista fija en el objetivo de educarla para que sea una adulta madura.

10. *El placer de ser padres*: siempre me entristece ver a padres que no disfrutan de sus hijos. Por supuesto, en determinados momentos de la vida, a todos nos cansa alguien. Pero me parece que en este mundo no hay nada comparable a la alegría de darle la mano a tu hijo, verlo dormir o mirar en sus ojos y ver que es una persona distinta a ti. Todos los niños son criaturas maravillosas. Dado que los introvertidos están tan conectados a sus percepciones, pueden hacer comentarios perspicaces, tener puntos de vista humorísticos y

ofrecer soluciones creativas. A los introvertidos les encanta que te sueltes. Juega con ellos y deja que te enseñen esas maravillas que, con frecuencia, pasamos por alto. Incluso si estás cansado, no rechaces a tu hijo cuando te pida escuchar, observar o compartir. La vida real se vive de instante en instante, así que no dejes que se pierdan esos minutos vitales.

Me gustaría tener noticias tuyas

> Tu hijo es único: aprovecha esa cualidad.
>
> LaVonne Neff

Espero que después de haber leído este libro comprendas un poco mejor a tu hijo introvertido o a otros miembros de tu familia. Me gustaría conocer tu opinión. Puedes contactar conmigo en la siguiente dirección de correo electrónico: MartiLaney@theintrovertadvantage.com. Me encantaría que me contases tus experiencias con tus hijos introvertidos. Valóralos como lo que son, un tesoro.

APÉNDICE

Síndromes y trastornos que a veces se confunden con la introversión

La introversión —sobre todo la relacionada con los niños— sigue siendo un tema malinterpretado, incluso por los profesionales. Por este motivo, a un niño que es introvertido se lo puede confundir con otro que padece determinados problemas y enfermedades infantiles. Saber cuáles son éstas te ayudará a decidir la mejor manera de ayudar a tu hijo, así como a no inquietarte al recibir un diagnóstico equivocado.

Éstos son algunos de los síndromes y trastornos que se pueden confundir con la introversión, y las diferencias que presentan respecto a ella:

Trastorno de la integración sensorial. Los niños que padecen este trastorno, que se conoce desde hace poco, pueden sentir una gran aversión por los sonidos fuertes, por que los toquen, por el tacto de algunas prendas, por tener las manos sucias o por comer determinados alimentos. También pueden tener la reacción opuesta, y *necesitar* percepciones táctiles, auditivas y sensoriales intensas. El trastorno de la integración sensorial, o trastorno del procesamiento sensorial (TPS), puede afectar por igual a introvertidos y a extravertidos. Se asocia con el nacimiento prematuro y parece tener un componente genético. Los niños introvertidos pueden ser muy conscientes de su experiencia sensorial pero no resistir la intensidad que ésta les proporciona.

Hipersensibilidad. Todo niño tiene un nivel de comodidad, igual que Ricitos de Oro y sus preferencias «demasiado grande, demasiado pequeña». El niño hipersensible tiene un margen de comodidad muy estrecho: o las cosas están *justo en el punto* o no le vale. Se piensa que este trastorno, que afecta al 15-20 % de la población estadounidense, tiene un componente genético y puede verse aumentado debido a un entorno familiar abusivo. La mayoría de personas hipersensibles son introvertidas, pero en torno al 30 % son extravertidas. A veces se produce un solapamiento: los niños introvertidos pueden eludir el exceso de estímulos sin ser hipersensibles. Sin embargo, el introvertido no tiene por qué reaccionar necesariamente al *input* sensorial del mismo modo general.

El TDA y el TDAH. Los niños con TDA (trastorno por déficit de atención) y con TDAH (trastorno por déficit de atención con hiperactividad) tienen problemas para concentrarse, prestar atención y acabar lo que empiezan. Pueden ser impulsivos, soñadores o inconexos. Si un niño es hiperactivo (no para de moverse) es que padece el TDAH; si no presenta hiperactividad, se trata del TDA. Se calcula que en torno al 5 % de niños padece trastornos de este tipo. La investigación sugiere que estos trastornos son fruto de una combinación de causas genéticas y ambientales. Una niña introvertida, que se centra en sí misma, puede parecer que no preste atención. Lo típico es que a los extravertidos se les diagnostique TDHA y a los introvertidos TDA.

El autismo y el síndrome de Asperger. Estos síndromes reúnen una serie de síntomas que incluyen problemas de comunicación y de relación con los demás, así como la manifestación de conductas repetitivas. En la película *Rain Man*, Dustin Hoffman hacía el papel de un personaje con un grado elevado de autismo. Los niños autistas carecen de las amistades propias de su edad, de empatía y de interés por compartir cosas y comunicarse con otros. Sin embargo, pueden tener grandes dones en áreas concretas, como en la secuencia numérica y el procesamiento visual. El síndrome de Asperger se diagnostica cuando el niño funciona más cerca de la normalidad. Los estudios indican que son varias las áreas cerebrales afectadas, pero por el momento se sabe poco con certeza sobre las causas o la cura de estos trastornos.

La ansiedad social y otros trastornos de ansiedad. Los niños con ansiedad social tienen miedo a los entornos con gente. Quieren relacionarse con otras personas, pero su incomodidad llega al punto de paralizarlos. Buscan y encuentran reacciones negativas para respaldar sus sentimientos internos negativos. Esto prácticamente los inhabilita para funcionar en la vida cotidiana. Por otro lado, un niño introvertido prefiere vivir en situaciones en las que pueda crear su propio espacio interno. Esto no tiene por qué afectar a su autoestima ni a su capacidad de llevarse bien con otros. Todos los tipos de ansiedad se caracterizan por la preocupación y el nerviosismo, que a menudo acaba creando un círculo vicioso. Sin embargo, el niño introvertido no debe molestarse por querer estar tranquilo o a solas.

En realidad, los extravertidos tienden a experimentar más ansiedad que los introvertidos. Esto se debe a que la ansiedad la activan las vías *simpáticas* del sistema nervioso. Sin embargo, los extravertidos disfrutan de la sensación de estar muy excitados. Por el contrario, a los introvertidos puede resultarles intolerable incluso un pequeño grado de ansiedad.

Bibliografía

A continuación incluyo una lista de libros que considero útiles. Espero que algunos os proporcionen puntos de vista valiosos para ser padres. Al final hay otra lista de libros anotados para leer a tus hijos introvertidos.

Sobre el temperamento

Burruss, Jill D. y Lisa Kaenzig, «Introversion: The Often Forgotten Factor Impacting the Gifted», *Virginia Association of Gifted Newsletter*, vol. 21, nº 1, 1999.

Ginn, Charles, *Families: Using Type to Enhance Mutual Understanding*, Florida, Center for Applications of Psychological Type, 1995.

Greenspan, Stanley, *The Secure Child: Helping Our Children Feel Safe and Confident in a Changing World*, Massachusetts, Da Capo, 2002 (trad. cast.: *Niños seguros: fortalezca el sentido de seguridad de sus hijos*, Barcelona, Granica, 2004).

Greenspan, Stanley y Nancy Lewis, *Building Healthy Minds*, Massachusetts, Perseus, 2000.

Kurcinka, Mary Sheedy, *Raising Your Spirited Child*, Nueva York, Harper Perennial; y *Raising Your Spirited Child Workbook*, Nueva York, Quill, 1998.

Murphy, Elizabeth, *The Developing Child: Using Jungian Type to Understand Children*, California, Davies-Black Publishing, 1992.

Myers, Isabel Briggs y Peter Myers, *Gifts Differing*, California, Consulting Psychological Press, 1995.

Neff, Lavone, *One of a Kind: Making the Most of Your Child's Uniqueness*, Florida, Center for Applications of Psychological Type, 1995.

Neville, Helen y Diane Johnson, *Temperament Tools: Working With Your Child's Inborn Traits*, Washington, Parenting Press, 1998.

Penley, Janet y Diane Stevens, *The M. O. M. S. Handbook: Understanding Your Personality Type in Mothering*, California, Penley, 1998.

Siegel, Daniel y Mary Hartzell, *Parenting From the Inside Out: How a Deeper Self-Understanding Can Help You Raise Children Who Thrive*, Nueva York, Putnam, 2003.

Tieger, Paul D. y Barbara Barron-Tieger, *Nurture by Nature: Understand Your Child's Personality Type–and Become a Better Parent*, Nueva York, Little, Brown & Co. , 1997.

Sobre la educación

Barger, June, Robert Barger y Jamie Cano, *Discovering Learning Preferences and Learning Differences in the Classroom*, Ohio, Ohio Education Curriculum Materials Service, 1994.

Hellyer, Regina, Carol Robinson y Phyllis Sherwood, *Study Skills for Learning Power*, Nueva York, Houghton Mifflin, 2001.

Lawrence, Gordon, *People Types and Tiger Stripes*, Florida, CAPT, 2000.

Mamchur, Carolyn, *A Teacher's Guide to Cognitive Type Theory and Learning Style*, Virginia, Association for Supervision and Curriculum Development, 1996.

Marshall, Brian, *The Secrets of Getting Better Grades*, Indiana, JIST, 2002.

Radencich, Marguerite y Jeanne Schumn, *How to Help Your Child with Homework*, Minessota, Free Spirit Publishing, 1997.

Thompson, Thomas, *Most Excellent Differences*, Florida, CAPT, 1996.

Sobre las habilidades sociales

Farber, Adele y Elaine Mazlish, *Siblings Without Rivalry*, Nueva York, Quill, 1998.

—, *How to Talk So Kids Will Listen and Listen So Kids Will Talk*, Nueva York, Quill, 2002.

Giannetti, Charlene y Margaret Sagarese, *Cliques: 8 Steps to Help Your Child Survive the Social Jungle*, Nueva York, Broadway Books, 2001.

Greenspan, Stanley y Jacqueline Salmon, *Playground Politics: Understanding the Emotional Life of Your School-Age Child*, Pennsylvania, Perseus, 1993.

Luvmour, Josette y Sambhava Luvmour, *Win-Win Games for All Ages: Cooperative Activities for Building Social Skills*, Canadá, New Society Publishers, 2002.

McNamara, Barry y Francine McNamara, *Key to Dealing With Bullies*, Nueva York, Barron's Educational Series, 1997.

Montross, David, Theresa Kane y Robert Ginn, *Career Coaching Your Kids*, California, Davies-Black Publishing, 1977.

Romin, Trevor, *Bullies Are a Pain in the Brain*, Minnesota, Free Spirit Publishing, 1997.

Diversos temas relacionados

Bruno, Frank, *Conquer Shyness: Understand Your Shyness–and Banish It Forever*, Nueva York, Macmillan, 1997.

Galbraith, Judy y Pamala Espeland, *You Know Your Child Is Gifted When... A Beginner's Guide to Life on the Bright Side*, Minnesota, Free Spirit Publishing, 1995.

Nelson, Jane, *Positive Parenting: A Warm, Practical, Step-by-Step Sourcebook for Parents and Teachers*, Nueva York, Ballantine Books, 1987.

Sears, William y Lynda Thompson, *The A. D. D. Book: New Understandings, New Approaches to Parenting Your Child*, Nueva York, Little, Brown & Co. , 1998.

Sherlock, Marie, *Living Simply with Children*, Nueva York, Three Rivers Press, 2003.

Investigaciones sobre neurociencia

Brebner, J., «Extraversion and the Psychological Refractory Period», *Personality and Individual Differences*, n° 28, 1998, págs. 543-551.

Broberg, Anders, «Inhibition and children's experiences of out-of-home care», en *Social Withdrawal, Inhibition and Shyness in Childhood*, New Jersey, Lawrence Earlbaum Associates, 1993.

Chi, M. T., «Eliciting Self-Expressions Improves Understanding», *Cognitive Science*, n° 18, 1994, págs. 439-477.

Curry, Daniel, «The Power of a Leader: Analysis of Introversion as a Good Trait for a Leader», *School Administrator*, vol. 57, n° 12, 2000, págs. 50-55.

Dugatkin, Lee Alan, «Homebody Bees and Bullying Chimps», *Cerebrum*, vol. 5, nº 2, 2004, págs. 35-50.

Fuster, J. M., *The Prefrontal Cortex: Anatomy, Physiology and Neuropsychology of the Frontal Lobes*, 2ª ed., Nueva York, Raven Press, 1989.

Golden, Bonnie, *Self-Esteem and Psychological Type: Definitions, Interactions and Expressions*, CAPT, Florida, 1994.

Heerlein, A. y otros, «Extraversion/Introversion and Reward and Punishment», *Individual Differences in Children and Adolescents*, 1998, *Journal of Personality and Social Psychology*, nº 67, 1994, págs. 319-333.

Henjum, Arnold, «Introversion: A Misunderstood "Individual Difference" Among Students», *Education*, vol. 101, nº 1, 2001, pág. 39.

Johnson, D. y otros, «Cerebral Blood Flow and Personality: A Positron Emission Tomography Study», *American Journal of Psychiatry*, nº 156, 1999, págs. 252-257.

Lester, David y Diane Berry, «Autonomic Nervous System Balance and Introversion», *Perceptual and Motor Skills*, nº 87, 1998, pág. 882.

Lieberman, Matthew, «Introversion and Working Memory: Central Executive Differences», *Personality and Social Differences*, nº 28, 2000, págs. 479-486.

Nussbaum, Michael, «How Introverts Versus Extroverts Approach Small-Group Argumentative Discussions», *The Elementary School Journal*, vol. 102 i3, 2002, págs. 183-189.

Rammsayer, Thomas, «Extraversion and Dopamine: Individual Differences in Response to Change in Dopamine Activity as a Biological Basis of Extraversion», *European Psychologist*, nº 3, 1998, págs. 37-50.

Scarr, Sandra, «Social Introversion-Extraversion as a Heritable Response», *Child Development*, n° 40, 1969, págs. 823-832.

Singh, Ramadhar y otros, «Attitudes and Attraction: A Test of Two Hypotheses for the Similarity/Dissimilarity/Asymmetry», *British Journal of Social Psychology*, n° 38, 1999, págs. 427-443.

Springer, Sally y Georg Deutsch, *Left Brain, Right Brain: Perspectives from Neuroscience*, Nueva York, W. H. Freeman, 1998 (trad. cast.: *Cerebro izquierdo, cerebro derecho*, Madrid, Alianza, 1988).

Stelmack, Robert, «Biological Bases of Extroversion: Psychophysiological Evidence», *Journal of Personality*, n° 58, 1990, págs. 293-311.

Swickert, Rhonda y Kirby Gilliland, «Relationship Between the Brainstem Auditory Evoked Response and Extraversion, Impulsivity and Sociability», *Journal of Research in Personality*, n° 32, 1998, págs. 314-330.

Thompson, Roy y Arthur Perlini, «Feedback and Self-Efficacy, Arousal, and Performance of Introverts and Extraverts», *Psychological Reports*, n° 82, 1998, págs. 707-716.

Zimmer, Carl, «Looking for Personality in Animals, of All People», *The New York Times*, 1 de marzo de 2005.

Libros para niños introvertidos

Bourgeoius, Paulette. La serie *Franklin the Turtle*.
La serie para los niños de edades comprendidas entre los 4 y los 8 años comprende temas como hablar delante de un grupo, hacer un nuevo amigo, los olvidos, los temores y otros retos a los que se enfrentan los introvertidos en el día a día. También en español.

Cain, Barbara, *I Don't Know Why... I Guess I'm Shy*, Washington, D. C., Magination Press, 2000.
Este libro es para niños de entre 4 y 8 años. Muestra la importancia que tiene una mascota para los niños tímidos y/o introvertidos. Las últimas páginas ofrecen a los padres algunas pautas para guiar a sus hijos tímidos.

Farris, Diane, *Type Tales*, Florida, CAPT, 2000.
Cuentos encantadores con fotografías innovadoras, que abordan el tema de las diferencias entre temperamentos, para niños de entre 5 y 10 años.

Lowery, Lois, *The Giver*, Nueva York, Random House, 2002.
Para niños más mayores. Jonas es un niño introvertido que aprende una lección valiosa sobre las diferencias.

MacLachlan, Patricia. *Sarah, sencilla y alta*, Barcelona, Noguer, 1989.
Para niños de entre 8 y 11 años. El primero de una estupenda serie de libros sobre una familia tranquila y dispar en la pradera.

Meiners, Cheri J. La serie *Learning to get Along*, Minnesota, Free Spirit Publishing.
Esta serie tiene coloridas ilustraciones para niños de 4-8 años de todas las razas. Los libros incluyen pautas para padres en la contracubierta. Tocan temas importantes para los niños introvertidos, como entrar a formar parte de un grupo, mostrar interés por otros, intentar hacer cosas nuevas y gestionar los sentimientos.

Michelle, Lonnie. *How Kinds Make Friends... Secrets for Making Lots of Friends, No Matter How Shy You Are*, Illinois, Freedom Publishing Co., 1995.
Para niños a partir de 8 años. Usa el término «timidez», pero ofrece a los padres la oportunidad de analizar la diferencia entre la introversión y la timidez. Ofrece buenos consejos para hacer amigos.

Milne, A. A. La serie *Winnie-the-Pooh*.
Los personajes que viven en el Bosque de los Cien Acres representan toda una gama de temperamentos.

Montross, David. *Career Coaching for Your Kids*, California, CPP, 2004.
Incluye ejercicios para niños y un kit para que los padres animen a sus hijos a pensar qué quieren ser de mayores.

Rowling, J. K. La serie de *Harry Potter*.
Harry Potter es un introvertido clásico.

Snicket, Lemony. Los libros de *Una serie de catastróficas desdichas*.
Con su sed de conocimientos y su capacidad de concentración, los dos huérfanos Baudelaire mayores son introvertidos.

Wells, Rosemary. La serie *Edward the Unready*.
Edward llega a las experiencias nuevas un poco más tarde que los demás niños de su edad.

Wells, Rosemary. La serie *Voyage to Bunny Planet*.
Los personajes introvertidos aprenden a usar sus recursos internos.